A Ética Jornalística e o Interesse Público

Dados Internacionais de Catalogação na Publicação (CIP)
(Câmara Brasileira do Livro, SP, Brasil)

Karam, Francisco José Castilhos
A ética jornalística e o interesse público / Francisco José Castilhos Karam. – São Paulo : Summus, 2004.

Bibliografia.
ISBN 85-323-0858-9

1. Cultura – Modelos semióticos 2. Ética jornalística 3. Interesse público 4. Jornalismo I. Título.

04-4387   CDD-174.9097

Índice para catálogo sistemático:

1. Ética jornalística   174.9097

Compre em lugar de fotocopiar.
Cada real que você dá por um livro recompensa seus autores
e os convida a produzir mais sobre o tema;
incentiva seus editores a encomendar, traduzir e publicar
outras obras sobre o assunto;
e paga aos livreiros por estocar e levar até você livros
para a sua informação e o seu entretenimento.
Cada real que você dá pela fotocópia não-autorizada de um livro
financia um crime
e ajuda a matar a produção intelectual.

A Ética Jornalística e o Interesse Público

Francisco José Castilhos Karam

summus
editorial

A ÉTICA JORNALÍSTICA E O INTERESSE PÚBLICO
Copyright © 2004 by Francisco José Castilhos Karam
Direitos desta edição reservados por Summus Editorial.

Capa: **Ana Lima**
Editoração e fotolitos: **Join Bureau**

Summus Editorial
Departamento editorial:
Rua Itapicuru, 613 – 7º andar
05006-000 – São Paulo – SP
Fone: (11) 3872-3322
Fax: (11) 3872-7476
http://www.summus.com.br
e-mail: summus@summus.com.br

Atendimento ao consumidor:
Summus Editorial
Fone (11) 3865-9890

Vendas por atacado:
Fone (11) 3873-8638
Fax (11) 3873-7085
e-mail: vendas@summus.com.br

Impresso no Brasil

Para
> Daniel Herz
> e
> Sérgio Murillo de Andrade

Agradecimentos

Há muitas pessoas e instituições às quais eu gostaria de agradecer pela realização deste trabalho. São muitas e aqui registro algumas delas.

Ao professor-doutor Lorenzo Gomis, que durante a pesquisa de doutoramento abriu as portas da Universidade Autônoma de Barcelona, juntamente com o chefe do Departamento de Jornalismo e de Ciências da Comunicação da UAB, professor-doutor Josep Lluís Gómez Mompart. Ainda na capital catalã, ao jornalista e professor brasileiro dr. Elias Machado Gonçalves, com quem discuti aspectos referentes à tese, subsidiando este trabalho. Em Sevilha, ao professor-doutor Vicente Romano, que ajudou a compor o universo inicial da pesquisa. Foram profissionais e pesquisadores de grande valia para a obra.

No Brasil, agradeço ao Programa de Estudos Pós-Graduados em Comunicação e Semiótica da Pontifícia Universidade Católica de São Paulo pela possibilidade de trabalhar mais proximamente do universo de conhecimentos da área jornalística. Ao meu orientador, professor-doutor Norval Baitello Junior, pela lucidez, qualidade profissional e integridade demonstradas na sala de aula, nos corredores do Programa e no convívio pessoal. A Jeana, companheira em todos os momentos. Agradeço, por fim, à Universidade Federal de Santa Catarina, que investiu no projeto de minha formação acadêmica, e à Coordenação de Aperfeiçoamento de Pessoal de Nível Superior (Capes), que concedeu bolsa de estudos para a realização do doutoramento na puc de São Paulo e na uab de Barcelona, ajudando significativamente no projeto que agora se transforma em livro.

Sumário

Introdução 11

1. Jornalismo, informação e conhecimento 19
   Histórias e jornais 19
   Jornalismo e presente 25
   O jornalismo e seu entorno imediato 35
   *Rápidos comentários sobre objetividade e
   subjetividade* 39
   Breves observações sobre a hipótese da agenda setting 48

2. Semiótica da cultura e jornalismo 55
   *Jornalismo, cultura e segunda realidade:
   uma produção humana* 57
   *Ordenação e desordenação sociais: o presente,
   a cultura periférica e a irrupção da negatividade* .. 65
   *Indícios cínicos na ordenação jornalística:
   a particularização do acontecimento* 71
   *Binariedade, polaridade e assimetria: relato e
   interpretação da* Folha de S.Paulo *após o
   massacre dos sem-terra em Eldorado dos Carajás* 75
   Os valores no relato jornalístico 83

    *Semiótica da cultura, jornalismo e
    ética jornalística: aproximações* 90

3. Jornalismo, retórica e sofística 99
    Retórica e sofística no mesmo barco 103
    *Algumas outras observações sobre
    o discurso jornalístico* 106

4. Jornalismo e cinismo 117
    *Intenções, solenidades, princípios e ações:
    o cinismo sincronizado* 120
    *Cultura, cinismo e instrumentalização
    ético-deontológica profissional* 126

5. Três temas como exemplo 139
    *O tratamento dado ao Banco do Brasil e sua
    relação com o déficit público, a Previdência
    Social, os impostos e a isenção jornalística* 141
    *Ética empresarial jornalística: mídia
    e privatização do Estado* 171
    O leilão da Telebrás 180
    *O subsídio ao papel-jornal e
    a "liberdade de expressão"* 201

6. Jornalismo e futuro: ética e profissão 225
    *Megafusões empresariais, espaço público
    e interesse privado* 226
    *Os princípios éticos e deontológicos
    do jornalismo sobrevivem?* 235
    O futuro como discurso, ou o futuro só como futuro ... 243

Conclusão 259

Bibliografia 263

Introdução

O século xx foi aquele em que a profissão jornalística mais se consolidou e disseminou em todo o mundo, carregando consigo um conjunto de procedimentos morais que ajudaram a fazer que mais pessoas, em todo o planeta, pudessem perceber seu entorno e sua relação com diferentes áreas sociais e geográficas.

Tais procedimentos se refletiram em fazeres técnicos e na observação de determinados princípios ou normas deontológicas. Chamadas de normas de conduta, de honra ou de princípios morais, elas foram objeto de julgamento dos procedimentos jornalísticos, envolvendo profissionais, empresários, pesquisadores, professores, filósofos, sociólogos e estudiosos do tema em geral. Eles reconheceram o valor estratégico que a informação jornalística assumiria dali em diante. Hoje, à medida que aumenta o número de códigos, resultado da reflexão sobre a ética aplicada à profissão, gradativamente se ampliam a concentração e a sociedade da mídia em si mesma e com outros ramos da produção em todo o mundo. Tal tendência tem sido objeto de apreensão não apenas da categoria profissional dos jornalistas, mas também de segmentos da sociedade preocupados com o futuro da informação e com a quem ela pertence.

Em muitos códigos e/ou em solenidades, os discursos de defesa da informação ética jornalística – e sua insubmissão a quaisquer interesses que não o interesse público – coincidem: são jornalistas que defendem princípios similares aos sustentados por empresários da mídia e de setores associados a ela. No caso brasileiro, empresários da área subscreveram códigos, na década de 1990, como o da Associação Nacional de Jornais (ANJ) e o da Associação Brasileira de Emissoras de Rádio e Televisão (Abert), ambos em 1991. Em 1994, foi assinada no México a Declaração de Chapultepec, em que empresários da mídia impressa, sócios da Sociedade Interamericana de Imprensa (SIP), comprometeram-se com princípios jornalísticos parecidos com os defendidos por profissionais de todo o mundo, incluindo os brasileiros.

O campo dos estudos sobre o jornalismo também aumentou. A industrialização e a urbanização do século XX, com a crescente divisão social do trabalho, ampliaram o número de profissões. E o compromisso com o público em geral ou com os interesses gerais da sociedade, expressos na ampliação dos direitos civis, reforçou, no caso do jornalismo, a necessidade do acesso e do direito à informação. Assim, ampliaram-se também as discussões, os estudos e a posterior consolidação de princípios das profissões, circunscrevendo-se mais claramente o campo da ética aplicada[1].

Anteriormente, publiquei trabalho em que situo a história do surgimento dos códigos deontológicos e a discussão ética da atividade jornalística[2], valendo-me de minuciosa bibliografia[3].

Ainda no Brasil, também surgem novos estudos sobre a área, reconhecendo que existe uma dimensão ética na esfera da cidadania e uma especificidade moral no fazer profissional. Para Eugênio Bucci, por exemplo, há um sentido social no fazer específico: "é o campo em que se definem os benefícios comuns que devem ser promovidos por esse fazer específico e os limites além dos quais esse fazer não está autorizado a ir"[4]. No entanto, os princípios morais da profissão e os interesses particulares que envolvem a mídia parecem travar um combate cada dia mais claro, comprometendo-se, muitas vezes, o próprio sentido social da profissão jornalística.

Como um dos objetivos centrais do presente trabalho, pretendo demonstrar – com base em temas desenvolvidos na mídia, especialmente a *mídia jornal* – que *alguns discursos empresariais jornalísticos*, expressos em manuais, códigos deontológicos ou princípios, subscritos com bastante divulgação e solenidade, em sua tradução operativa são usados como *proposição retórica ou sofística*, contendo e dissimulando, em seu interior, o conceito de *razão cínica*.

Nesse sentido, a retórica é utilizada para argumentações com estratégias de *marketing*, reforçando significados como *desenvolvimento social, participação social, liberdade de expressão e escolha, democracia, interesse público*. No entanto, a aplicação e apropriação particular de tais discursos, conformados em práticas que os desmentem como de validade universal, fazem que se aproximem do cinismo, por meio do efetivo desprezo pela convenção, pela palavra empenhada, pela mediação jurídica e moral. Dessa forma, o que de fato passa a existir é uma contribuição à desconfiança, ao individualismo, ao posterior desprezo geral por quaisquer acordos ou princípios.

Em tal direção deslocou-se, a meu ver, parte do contemporâneo *marketing* da comunicação, que ultrapassa a mera propaganda e publicidade tradicionais para, em alguns casos, intervir nos discursos de editoriais e repercutir na cobertura jornalística, da pauta à edição final. A subscrição de códigos deontológicos e princípios profissionais tem sido usada, em muitos casos, para minimizar ou dissimular efetivas operações e interesses que se dão no âmbito do sigilo, de difícil comprovação, embora tenham, como os próprios códigos estipulam, extremo interesse público.

Assim, para exemplificar, o Banco do Brasil e o sistema Telebrás foram, nos anos 1990, sistematicamente pautados como modelos de má administração. As pautas, em geral, já continham proposições que viam a falência administrativa, a pouca rentabilidade e os prejuízos de tais organizações como demonstrações cabais da necessidade de que tivessem uma administração moderna, competitiva, lucrativa. Para isso, seria necessário privatizá-los. No entanto, os princípios éticos assinados pelos empresários asseguram que a informação deve obedecer ao interesse público, deve ter distintas versões, mesmo equilíbrio de fontes antagônicas e jamais beneficiar o jornalista ou as empresas de comunicação. No exame de dados oficiais, pode-se perceber que empresas privadas, incluindo bancos como os antigos Bamerindus, Econômico e Nacional, receberam milhões de dólares todo ano, sem nunca ter havido o discurso da ineficiência do setor privado e da necessidade de existir uma administração pública. Os problemas do setor bancário público-estatal e privado são similares, embora aquele tenha finalidade social mais intensa e, por isso, não exiba, em diversos momentos, a margem de lucro das instituições privadas.

O mesmo aconteceu com o processo de privatização do sistema Telebrás e seu tratamento informativo diário na mídia. Empresas de comunicação, arvorando-se de representantes do interesse coletivo e público, defenderam ardorosamente a venda do controle acionário, sendo algumas delas mesmas interessadas diretas na aquisição das ações majoritárias. As proposições jornalísticas para solucionar o problema, a durabilidade das pautas, os editoriais, a recorrência nas coberturas jornalísticas são e foram adequadas, no caso, para constituir um apoio público à privatização de tais empresas.

O que se configurou, a meu ver, foi a realização pública da vontade privada, uma espécie de consagração da privatização do Estado. Acho que há, em muitos casos e mídias, uma apropriação particular e cínica, com utilização de eficaz retórica. Esta desmente na prática, muitas vezes, os solenes princípios éticos subscritos pelos empresários da área, protetores de vários outros ramos do setor privado, nos quais nos últimos anos aumentaram significativamente seus negócios.

Para tentar comprovar tais observações, foram selecionados alguns temas em que transparece tal problemática, em meu entender: o discurso sobre a privatização e a ineficiência do Estado, situando majoritariamente os exemplos da *Telebrás* e do *Banco do Brasil* e o discurso sobre o subsídio ao *papel-jornal*, com o qual as empresas confeccionam diariamente seus produtos impressos. Além disso, situo em determinados momentos outros exemplos, a título ilustrativo.

Nem tudo, no entanto, são cinzas no horizonte jornalístico. Ao mesmo tempo, ressalto a relevância do jornalismo como forma de conhecimento e as contradições inerentes a esse processo informativo particularizado.

Com essa caracterização central do trabalho, acredito na possibilidade de aproximar os discursos e as argumentações correspondentes do conceito de *razão cínica*, expresso, no caso, por parte dos empresários da mídia brasileira. Tentarei, ao mesmo tempo, situar teoricamente a questão. Para isso, utilizo os códigos deontológicos/éticos/de conduta para comparar as proposições editoriais e as coberturas jornalísticas nos temas situados antes. No texto, há análises sobre a estratégia retórica utilizada e a efetiva ética proposta, avizinhando-a do cinismo. Por isso, situo o universo teórico jornalístico vinculando-o também à semiótica da cultura e da mídia, para chegar à especificidade do jornalismo como forma de conhecimento e de suas potencialidades sociais. A análise inclui a inserção do jornalismo como *segunda realidade* e *código terciário* pertencente ao campo da semiótica da cultura.

No entanto, para situar a temática da *retórica*/sofisma e do *cinismo*, é preciso inscrevê-la no campo específico em que se move o jornalismo. Nesse aspecto, tornou-se indispensável uma introdução conceitual a uma teoria do jornalismo e seu desdobramento na ética profissional.

A escolha dos autores e fontes corresponde ao estatuto teórico que pretendo para chegar à especificidade das práticas ético-deontológicas no discurso empresarial jornalístico. Assim, compõem o universo epistemológico para analisar o *corpo básico* do trabalho. Nele, trabalho com discursos produzidos na década de 1990, em períodos selecionados. Os discursos envolvem os códigos de ética, manuais e princípios, tanto nacionais como internacionais, subscritos por empresários da mídia brasileira. Ao mesmo tempo, editoriais e matérias jornalísticas correspondentes aos temas escolhidos são objeto de análise. Portanto, trabalho também com exemplos.

Quanto à subvenção do papel-jornal, são comentadas especialmente a proposta de emenda à Constituição Federal – que não seguiu adiante – apresentada na Câmara Federal e algumas matérias do jornal da Associação Nacional de Jornais de 1993 para cá. No exemplo dos discursos sobre privatização, ineficiência do Estado, Telebrás e Banco do Brasil, utilizo, para subsidiar a argumentação, documentos e informações de variadas fontes (relatórios de desempenho de bancos, investimento em projetos sociais, inadimplência e outros) e editoriais e matérias jornalísticas publicados nos jornais acima mencionados, em alguns períodos de 1992 em diante, acentuando os exemplos entre 1994 e 1999.

Ao final, trato das tendências de megafusão entre empresas da mídia e desse setor com outros ramos da produção. Para isso, recorro a dados que se vêm configurando no processo de globalização da economia e da aceleração tecnológica e a autores que inserem, nesse processo, a informação jornalística e o trabalho profissional exigido por ela. Também recorro a especialistas que analisam tal tendência e suas conseqüências para a liberdade, a diversidade e a participação social.

Com isso, espero colaborar para o entendimento do hoje complexo processo de produção jornalística. Acredito que, assim, há contribuição para certo acúmulo epistemológico sobre a atividade jornalística e seu desdobramento no campo ético. Como o jornalismo é, na maioria das vezes, *sugado* por sua prática imediata, o papel de teorizar sobre a área, de observar implicações mais complexas da atividade cotidiana, contribui, a meu ver, para um debate que envolva profissionais, público e empresas.

O papel da teoria, nesse aspecto, é pensar a prática e suas implicações imediatas para poder, pela crítica, repensá-las em novas bases. As conseqüências sociais da atividade jornalística são grandes e evidentes. Pensar a prática é uma forma de contribuir para que ela, pela intervenção da crítica teórica, adquira novos procedimentos, confirme alguns, melhore outros. A pretensão da teoria é precisamente esta, evitar que o futuro seja um conformado refém do presente e mostrar que qualquer atividade e qualquer reflexão sobre a prática estão juntas num mesmo processo e em seu desdobramento no tempo. A um pesquisador da área jornalística e semiótica, tanto quanto ao profissional imerso no trabalho operacional cotidiano ou mais do que ele, cabe pensar o meio em que se move seu objeto de pesquisa. Para isso ele dedica tanto tempo e para isso faz seu também meio de vida.

Notas bibliográficas

1. Veja, por exemplo, Enrique Bonete Perales (coord.), *Éticas de la información y deontologías del periodismo*.
2. Francisco José Castilhos Karam, *Jornalismo, ética e liberdade*. O livro é resultado da dissertação de mestrado desenvolvida na Escola de Comunicações e Artes da Universidade de São Paulo, com o título de *A especificidade ética do jornalismo na universalidade humana*, sob a orientação da professora-doutora Cremilda Medina.
3. Do ponto de vista da história e do conteúdo dos códigos deontológicos da categoria profissional dos jornalistas, destaco: Porfirio Barroso Asenjo, *Fundamentos deontológicos de las ciencias de la información*; Lars Bruun (ed.), *Professional codes in journalism* e *New international information and communication order*; Kaarle Nordenstreng e H. Topuz (eds.), *Journalist: status, rights and responsibilities* e *Professional codes of ethics in journalism*. No trabalho, também me valho de vários manuais de procedimentos éticos e técnicos de jornais, re-

vistas e televisões brasileiras, além de códigos empresariais, governamentais, regionais e supranacionais relativos à deontologia profissional na mídia. Como ressalto, o presente trabalho vai tratar mais especificamente dos códigos empresariais ou com vínculo direto com o tema.

4. Eugênio Bucci, *Sobre ética e imprensa*, p. 48.

1
Jornalismo, informação e conhecimento

Histórias e jornais

No dia 20 de outubro de 1993, uma quarta-feira, Shusuke Nomura entrou na sede de um dos maiores jornais do mundo, o *Asahi Shimbun*, em Tóquio, acompanhado de um filho e de três colegas de sua organização, o Partido do Vento. Conversou com dirigentes do periódico, em seguida perguntou em que direção ficava o Palácio Imperial e sacou duas pistolas debaixo do quimono. Virou-se para o palácio, lembrou ao filho que "é assim que um homem segue seus princípios", e matou-se[1]. Nomura, então um dos principais líderes direitistas do Japão, estava irritado havia um ano, quando o semanário editado pelo jornal, o *Shukan Asahi*, publicou uma charge alterando o ideograma japonês para "vento", resultando, na publicação, em "Partido do Piolho", ofensa séria. Apesar do pedido público de desculpas feito pelo jornal e pelo chargista e de Nomura tê-las aceitado, o líder político japonês não ficou totalmente satisfeito. Voltou a conversar várias vezes com os diretores do periódico, a fim de obter, em novos espaços, desculpas públicas, com o que sucessivamente o jornal concordou. No entanto, a desonra sentida por Shusuke Nomura parece ter sido irreversível.

O conflito moral se adéqua, em muitos casos, às concepções de um indivíduo ou cultura que faz escolhas extremas, como se privar da vida em nome da honra, de um país, de uma idéia.

Em 14 de novembro de 1993, Lisângela Cândido, de 18 anos, mãe solteira, envenenou sua filha, de dez meses, na Vila Bom Jesus, em Porto Alegre[2]. Quatro dias depois, internada no Instituto Psiquiátrico Forense, enforcou-se. Que razões teriam levado Lisângela a matar a filha? O jornal diz que seus pais, com quem morava, não a deixavam sair de casa com a criança para morar em outro lugar. Seria isso? Uma nota simples, de poucas linhas, como foi o caso, dá conta do universo trágico de Lisângela? O conflito moral dela é da mesma ordem do da observação de princípios morais internos? Seu suicídio tem a mesma dimensão simbólica do de Nomura? Parece-me que não. Mas os gestos de Nomura e Lisângela, extremos em qualquer caso, continuam a povoar as páginas de jornais, e, dessa maneira, o jornalista vive o seu conflito moral: publicar ou não, em qual página, com quantas linhas e com qual abordagem. Vive alguns dilemas como ouvir fontes, procurar familiares, buscar fotos. O profissional, em tais exemplos, convive em breves instantes com quem jamais viu, para tentar recolher indícios de uma vida, razões pouco explícitas que levaram a tal gesto, ouvir autoridades que interpretam os atos e dão versões sobre o ocorrido.

Em agosto de 1996, diversos jornais de todo o mundo noticiaram o desaparecimento de uma jornalista, Susan Walsh, em Nova York. Ela investigava grupos de "vampiros" – em geral, jovens brancos, vestidos de preto e com cerca de 20 anos – que se reuniam nos fundos de clubes da cidade americana, durante a madrugada, para perfurar a pele uns dos outros e beber o sangue, a que se referiam como "proteína líquida". Segundo o autor de uma das reportagens, com a "avalanche" de matérias sobre o caso, "os habitantes de Nova York, que achavam já ter visto de tudo, ficaram perplexos com a revelação de que vampiros fugiram de Hollywood para atacar em Manhattan"[3].

Tem relevância pública saber que há pessoas cuja vida se desenrola com comportamentos socialmente estranhos, que também podem gerar, fora da lógica produtiva, fatos com repercussão na vida de outros indivíduos? Parece-me que sim.

Em novembro de 1996, realizou-se em Roma a Cúpula Mundial de Alimentação, promovida pela Organização de Alimentação e Agricultura das Nações Unidas (FAO). O encontro teve a participação de cento e noventa países e elaborou o Plano de Ação da Conferência Mundial sobre Alimentação, com sete itens. O primeiro deles assinala que os países devem "garantir condições econômicas, sociais e políticas para erradicar a pobreza". O segundo ponto enfatiza que se devem "criar meios para que todos tenham acesso a alimentos satisfatórios". Enquanto o sexto ponto estipula que todas as nações devem "investir recursos públicos e privados no desenvolvimento rural", o sétimo simplesmente diz que os países devem "seguir todos os itens do Plano de Ação".

No entanto, os Estados Unidos e mais catorze países, capitanearam a assinatura de outro documento, em que contestaram a definição da conferência de que "o direito à alimentação é uma obrigação internacional". A próxima Cúpula Mundial de Alimentação será em 2015 e avaliará se o principal objetivo do encontro foi realizado, o de diminuir de oitocentos milhões para quatrocentos milhões, nas próximas duas décadas, o número de pessoas famintas em todo o mundo[4].

Jornais do mundo inteiro publicaram as discussões e os resultados do encontro, alguns com volume considerável de informações e repercussões, outros com breve registro. De qualquer forma, na imediatidade em que se deu o debate, o jornalismo contribuiu para a disseminação em ampla escala de tal evento, que reflete outro, a fome, produtora de sucessivas tragédias, fatos, declarações.

Ainda em novembro do mesmo 1996, a Organização Internacional do Trabalho (OIT) divulgou o relatório *O emprego no mundo*, revelando que, àquela altura, já era de um bilhão de pessoas o número de desempregados. E que 30% da força de trabalho mundial não tinha emprego ou estava subempregada. O documento criticava a desigualdade salarial e a desregulamentação gradativa do trabalho como dois dos motivos pelos quais crescia o desemprego mundial[5]. No mesmo dia e mês da revelação dos dados, o mundo teve à disposição, pela mídia, a situação global do desemprego, produtor de fome, suicídios, assaltos, desespero e atos, fatos e versões sobre atos e fatos.

Em 19 de janeiro de 1997, a *Folha de S.Paulo* trouxe reportagem detalhada sobre a morte por violência no Brasil, que fez baixar a média de vida de 69 para 65 anos. A matéria, assinada por José Roberto de Toledo, atribui a diminuição da expectativa de vida dos brasileiros à grande concentração de centros urbanos e à extensa malha de rodovias, aliadas a fatores como afogamento, suicídio, morte por *overdose* de drogas e quedas acidentais. Mostra que, segundo pesquisa do demógrafo Celso Simões, da Fundação Instituto Brasileiro de Geografia e Estatística (IBGE), os avanços na redução da mortalidade infantil, no país, foram "comidos" pelo aumento das mortes violentas. Os dados que deram base à matéria indicam que, somente em 1994, 29.014 pessoas foram assassinadas no Brasil e que 32.350 foram mortas em acidentes de trânsito. Além disso, conforme o pesquisador, muitas mortes não são notificadas ou há erros no preenchimento do atestado de óbito. Essas mortes, de acordo com a matéria, são classificadas internacionalmente de *evitáveis*[6].

A matéria jornalística pode ser uma referência imediata para a ação social, para decisões governamentais, para pressões sociais a fim de resolver o problema? Parece-me que pode, mesmo que isso não ocorra.

Em fevereiro de 1998, dois chineses foram presos em Nova York acusados de comercializar órgãos humanos extraídos do corpo de presos executados na China. Cheng Yong Wang, de 41 anos, e Xingqi Fu, de 34, organizavam a venda de órgãos levados da China para os Estados Unidos. Conseguiram pagar a fiança de cem mil dólares para aguardar o julgamento em liberdade. Enquanto o governo chinês desmentia que facilitava o tráfico, Yong assegurava ter "fácil acesso" aos órgãos de cinqüenta dos duzentos prisioneiros que todos os anos são executados na região chinesa de Hainan. As palavras de Yong foram gravadas com câmera escondida por outro chinês, Harry Wu, que passara dezenove anos em trabalhos forçados na China. Os órgãos – entre eles, rins – eram oferecidos por custo mais baixo a cidadãos americanos, em torno de vinte e cinco a trinta mil dólares[7]. A atitude dos dois chineses detidos revela tendências sociais de comportamento? É sintomática de estratégias de sobrevivência a qualquer custo?

Matérias jornalísticas imediatas trazem, como os livros, os relatórios, as pesquisas, algo que cabe ao jornalismo, potencialmente, realizar.

Revelar tais atitudes e disseminar tais informações, revolver o presente para que o futuro consiga rememorá-lo e tomá-lo como referência de comportamentos e análises é também papel do jornalismo, ao qual voltarei mais adiante. Mas é ainda, com outras características, o papel de psicanalistas, antropólogos, romancistas, historiadores, enfim, de estudiosos que buscam, nas entranhas da alma humana, explicações sobre o mundo, os comportamentos, as palavras, os significados sociais. Esse papel manifesta-se também pela mediação jornalística, na mesma emergência com que surge.

Não se pode, portanto, apoiar a tese de que o jornalismo não trata de questões essenciais à vida, à sociedade, à humanidade, no momento e na relevância com que surgem. A sua forma diferenciada, ao tratar da atualidade emergente, também é importante. As dificuldades políticas de sua execução constituem não um limite *a priori*, mas uma demarcação daquilo que deve ser superado. Por isso a crítica a algumas tendências do jornalismo contemporâneo é tão essencial.

Tratar sobre a natureza do jornalismo é tratá-la teoricamente, que consiste na forma possível de repensar o cotidiano, de refletir sobre a totalidade dos fenômenos e de inserir, na prática, novas perspectivas. Mas é, simultaneamente, lidar com coisas que fazem que nós nos mexamos no mundo, *mesmo que ele seja discutível, variável em seu significado e incerto quanto à sua validade definitiva*. Só uma visão efetivamente teórica é que pode dar conta de um fenômeno que vai do mais simples ao mais complexo e, com as novas tecnologias, terá novos desafios, mas certamente continuará.

O que significa falar em natureza do jornalismo? Muitos talvez considerem que o jornalismo, tão acalentado como produtor de verdades cotidianas, esteja em baixa ou que jamais tenha sido o espelho diário do mundo, como tantos livros defenderam e tantos congressos propuseram. Talvez – seria isto? – hoje ele dê lugar à clássica sofística grega, para lembrar Bárbara Cassin[8], produzindo-se ou sustentando-se em seu moderno simulacro, o *marketing da comunicação*. Outros podem, como Janet Malcolm, considerar o jornalismo apenas uma curiosa forma de se aproveitar da "vaidade, solidão ou ignorância" alheias[9].

Talvez outros, desencantados com a profissão, entendam que a manipulação esteja sempre presente em quaisquer informações jornalísticas, embora se saiba que toda ação humana voluntária encerra manipulação, que, em menor ou maior grau, *implica uma escolha*. Outros podem defender a idéia de que o jornalista deve ter a missão, sempre renovada, de optar pelos excluídos. Outros ainda talvez argumentem que o jornalista deve ser o guardião do Estado e a ele servir – embora a defesa disso se tenha tornado mais difícil após a derrocada do comunismo no leste europeu, em 1989 –, enquanto outros talvez digam que tem a função principal de fiscalizar o poder público.

Alguns verão no jornalista os elementos para a sensibilização estética do mundo, utilizando linguagem próxima à da literatura, enquanto muitos dirão que seria uma ingenuidade pensar que ele pudesse contribuir para alguma elucidação do mundo ou fugir dos limites impostos pela estrutura econômico-política e ideológica em que opera um veículo.

O jornalismo navega em meio a contradições que, socialmente estabelecidas, não o excluem do processo. As proposições conservadoras no jornalismo são enormes, como também muito forte a realidade social em que ele se move. A mídia traz, diariamente, essa carga enorme de conflitos e problemas humanos em sua emergência cotidiana. Pode ser o relatório da OIT, pode ser o acidente na esquina, pode ser uma descoberta científica, pode ser um suicídio. Fatos que revelam e tornam complexo o andar humano, as angústias, o sofrimento, as alegrias, o desespero, o quadro dramático da fome e o esforço de realização humana.

Por isso, imputar somente negatividade e manipulação ao jornalismo está tão longe de suas efetivas possibilidades quanto considerar que ele é o espelho real do mundo. No meio do caminho, há mais que uma pedra. Há montanhas. Nem por isso tal constatação significa uma rendição antecipada, um luto antecipado por aqueles que ainda sobrevivem na profissão. Os dilemas profissionais são grandes como os de outras áreas, difíceis de resolver como em outros setores. Mas, como neles, resolve-se no próprio debate, na reflexão e no fazer, em que teoria e técnica se fundem numa só, a *práxis jornalística* da atividade; do fazer e pensar a profissão; do fazer, refazer, pensar e repensar as finalidades ontológicas expostas nos códigos éticos da atividade.

Jornalismo e presente

Em 28 de maio de 1996, na palestra "O tempo como repetição paradoxal"[10], o professor e sociólogo alemão Dietmar Kamper, da Universidade Livre de Berlim, ao responder a uma pergunta sobre *jornalismo* e *presente*, disse ter escrito o livro *O jornalismo como presente impossível*, o que desagradou a vários de seus amigos jornalistas.

Do encontro, ficaram algumas dúvidas. Uma refere-se às finalidades do jornalismo e como ele propõe o mundo. Houve outra preocupação imediata, a indagação sobre o *presente* com que o jornalismo trabalharia. Seria um presente especial ou seria o mesmo de outras áreas, como o direito, a medicina, a antropologia?

Mas há mais dúvidas: seria possível ao jornalismo trabalhar com a periodicidade do não-presente? E isso, caso fosse assim, não seria um afastamento do próprio jornalismo, ou uma distinção temporal nova no processo de fazer transparecer a realidade em períodos curtos, em escala planetária, em relatos imediatos?

Kamper vislumbrou no ritmo, na velocidade e na tecnologia proporcionados no presente humano a perspectiva de um "esvaziamento do presente". Por isso, comentou na palestra que "a perda do presente leva à perda do passado e ao envolvimento" e que poderia estar ocorrendo "uma queda para todos os lados, em todas as direções". Considerou, ainda, que há uma sensação de estar *ausente/presente*, mas não se chega ao *instante de plenitude*.

Pode-se dizer que o acúmulo de conhecimento e de experiência humana hoje existentes foi uma construção do passado. Em cada indivíduo que integra o gênero humano e convive socialmente habita o passado, que se reflete na noção de tempo ou de finitude e no usufruto de algo, seja na reprodução artística e técnica de um pôr-do-sol que jamais vimos pessoalmente, seja na mediação da ciência, que elevou a expectativa de vida das pessoas nos últimos séculos.

No fundo, não há uma demissão da vida, mas sobretudo o contrário, isto é, *vida é também um valor*, e a tentativa de domínio de todos os laços de existência, durabilidade, distância, tempo, espaço e cotidiano representa um sentido que é apenas humano, construído humanamente, e faz parte do artefato cultural do legado do passado.

As concepções humanas constituem criação *humana*, mediada por convenções, quer científicas, quer artísticas. É claro que, na sua trajetória, o homem criou também necessidades e prazeres para si, criou dores e reverência, que vão de um adeus ou um rompimento amoroso ao ritual de depositar flores aos que já partiram ou comemorar datas que significam ou pretendem significar algo.

O homem faz parte da natureza, é certo. Mas é igualmente certo que ele criou significados não inscritos nela, que são precisamente *humanos* e integram uma espécie de segunda natureza *humana*, refletidos em valores que, surgidos com a emergência da subjetividade *humana*, efetivamente se objetivam em determinados gestos e na valoração de determinados atos ou idéias. Portanto, o passado, agarrado ao presente, faz que este valide ou negue determinados significados e, com isso, antecipe a idéia de futuro pela intervenção/construção de algo que se pretende. Isso pode valer para uma oração, para um adeus ou um reencontro, para um ato público, para a condenação de assassinatos, para o aplauso a uma vitória nas Olimpíadas. A complexidade do sentimento de perda tornou-se, assim, maior, como se tornou maior o sentimento de plenitude amorosa, que ultrapassa o mero sentido sexual para tornar-se, em muitos casos, a própria essência de uma existência.

Com isso, a tentativa de decifrar o mundo tem sempre pela frente significados e matéria não explorados, surpreendentes. De qualquer forma, isso é, a um só tempo, uma condenação humana e uma ponte para a liberdade. Resta atravessá-la. Talvez por isso Karel Kosik tenha escrito: "O acesso do homem aos segredos da natureza é possível sobre o fundamento da *criação* da realidade humana"[11].

A criação humana só tem sentido para nós mesmos, pelo acúmulo de conhecimento e de produção de significados e pela reprodução/repartição deles, o que faz as singularidades individuais se apropriarem da produção particular de culturas e regiões e contribuírem para disseminar as suas, num processo de troca de experiência e conhecimento que leva tal intercâmbio a originar uma universalidade. Ela pode ser cultural, moral, social, enfim, histórica, e o seu ápice de realização é o cotidiano, esse lugar do tempo e do espaço onde as pessoas podem realizar a si mesmas.

Há, com isso, o reconhecimento do passado, a intervenção no presente e a projeção no futuro. Como aponta Kosik, "conhecemos o mundo, as coisas, os processos somente na medida em que os 'criamos', isto é, na medida em que os reproduzimos espiritualmente e intelectualmente. Essa reprodução espiritual da realidade só pode ser concebida como um dos muitos modos de relação prático-humana com a realidade"[12].

Não é possível, portanto, buscar uma verdade universal, definitiva, válida para todas as épocas, regiões e sistemas, dentro ou fora da Terra. Com esse estatuto de *condenação* humana, surge a possibilidade da liberdade existencial e da efetiva criação de valores, uma vez que o homem reconhece este espaço médio de setenta anos, num planeta chamado Terra, como o seu tempo possível e seu espaço real. As tentativas de dominar o tempo e ampliar a longevidade atestam, no mínimo, que *há coisas boas para fazer por aqui*, embora alguns suicidas não concordem.

Pode-se dizer, talvez agora, que na segunda natureza humana está inscrita a valoração moral, incluindo a percepção existencial, a vida.

Nesse sentido, o passado irrompe no presente, que trabalha com uma tridimensionalidade do tempo, que inclui a si mesmo e ao futuro. Este, como não chega, só pode ser ocupado por projeções e discursos. No entanto, é construído do presente. O "esvaziamento do presente" é, de alguma forma, o ceticismo em relação ao futuro.

A validade da palestra de Kamper, para a proposição imediata deste trabalho, reside em que, na grandeza dos conceitos que emitiu, há de fato uma preocupação com o presente e o destino humanos, uma preocupação substancial e ética. Ela é central, hoje, para a discussão de quaisquer temas que digam respeito à humanidade.

No entanto, a constatação da perda do presente e do adiamento do futuro é suficiente para que nos rendamos às evidências? Ou estas, precisamente por serem humanas, podem ser transgredidas? E, nesse sentido, onde se insere o papel da semiótica da cultura? E como um código terciário, onde entra jornalismo?

O semioticista Norval Baitello Junior, com base em Ivan Bystrina (de que tratarei especificamente adiante) e na semiótica da cultura (objeto do próximo capítulo) em geral, observa que a atividade de geração, distribuição e conservação das informações é um dos principais suportes do sistema simbólico chamado *tempo*. Tais suportes, que também demarcam o tempo de vida dos indivíduos, sincronizam as atividades deles dentro de um todo maior. Para isso, a) criam, transmitem e mantêm o presente no passado e no futuro e b) criam, transmitem e mantêm o futuro no presente e no passado[13]. A isso corresponde o que Karel Kosik chama de tridimensionalidade do tempo: "a tridimensionalidade do tempo se desenvolve em *todas* as épocas: agarra-se ao passado com os seus pressupostos, tende para o futuro com as suas conseqüências e está radicada no presente pela sua estrutura"[14].

Nesse aspecto, há o que Norbert Elias chama de conceitos temporais, que se referem à *estrutura*, e conceitos temporais, que se referem à *experiência*. Para ele, de acordo com isso, "o presente é o que se pode experimentar de imediato; o passado, o que se pode recordar; e o futuro, o desconhecido que talvez ocorra"[15].

A complexidade crescente da sociedade humana exigiu que a tridimensionalidade do tempo buscasse, no registro, uma constante reatualização, a fim de reiterar o ritmo humano. Busca no presente as afirmações do passado; projeta para o futuro a mediação do presente apoiado no passado. No entanto, a ruptura da sincronia social, mediante a negatividade de eventos que ferem a ordenação constituída, fazem que o passado, na lembrança, no registro e no recontar, traga em si o germe da rebeldia, que, a seu tempo, fez o próprio presente reordenar-se. Por isso, o presente tem exemplos também reiteradores da assincronia do passado, que em eventos negativos reordenou o andar humano, rompendo com valores então vigentes. Desde seu início, a humanidade viveu tal conflito. Ao mesmo tempo que buscava acumular no presente os dados do passado, fazia o próprio presente ser outro a partir daquele. Tal é o princípio da práxis humana baseada na dialética do concreto, que reúne corpo, cabeça e coração, e, em todos eles, passado, presente e futuro. E o jornalismo?

O presente, na mediação jornalística, é a síntese que opera com reduções no tempo. Sua disseminação pública em linguagem especificamente jornalística permite o acesso imediato à aventura humana. Tal síntese e disseminação ampliam o universo de conhecimento social, reduzem a complexidade de um evento pela necessidade de acesso fácil e imediato das pessoas e multiplicam mensagens ao infinito para o máximo de participantes, num espaço curto de tempo. Tal economia de sinais, para lembrar Harry Pross (voltarei adiante a ele), é um sinal dos tempos.

O registro buscado no passado só existe quando o presente é reconhecido como tal, no instante em que se realizam, por testemunhos, olhares pessoais e versões distintas, referidos no cotidiano. Tal presente, objeto imediato de interesse do jornalismo, é, *potencialmente*, a possibilidade de nos aproximarmos do movimento da humanidade para si mesma, no ritmo em que ela se produz.

Nesse aspecto, o jornalismo não é antropologia nem engenharia, nem sequer medicina ou psicanálise. Entretanto, pelo jornalismo manifestam-se fenômenos, atos e versões que são produzidos, cada dia, por tais áreas. A densidade, pelo ritmo, é menor. Mas não é menos importante do que as interpretações mais densas ou profundas e, por isso, reveladas em períodos mais longos, como o da publicação de um livro, o da produção e apresentação de uma palestra, o de uma revelação mais substancial ou interpretação mais profunda. O jornalismo certamente não dá conta da multiplicidade de fenômenos, de sua densidade e contextualização. Se fosse assim, um jornal diário começaria em São Paulo, terminaria em Júpiter e pesaria algumas toneladas. A produção de conhecimento, fatos e versões, em cada área do saber e do poder, aliada à irrupção de acontecimentos diários, tornaria, simbolicamente, um dia de um indivíduo uma multiplicidade de outros dias, infinitamente.

Por isso, embora cada área considere que o que faz é sempre mais importante que aquilo que as demais fazem – e em geral reclame que a mídia nunca seja suficientemente profunda –, ao jornalismo cabe determinar, por sua essência, que somente alguns acontecimentos e versões serão noticiáveis e outros não. Isso não exclui, é certo, a seleção de natureza ideológica e política existente também hoje. Mas inclui, é igualmente correto, inumeráveis acontecimentos de extremo interesse público, que só podem mesmo ser incorporados socialmente pela dimensão rítmica imediata do presente.

O jornalismo pretende fazer isso com uma linguagem não-hermética, a forma possível de as diferentes memórias e testemunhos serem compartilhados em dimensão pública e ampla. Se pode haver perda em precisão lingüística, pode haver ganho na dimensão de acesso público e democrático de setores sociais a esferas compartimentadas de poder e saber nas quais se decide a vida dos cidadãos e da sociedade. Com tais finalidades, o jornalismo só pode mesmo dizer, por exemplo, que tal coisa é "conversa pra boi dormir" e não "diálogo para gado bovino repousar". O seu tempo simbólico de contextualização pode representar não a duração integral de um evento, mas o recorte temporal imediato de um acontecimento, por razões já mencionadas e óbvias.

Assim, o jornalismo contribui para a memória social. Do registro cotidiano que faz do movimento humano extraem-se bases para análises também históricas, antropológicas, sociológicas; projetam-se opiniões, dúvidas, debates, novos fatos e versões.

Na ampliação da memória social do presente, com desdobramento em novas ações e memórias, o jornalismo é capaz de ajudar tanto a ordenar o tempo como a desordená-lo. Isso ocorre na medida em que seu registro, se contribui para a sincronia social, não pode esquecer indefinidamente o que Ivan Bystrina[16] valora como *pólo negativo*, que irrompe no horizonte imediato dos acontecimentos com força considerável, seja a prostituição infantil, o mendigo que come restos de lixo hospitalar, o assalto a um banco, o tráfico de órgãos humanos, o drama de quem está desempregado, o anúncio de demissões coletivas, seja as decisões sobre greves, o massacre de civis em invasões ou conflitos, os crimes de guerra. São acontecimentos, declarações e versões que negam o presente tal como constituído.

A esse enorme conhecimento social, imediato, em períodos essencialmente curtos, em linguagem acessível, corresponde efetivamente, nas complexas relações sociais contemporâneas, uma aceleração do tempo social e uma multiplicação de tempos alheios que se inserem no tempo individual. Isso contribui, é claro, para a ampliação da memória coletiva, que se aproxima, seguidamente, a meu ver, da memória histórica, que será relembrada ou rememorada sob diferentes formas[17].

Para o semioticista Iuri Lotman, "a escritura é uma forma de memória. Do mesmo modo que a consciência individual possui seus mecanismos de memória, a consciência coletiva, ao descobrir a necessidade de registrar algo comum a toda coletividade, cria os mecanismos da memória coletiva. Entre eles devemos incluir também a escritura"[18]. Os acontecimentos excepcionais, singulares, pouco prováveis, explica Lotman, são hoje patrimônio dos jornais. Assim, na memória desse tipo, orientada para a conservação de acontecimentos, a escritura é indispensável, diz o semioticista[19].

Diante disso, alguém contestaria que o jornalismo deveria esperar interpretações oficiais, informações oficiais ou versões oficiais para compor a memória oficial do presente? Ou deveria esperar maior densidade de interpretação a ponto de termos somente informações jornalísticas anuais, enquanto o presente imediato irrompe com uma infindável produção de saberes, poderes, acontecimentos?... Ou efetivamente a produção de eventos tem um ritmo independente do jornalismo, de acordo com um acelerado calendário humano?

Por isso, toma-se conhecimento, em guerras e conflitos, calamidades, dramas urbanos e uma infinidade de outras situações, das tragédias ou grandezas humanas, mediadas pelo olhar profissional. São registros jornalísticos, em que a memória individual do profissional, em sua mediação simbólica da realidade, recorre a um conjunto de outras memórias, testemunhos, registros, seja pelas fontes imediatas protagonistas de um evento, seja pelo acúmulo de registros que permitem a existência de um arquivo.

O jornalismo trabalha com a diversidade de tempos sociais, com a diversidade de memórias coletivas, com algumas memórias autobiográficas ou pessoais, que idealmente devem expressar-se em seu tempo singular de produção informativa. Mas é na reconstrução do presente sempre fugaz que ele dá uma dimensão histórica à memória humana, não única, mas diversa, contraditória, plural. Nesse aspecto, a forma do jornalismo busca, na multiplicidade de tempos sociais e das memórias individuais e coletivas, a imediatidade da produção de fatos, de versões, de eventos.

O passado é aquele lugar para o qual o pensamento dos grupos atuais já não mais se estende. É o lugar aonde é preciso ir em busca de informações. Isso vale também para o presente, já que o limite dos testemunhos diretos e cotidianos do indivíduo é bastante nítido – o que envolve as histórias que nos contam no trabalho, em casa, nas ruas. Não testemunhamos tudo, mas o conjunto de testemunhos forma também a memória coletiva. A multiplicidade de memórias coletivas e testemunhos dá certa duração coletiva aos eventos sociais, compartilhados mesmo por quem não os vivenciou imediatamente. O aparato tecnológico é apenas um meio que pode ampliar, reduzir, selecionar as informações. Aponta, contudo, possibilidades que podem ir em qualquer direção. Na imediatidade do presente, o jornalismo deveria estar ausente? Ou é de sua essência estar presente ao presente, no ritmo em que ele se produz, se afirma e se nega? E quem testemunha o presente, quem o produz, quem o registra? Isso é importante ou não?

Por outro lado, diz-se muitas vezes que o jornalismo não contextualiza os acontecimentos na história e no tempo e que ele é fugaz e não raras vezes superficial. Mas não seria fundamental o trabalho jornalístico de reconstruir cotidianamente o conjunto de eventos, mesmo que na sua imediatidade e, nisso, não seria ele fonte básica de interpretações para a história?

Certamente, outras áreas de conhecimento e registro erram tanto quanto o jornalismo, seja na interpretação da economia brasileira, na aplicação de métodos sociológicos equivocados para resolver problemas de crianças famintas, na medicação errada que leva um paciente à morte, seja na engenharia que produz prédios que racham ou caem em pouco tempo, na divergência jurídica sobre punições, tempo de prisão, sentenças. Como o jornalismo se encontra no espaço público cotidiano de forma mais visível, são também mais visíveis seus erros. Mas não são menores do que aqueles que ocorrem em quaisquer áreas.

O desenvolvimento da técnica e da ética jornalísticas supõe, por princípio, que a pluralidade de versões possa representar a variedade de fenômenos de um mesmo evento. A imediatidade seleciona, como em quaisquer áreas, um número de fontes, de registros, de testemunhos e de acontecimentos, e não outros. Sua contradição reside em que, na crescente possibilidade de aplicação de novas tecnologias e na deficiência informacional pertinente contemporaneamente a qualquer área, diferentes memórias coletivas podem ser expressadas por distintos grupos, em âmbito particular, com intensidade e ritmo similares aos produzidos pela mídia em geral. É o caso do surgimento de jornais sindicais, categorias profissionais, etnias, minorias sociais, sem-terra ou sem-teto, que mostram as possibilidades dos registros históricos, da reconstrução do presente, da permanência para o futuro, da reinterpretação do passado, da construção coletiva de memórias particulares ou pessoais.

Claro, isso pode tomar qualquer direção, e as grandes corporações do setor já o perceberam, a ponto de criarem mídias multifacetadas, segmentadas, para públicos distintos, diferentes necessidades, com linguagem variada. Tal proposição obedece, sem dúvida, a estratégias mercadológicas. Mas não exclui, é também cristalino, a proposição de que a realidade grita contra o presente, num processo infinito, enquanto existir gênero humano. Assim, por mais que a sincronia social tente pôr o jornalismo em seu interior, a realidade das ruas e dos campos e as contradições de interesses, versões e opiniões em diferentes setores e remotas regiões, mediadas pelo jornalismo na imediatidade do presente, em períodos essencialmente curtos, colocam tal realidade em confronto com qualquer projeto editorial definitivo.

O jornalismo e seu entorno imediato

O professor e jornalista Lorenzo Gomis[20] assinala que a pretensão dos meios de comunicação é precisamente oferecer o presente social e destaca que a finalidade da mídia é dar o que pensar, prolongar o acontecimento pelos comentários e pelos efeitos em nós mesmos. Para ele, "o conjunto de meios forma hoje um círculo de realidade envolvente que se converte em referência diária de nossa vida, telão de fundo da vida em comum"[21].

Para Gomis, o presente das notícias define-se mais pelos comentários que suscita do que por sua emissão. Assim, explica que são mais notícias as que mais duram, porque "são as que dão consistência ao nosso presente de referência, ao nosso presente coletivo, comum, a fatos que comentamos socialmente"[22]. Gomis parece concordar nisso com Vicente Romano, para quem "a atualidade é uma relação objetiva dos fatos, acontecimentos e processos com a ação social dos consumidores dessa informação"[23].

O jornalismo, conforme Gomis, pressupõe que a realidade pode ser fragmentada em períodos: "A realidade pode fragmentar-se em unidades completas e independentes (fatos), passíveis de interpretação em forma de textos breves e autônomos (notícias)"[24]. Nesse particular, há uma convergência também com a obra de Adelmo Genro Filho, ao qual voltarei adiante, que trata do jornalismo como forma de conhecimento social.

Assim, o jornalista e professor espanhol lembra que

> Uma sociedade não pode viver sem um presente que a envolva e lhe sirva de referência. Sempre está acontecendo algo e sempre temos de conhecê-lo. Sempre têm de existir ações em curso e sempre temos de poder saber delas. Esta é a função dos meios: rodear-nos de um presente social contínuo, bastante novo para que nos impressione e bastante velho para que possamos conhecê-lo e comentá-lo, que é uma maneira de assimilá-lo ou dominá-lo[25].

O conhecimento proporcionado pelo jornalismo não é, contudo, o da *essência* das coisas, embora alguns relatos, opiniões e versões possam aproximar-se disso. É mais *aparente* mesmo. Nesse aspecto, lembro Kosik, para quem, "se a aparência fenomênica e a essência das coisas coincidissem diretamente, a ciência e a filosofia seriam inúteis"[26]. Acontece que tal conhecimento *aparente* é também referência para a escolha, para o entendimento do mundo além do sentido comum. Ao mesmo tempo, embora não correspondam à *essência* de um fenômeno, pela linguagem e pelo relato jornalístico transparecem também a ciência e a filosofia, modos de ver a vida, opiniões sobre o mundo, percepções sobre a existência, versões contraditórias, que contribuem para o debate no espaço público que envolve o interesse coletivo.

No limiar de um novo século, renova-se a relevância da informação jornalística. Apesar de todas as novas tecnologias, do processo de globalização e dos diversos acessos a diferentes formas de informação pública, algo continua fazendo do jornalismo *uma profissão e um campo de conhecimento com traços distintivos, que permitem e exigem um saber e um fazer específico e possibilitam uma teoria, uma estética, uma ética e uma técnica próprias.* Tais aspectos também renovam a necessidade de formação profissional específica.

Isto é, dito de outra forma, há o reconhecimento – implícito ou explícito, intuitivo ou claro – de que a atividade jornalística e o profissional de jornalismo permitem à humanidade, *potencialmente*, ou seja, *como possibilidade*, o conhecimento público, enorme, imediato, periódico – em períodos cada vez mais curtos – e planetário das coisas que ela mesma produz, segundo critérios como *interesse público* ou *relevância social*.

Explicando talvez um pouco melhor: hoje, sabe-se que em quatro anos – e estima-se que em breve será em dois – duplica a produção de informação e de conhecimento em diferentes campos do saber e aumenta significativamente, em decorrência, a produção de fatos, ações, versões, interpretações a respeito dessa produção, que vai da ciência às artes, do comportamento à estatística, da cultura à política.

O resgate e a reinterpretação do passado, aliados à multiplicidade de fenômenos sociais que se desenrolam em diferentes regiões geográficas, em áreas distintas e em ritmo cada vez mais intenso, apenas reafirmam a existência, ainda, de um papel incontornável e fundamental, o de mediar essa produção em escala planetária, em períodos essencialmente curtos, com agilidade, como se os fatos ocorressem no próprio momento, e com uma linguagem específica, mediante técnicas particulares. Parece-me que esse conhecimento social é essencial para que as pessoas se situem satisfatoriamente diante do cotidiano e da história que criam todos os dias. É para essa direção, a da necessidade da informação jornalística como meio de acesso social democrático a eventos, fatos e opiniões com repercussão cotidiana e da possibilidade de escolha, que aponta Gomis, ao defender a notícia como um direito imprescindível, contemporâneo, da sociedade[27].

O jornalista e professor Eduardo Meditsch lembra que a platéia universal idealmente visada pelo jornalismo é aquela em que circula o conhecimento de todas as áreas, a fim de devolver "à realidade sua transparência coletiva"[28]. Por isso, afirma, é em tal público que "o jornalismo encontra uma de suas principais justificações sociais: a de manter a comunicabilidade entre o físico, o advogado, o operário e o filósofo"[29].

Nesse aspecto, existe consenso dos pesquisadores mais sérios com relação à ontologia do jornalismo e suas possibilidades epistemológicas. E Gomis praticamente concorda com Meditsch:

> A mediação que os meios de comunicação realizam na sociedade é a única mediação generalizada que existe. [...] Os meios não apenas servem para que o público saiba o que acontece, comente a respeito ou eventualmente intervenha, mas servem também para que os mesmos atores e protagonistas da atividade social e política saibam o que ocorre e dêem sua opinião e contribuições ao discurso social. [...] Os meios são o lugar-comum da ação pública[30].

Pode-se acrescentar que a multiplicidade e diversidade de fatos, ações, decisões, versões, interpretações não podem jamais ser apresentadas em quantidade e profundidade nas páginas de jornais e revistas e nas emissoras de rádio e TV. Haverá sempre um *déficit informacional*. Por isso, a possibilidade do mundo visível para si mesmo exige uma mediação diversificada na forma, na temática e na propriedade, diferente na linguagem, plural na representação dos diversos atores sociais e na sua interpretação. Daí decorre a fundamentação para que se justifique, ainda hoje, a reivindicação de políticas de comunicação que garantam à humanidade perceber-se cotidianamente, produzindo também, com isso, opiniões, atos e vontades.

Rápidos comentários sobre objetividade e subjetividade

Um dos preceitos da notícia jornalística é ser objetiva. Mas há outro: a objetividade não existe. Depois do aparecimento de vários compêndios de recomendações originários do modelo jornalístico americano, segundo o qual a credibilidade jornalística está vinculada à objetividade do relato, escolas de comunicação, manuais e profissionais argumentam, muitas vezes, que a objetividade é um mito, que esconderia determinada ideologia conservadora. É isso mesmo, só que, se a objetividade não existe, a subjetividade também não. Ou seja, as duas estão intimamente relacionadas e uma alimenta a outra. Têm relação com ideologia, mas também com o reconhecimento moral de um acontecimento, transformado em fato jornalístico.

A objetividade de um relato pode não ser a expressão sintética da complexidade do fato, mas certamente pode ser a revelação resumida da complexidade social. A redução com que o jornalismo opera corresponde ao ritmo de sua produção, à disseminação pública em períodos curtos e ampla escala daquilo que repercute ou talvez repercuta socialmente. Por isso, a objetividade do relato é o resultado que revela um conjunto de ações, comportamentos e opiniões de sujeitos que, subjetivamente, tornam-se objetivos em determinadas situações, sínteses da complexidade, produtoras de eventos, acontecimentos e assim por diante. Desse modo, a objetividade é resultado da subjetividade humana. Mas também a subjetividade se forma pela objetivação do mundo e dos fatos provocados por pessoas. O processo entre objetividade e subjetividade é mesmo dialético. E a negação da existência da objetividade serve mais à desideologização social do que ao conhecimento público das coisas que, produzidas subjetivamente, refletem-se objetivamente.

E o jornalismo poderia contá-las objetivamente?

A esse respeito, uma pergunta *objetiva*, feita por *sujeitos*: "Houve massacre na hora do conflito entre a PM do Pará e os sem-terra?"[31] Foi essa a pergunta que a revista *Isto É* fez a dois especialistas, Fortunato Badan Palhares, professor do Departamento de Medicina Legal da Universidade Estadual de Campinas, e Nelson Massini, professor de Medicina Legal da Universidade Federal do Rio de Janeiro. Referia-se aos dezenove trabalhadores rurais sem-terra em Eldorado dos Carajás mortos em abril de 1996, segundo o que então se presumia, pela Polícia Militar do Pará, fato que teve ampla repercussão internacional (adiante tratarei mais detalhadamente do tema). O primeiro especialista ficou com um *não* e o segundo, com um *sim*.

Para Badan Palhares, o vídeo de TV de vinte minutos mostrou pessoas feridas, mas nenhuma morta. Ele explicou que o laudo necroscópico elaborado pela perícia do Pará mostrava que os sem-terra morreram provavelmente depois das filmagens da TV, pois dizia que "os mortos apresentam ferimentos extensos e profundos, alguns provocados por arma branca (foices, machados e facões)", sendo que duas das vítimas tinham ferimentos provocados por disparos à queima-roupa, o que fazia concluir que o local das mortes havia sido outro. Segundo Palhares, "onde, como, em que circunstâncias – e, principalmente, quem praticou esses crimes – são questões que ainda estão por ser respondidas". Tecnicamente, o especialista respondeu ao que foi solicitado e ao que tinha em mãos.

Já o professor Massini afirmou que as cenas eram claras e que o que houve foi "um massacre condenável e inquestionável promovido pela PM. [...] A PM disparou várias rajadas de metralhadora contra os sem-terra. [...] As perícias feitas posteriormente apenas confirmam aquilo que todo o país viu pela televisão. O massacre é fato constatado até pelo menos iluminado ser. Foram mortos aqueles que poderiam ser dominados".

Por esse motivo, Massini concluiu que colocar o fato em dúvida, com base em achados necroscópicos, era "não ter noção de justiça". Assim, prosseguiu, "colocar em dúvida a participação dos policiais na execução dos sem-terra é estar desorientado no pensamento e buscar na dialética e hermenêutica *a repulsa ao objetivismo dos enunciados teóricos e dados factuais, tentando impor a linguagem como forma de poder*" (grifo meu).

A morte de dezenove sem-terra é uma questão de ponto de vista? É uma questão de ângulo social? É resultado de dados, visões, filmes e opiniões subjetivos? Ou vida é também um valor objetivado pela subjetividade humana, que a construiu nessa direção?

É com tal perspectiva que Daniel Cornu, um dos maiores estudiosos da ética no jornalismo, considera que "a objetividade, como intenção na ordem dos fatos, não pode ser simplesmente expulsa a favor de uma honestidade definida muito vagamente", e que, "se tivéssemos de exprimir a sua exigência por meio de um só critério prático, esse critério seria o do *rigor no método*"[32]. O jornalista e professor defende a necessidade de recuperar a objetividade como método, de o jornalista recorrer aos princípios deontológicos constituídos na história da profissão, entre eles exatidão, descrição correta dos fatos, informações com origem conhecida (e ressalvas feitas à impossibilidade de fazê-lo na divulgação), retificação de erros, confirmação de dados, inclusão das informações essenciais, fidelidade a textos ou documentos. Cornu reconhece que a pressão do tempo prejudica o trabalho do profissional, especialmente num mundo em que a concorrência entre a imprensa e a difusão de acontecimentos em tempo real é parte integral do trabalho jornalístico. Mas insiste: "o rigor é um caminho balizado, no qual a jurisprudência dos tribunais reconhece a necessária *diligência* jornalística"[33].

Segundo Cornu, a perda da ligação do jornalista com os valores históricos de sua profissão privaria a própria informação das referências à objetividade como método. Tal privação seria contrária à experiência partilhada todos os dias por milhões de homens: apesar de seus inúmeros defeitos, da sua inegável vulnerabilidade, a informação empenhada na procura de uma leitura *verdadeira* da atualidade continua no seu conjunto a oferecer uma representação, no sentido de uma reconstrução e não de uma reprodução, certamente retificável mas, como tal, aceitável no mundo tal como ele é visto[34].

Os profissionais, alerta, precisam ter vontade de resistir. E mais: "despedida sem cerimônia, a objetividade deixa a via livre ao 'vale-tudo'. A um jornalismo de aproximação e de preguiça"[35].

Apesar das renovadas discussões sobre o conceito de *objetividade*, considero que ela é defensável, existe e revela-se em dados, fatos, maneiras de viver. Mortes existem; situações que levam à morte também; problemas para resolver tal situação também. E o jornalismo, que tem entre suas regras básicas a de um relato objetivo, apresenta na própria narrativa a dimensão humana mais subjetiva de forma objetiva. Assim, o *dizer o que é*, nas palavras de Antônio Serra, torna-se "um momento vital e resplandecente para a experiência humana"[36]. Para Serra, "o significado pleno da ação humana dependerá dos discursos, na medida em que são eles que a registram, que a memorizam, que a interpretam, julgam ou valorizam"[37]. E os discursos da plena subjetividade no âmbito jornalístico, a meu ver, apenas prestam um desserviço à humanidade. Ela resulta, em sua práxis, do andar contínuo e colado de subjetividade e objetividade.

É preciso entender, no entanto, a objetividade como algo construído subjetivamente para situar a própria escolha jornalística entre o relevante socialmente e o dispensável jornalisticamente, o que não raras vezes deixa de ocorrer.

Ao investigar a verdade nas notícias, Nilson Lage lembra que "cada coisa ou enunciado que se diz ser verdade é antes coisa verdadeira ou enunciado verdadeiro" e argumenta que, do ponto de vista lingüístico, "*verdade* provém do atributo *verda-*

deiro e o designa como *beleza* de *belo* ou *liberdade* de *livre*"[38]. O professor declara que "a reificação do atributo, quando se diz *a verdade*, corresponde à transformação do adjetivo em substantivo, categoria cujo modelo é, com maior freqüência, o de coisas ou ações perceptíveis no mundo, como *árvore, ângulo, vôo* ou *beijo*"[39]. Ou *massacre* ou *violência* ou *mortes* ou *sem-terra* ou *policiais militares* ou *armas*...

Assim, explica Lage, "a verdade é uma abstração que existe objetivamente como qualidade. Subjetivamente, existirá ainda como memória do instante fugaz de uma descoberta ou revelação. Nessa memória e nesse instante residem a experiência da verdade; da mesma forma está a liberdade na libertação e a beleza no deslumbramento do belo"[40].

Há nesse caso uma semelhança com Karl-Otto Apel no que diz respeito a uma teoria consensual da verdade: a verdade como correspondência entre o concreto expresso pela consciência e a linguagem que a expressa. Tem base, para Apel, em uma "teoria do consenso que explique o sentido semântico-pragmático da verdade mediante a idéia reguladora de um acordo último, sobre o qual já não se discute mais, de uma comunidade ilimitada de investigadores"[41]. Assim, há uma mediação de signos que representa um mundo possível de conhecer, sobre o qual se emitem juízos de valor. Existe uma aproximação da idéia de esfera pública, de vida pública, de interesse público. Há, portanto, processos lingüísticos de interpretação, mediação, que expressam valores reconhecidos socialmente, os quais se afirmam como patrimônio humano. Há correspondência entre o fato verificável, sua mediação lingüística e seu compartilhamento social, em que a emissão de juízos de valor e a participação dos sujeitos nas escolhas procedem de um mundo passível de discussão, avaliação e interferência. É o mundo da vida, um mundo cognoscível. Com esse objetivo, Edgar Morin defende a "restauração do sujeito" como "pré-condição para o conhecimento objetivo": "um conhecimento que ignorasse o sujeito do conhecimento não saberia ser objetivo, e isso porque ignoraria o fato de que não pode haver conhecimento objetivo sem um sujeito que o opere para atingir a objetividade"[42]. Embora Morin não trate especificamente do jornalismo, é nítida a convergência de sua proposição com a de Apel e, como veremos a seguir, com a de Genro Filho.

Nesse aspecto, diversas correntes da semiótica, entre elas a semiótica da cultura, integram perfeitamente o quadro, objeto do próximo capítulo.

Para Adelmo Genro Filho, "qualquer gênero de conhecimento é tanto revelação como atribuição de sentido ao real; assim como a projeção subjetiva não pode ser separada da atividade prática, a revelação de significações objetivas não pode ser separada da atribuição subjetiva de um sentido à atividade"[43]. Talvez resida aí uma das essências profissionais do jornalismo que legitimam a necessidade da objetividade como um dos critérios em que se sustentam o relato jornalístico e sua síntese factual, que opera com reduções no tempo.

O que acontece – e aí há uma efetiva contribuição para a desmitificação da objetividade conservadora – é que, como assinalou Genro Filho, "os próprios fatos, por pertencerem à dimensão histórico-social, *não são puramente objetivos*"[44]. Assim, prossegue ele,

> O julgamento ético, a postura ideológica, a interpretação e a opinião não formam um discurso que se agrega aos fenômenos somente depois da percepção, mas são sua pré-condição, o pressuposto mesmo da sua existência como fato social. Não há um fato e várias opiniões e julgamentos, mas um mesmo fenômeno (manifestação indeterminada quanto ao seu significado) e uma pluralidade de fatos, conforme a opinião e o julgamento. Isso quer dizer que os fenômenos são objetivos, mas a essência só pode ser apreendida no relacionamento com a totalidade. E como estamos falando de fatos sociais, a totalidade é a história como autoprodução humana, totalidade que se abre em possibilidades cuja concretização depende dos sujeitos[45].

Depende de sujeitos como especialistas em medicina legal; depende de policiais militares; depende dos sem-terra; depende de... jornalistas e... de fontes com conhecimento qualificado e testemunhas reais[46].

É do interesse público saber que houve um massacre em Eldorado de Carajás, e disso não há dúvidas. É de relevância social saber que houve chacina no Carandiru ou em Vigário Geral, e com isso todos concordam. É relevante também saber que os mortos de Eldorado ou do Carandiru eram todos pobres, em grande parte negros. Mas é também igualmente relevante saber a forma de vida das pessoas que foram parar no Carandiru ou a forma de sobrevivência dos trabalhadores sem-terra. É objetividade dizer que houve dezenove mortos em Eldorado e cento e onze no Carandiru, porque efetivamente estão mortos e foram assassinados e porque se avalia a morte *negativamente*. Esses dados objetivos de fato sensibilizam e mobilizam as pessoas, indignam – mesmo como discurso cínico – autoridades responsáveis pela solução dos problemas em tais áreas e criam no público a expectativa de que sejam mesmo resolvidos.

Quando se revelam os assassinatos no Carandiru ou em Eldorado de Carajás, condenam-se os massacres, valorizando a vida de pessoas mortas, defendendo uma solução para o problema. No entanto, a escolha da pauta, a cobertura e a edição também terão de fazer escolhas, que podem ser factuais, por exemplo, comparações entre a produtividade do minifúndio e do latifúndio; entre o lucro particular de bancos privados e os investimentos na área social feitos pelos bancos públicos; entre o Banco do Brasil (e os investimentos sociais que fez) e os que não têm tal incumbência direta nem tais obrigações, como o antigo Econômico, o HSBC e o Bradesco.

Por isso, revelar objetivamente a produção, em terras brasileiras, do latifúndio e do minifúndio é revelar objetivamente a vida das pessoas que vão parar em presídios brasileiros e a vida dos que muitas vezes aderem ao narcotráfico, no Rio de

Janeiro, porque recebem o que o Estado lhes nega: salário, saúde, escola, pão e previdência. É objetividade dizer que morre gente na BR-101, mas é também dizer, ancorado em dados, que onde há ferrovias – e não caminhões – cruzando os países os índices de morte por acidente são mínimos diante dos alarmantes índices das estradas brasileiras, as quais garantem muito dinheiro a empreiteiros e a empresas sócias deles. E, claro, é também revelar as relações entre mídia e empreiteiras, bancos privados, imobiliárias, latifúndio.

É, enfim, *dizer o que é*... É apresentar, mesmo que por estatísticas, dados, opiniões de especialistas, estudos, o mundo tal como é, para que daí se deduzam razões e conseqüências. Com esse objetivo, o jornalismo tem uma natureza intrínseca que não é natural, mas uma construção humana e, portanto, uma construção dos próprios jornalistas. É, a meu ver, uma construção política, ideológica, cultural, que reflete, com sua técnica específica, o mundo em andamento, sem concessões, a serviço da sociedade ou da universalidade humana.

Também aponta nessa direção o professor e pesquisador Miquel Rodrigo Alsina, cujas proposições convergem para as de Gomis ou Meditsch: "O jornalista é o enlace de conhecimento de políticos, filósofos e cientistas com o cidadão. O jornalista tem um papel institucionalizado e legitimado na transmissão do saber cotidiano e como tradutor do saber dos especialistas para o grande público"[47]. Com tal base teórica para o jornalismo se chegaria à sua justificativa moral como profissão[48].

É precisamente na construção e na promoção dessa teoria que se podem alicerçar, por exemplo, bases morais que justifiquem a existência e a defesa do registro profissional, da formação universitária e de instrumentos jurídicos, como uma legislação de imprensa, de salários compatíveis, de proteção ao trabalho jornalístico, aí incluída a proteção da vida.

O jornalismo, que integra o campo do discurso argumentativo, incorpora, logicamente, uma ética extraída dessa responsabilidade. Podem-se aplicar a ele os princípios da "ética discursiva", de Habermas ou Apel, que se chamou também de "ética da comunidade ideal de comunicação". O discurso argumentativo, afirma Apel, contém o "arrazoado de fundamentação do princípio da ética"[49]. Nos códigos de ética profissional, que mencionarei adiante, elaborados tanto por jornalistas como por empresários da mídia, pode-se perceber isso.

O discurso argumentativo, conforme Apel, torna-se um meio indispensável para fundamentar normas consensuais da moral e do direito. Por isso é essencial uma ética do discurso, na medida em que hoje se faz necessário, "pela primeira vez na história da humanidade, assumir responsabilidade mútua pelas conseqüências diretas e indiretas em escala mundial das atividades coletivas dos homens – como, por exemplo, a aplicação industrial da ciência e da técnica – e organizar essa responsabilidade como práxis coletiva"[50]. Com essa perspectiva, existe uma possibilidade de contribuição social efetiva do jornalismo para o entendimento imediato do mundo, de que forma, de como nele intervir, de como nele agir. Parece-me responsabilidade também do mundo profissional jornalístico avaliar que contribuições pode dar um indivíduo no todo social e como constituir a subjetividade com outros indivíduos, gerando, pela linguagem, a integração diversificada entre singular, particular e universal. Assim, sua importância é maior do que apenas a de um produto entre outros na contemporaneidade, que não podem fugir à lógica do mercado e aos tempos homogeneizadores da globalização. O jornalismo pode representar, pela expressão política, ideológica, ética, estética, técnica e tecnológica, uma forma de revelar profissionalmente a luta em favor do gênero humano.

Entretanto, isso tem pouco que ver com estratégias retóricas para um convencimento baseado em uma eticidade cínica. E tem bastante que ver com a ética discursiva, tema que retomarei adiante. No momento, é interessante discorrer rapidamente sobre a *agenda setting*.

Breves observações sobre a hipótese da *agenda setting*

Nos últimos trinta e cinco anos, pesquisadores americanos têm estudado o que chamam de *agenda setting function*, isto é, como os meios de comunicação estabelecem a ordem do dia dos assuntos públicos e como pautam a sociedade nos temas que serão tratados e discutidos pública e cotidianamente[51]. Eles realizaram uma série de pesquisas que analisam até que ponto a mídia seleciona, analisa e mantém na ordem do dia os assuntos que considera devam ser tratados publicamente, superando o poder que o governo ou o Estado têm de selecionar temas. A formação da opinião pública já foi bastante estudada, com concepções distintas, por vários pesquisadores em diversos países[52].

No Brasil, o professor Clóvis de Barros Filho é um dos principais estudiosos do assunto. Ele explica que *agenda setting* é um efeito social quase imediato da mídia e aborda a hipótese segundo a qual "a mídia, pela disposição e incidência de suas notícias, vem determinar os temas sobre os quais o público falará e discutirá"[53]. Em minucioso trabalho, o pesquisador menciona as diversas agendas, ou programações, existentes: a individual, a interpessoal, a da mídia (seleção de assuntos para divulgação), a pública (assuntos relevantes para a sociedade) e a institucional (prioridades de cada instituição). Ao tratar das dificuldades de comprovação da *agenda setting*, Barros Filho pergunta: "como se opera a seleção temática da mídia?, quem seleciona os temas que serão agendados pelo público?, quem agenda a mídia?"[54].

O professor ressalva ser evidente que os próprios acontecimentos da realidade fazem parte do agendamento da mídia. Contudo, ao serem tratados por ela, os acontecimentos, transformados em fato jornalístico, passam a integrar o universo de preocupações e comentários do público, gerando também um agendamento público e institucional. Por isso, a hipótese da *agenda setting* resume a agenda social contemporânea; por isso, determina a pauta da sociedade contemporânea, transforma em tema o acontecimento e aspectos da realidade produzida cotidianamente considerados relevantes[55].

Desse modo, os relatos da mídia a respeito de assaltos e assassinatos servem não apenas para divulgá-los e levar à punição dos criminosos, mas também para investigar por que aumenta a criminalidade, tratando, por exemplo, do desemprego. Concordo, assim, com a idéia de que a mídia estabelece a agenda contemporânea. No entanto, concordo também com a idéia de que a mídia atua nos limites reais da realidade, mesmo que fuja seguidamente às suas responsabilidades de divulgar, apurar e manter em pauta um evento socialmente significativo.

Assim, à sincronização social a que a mídia serve me parece corresponder, também, uma desordenação social imposta pela realidade, que seguidamente redireciona os meios de comunicação para novas pautas, novos temas, novas abordagens.

Em relação à programação temática, Gomis observa que "as questões que recebem mais atenção nos meios de comunicação são vistas pelo público como as mais importantes. A mídia não diz o que se deve pensar, mas sobre o que se deve pensar"[56]. A imagem da realidade oferecida pela mídia, salienta o professor catalão, acelera as ações e estas geram novos fatos de interesse público, que serão novamente oferecidos pelos meios de comunicação. Nesse desenrolar, existe uma interpretação sucessiva da realidade, que vai conformando novos acontecimentos. Gomis destaca que a mídia não inventa fatos, mas faz escolhas[57]. Portanto, não se descarta a ideologia da linha editorial. De um lado, a realidade impõe temas socialmente relevantes; de outro, os veículos de comunicação os registram e são responsáveis pela divulgação de dados suficientes para o público, a fim de que este reaja e aja em decorrência deles, tornando-o partícipe social do mundo diário. Por isso, Gomis diz que a mediação generalizada exercida pelo jornalismo estimula a ação social[58].

É inegável o mérito do jornalismo nessa mediação, e as vantagens são sociais. Todavia, há casos em que o acontecimento vem num pacote de fatos ou declarações, a título de *interesse público*, embalado numa retórica eficaz e, do ponto de vista ético, subsumido em certo cinismo, que resulta em conseqüências sociais bastante graves. São aspectos de que tratarei adiante.

Tanto Barros Filho como Gomis enfatizam um ponto essencial: o de que os meios de comunicação convencem o público, pelo mecanismo de *agenda setting*, de que esses acontecimentos relatados e transformados em fatos jornalísticos são os de mais relevância social. Acredito haver sentido nisso, e desconhecer tal fato seria o mesmo que encarar com ingenuidade a posição ideológica, cultural, econômica e política da mídia no cenário contemporâneo. No entanto, dar um caráter absoluto a esse fato seria o mesmo que menosprezar o potencial da sociedade para mudar a realidade à sua volta, com repercussão no próprio tratamento que a mídia dá a ela. Pode-se chegar a um ponto, por exemplo, em que o público não tenha mais nenhuma identificação com o meio de comunicação, que falará para poucos. Parece evidente que as posições majoritárias da mídia contra as greves em geral possam convencer quem não está em greve, mas, possivelmente, não convencem eletricitários, bancários, metalúrgicos, professores, motoristas de ônibus, ferroviários e seus parentes imediatos, todos os que sentem "na pele" a "realidade". Isso produz novos fatos que reagendam a agenda midiática, com conseqüências na pauta contemporânea dos assuntos mais relevantes socialmente. Nesse aspecto, há vínculos entre a objetividade e a subjetividade jornalísticas, a *agenda setting* e Ivan Bystrina.

Bystrina considera que a semiótica da cultura trata essencialmente dos códigos terciários, entendendo por cultura "todo aquele conjunto de atividades que ultrapassa a mera finalidade de preservar a sobrevivência material"[59]. Os códigos terciários, diferentemente dos primários (naturais, produzem informações e não signos) e dos secundários (linguagem), produzem também *intenção*, entendendo-a na esfera das vontades conscientes e inconscientes. Depois de salientar que nas teorias semióticas, classicamente, existe o interpretante, o signo e o objeto ao qual se refere a informação, Bystrina destaca uma diferença básica entre produtor e receptor do signo: na primeira etapa, a informação parte do emissor para o receptor; na segunda, ocorre o contrário, isto é, o receptor passa a produzir informação para o emissor, ou seja, passa a produzir intenção e cultura[60].

Uma aproximação mais nítida entre semiótica da cultura e jornalismo pode caminhar nessa direção.

Notas bibliográficas

1. *Jornal da Tarde*, 21 out. 1993, p. 8B. O exemplo é retirado da reportagem do jornal e o relato se baseia nela.
2. *Zero Hora*, 19 nov. 1993, p. 64.
3. Tony Allen-Mills (*The Sunday Times*), Pesquisadora de vampiros de Nova York está sumida. *O Estado de S. Paulo*, 12 ago. 1996, p. A10.
4. Assimina Vlahou, Conferência termina sem mudar drama da fome. *Diário Catarinense*, 18 nov. 1996, p. 32.
5. *Diário Catarinense*, 26 nov. 1996, p. 24. O relatório foi também, no mesmo dia, assunto para matérias nos jornais brasileiros de grande porte, entre eles *Zero Hora*, *O Globo* e *Folha de S.Paulo*.
6. José Roberto de Toledo, Morte violenta rouba 4 anos do brasileiro. *Folha de S.Paulo*, 19 jan. 1997, caderno Cotidiano, p.1-3.
7. Albert Guasch, China trafica con órganos de presos. *El Periódico*, 26 fev. 1998, p. 23.
8. Barbara Cassin, *Ensaios sofísticos*.
9. Janet Malcolm, *O jornalista e o assassino*, p. 11.
10. Palestra do Programa de Estudos Pós-Graduados em Comunicação e Semiótica da PUC-SP.
11. Karel Kosik, *Dialética do concreto*, p. 114.
12. *Ibidem*, p. 206.
13. Norval Baitello Junior, *O animal que parou os relógios*, p. 100 e 101.

14. Karel Kosik, *op. cit.*, p. 217.
15. Norbert Elias, *Sobre el tiempo*, p. 93.
16. Tratarei adiante de tais aspectos, que se encontram em Ivan Bystrina, *Tópicos de semiótica da cultura* e *Semiotik der Kultur*.
17. Veja, por exemplo, Maurice Halbwachs, *A memória coletiva*.
18. Iuri M. Lotman, *La semiosfera II: semiótica de la cultura, del texto, de la conducta y del espacio*, p. 82.
19. *Ibidem*, p. 83.
20. Lorenzo (ou Llorenç) Gomis é professor catedrático da Universidade Autônoma de Barcelona. Fundador e diretor da revista *El Ciervo*, foi o primeiro presidente do Conselho de Informação da Catalunha. Entre suas obras, destacam-se *La noticia, Dret Humà*; *El medio media: la función política de la prensa*; e *Teoria dels gèneres periodístcs*. Sua obra principal para este livro é *Teoria del periodismo: como se forma el presente*. No Brasil e exterior há muitos autores que trataram ou tratam da importância social do jornalismo, das relações entre jornalismo e conhecimento, da epistemologia da notícia. Os autores aos quais recorri, no livro *Jornalismo, ética e liberdade* e neste, também fizeram trabalhos exaustivos e diferenciados sobre o jornalismo. Por isso, neste livro coloco alguns referenciais com que tenho identidade temática e epistemológica.
21. Lorenzo Gomis, *Teoría del periodismo: como se forma el presente*, p. 17.
22. *Ibidem*, p. 34.
23. Vicente Romano, *Introducción al periodismo: información y conciencia*, p. 63.
24. Lorenzo Gomis, *op. cit.*, p. 37.
25. *Ibidem*, p. 42-43.
26. Karel Kosik, *op. cit.*, p. 13.
27. Veja Llorenç Gomis, *Noticia, Dret Humà*.
28. Eduardo Meditsch, Jornalismo como forma de conhecimento. *Revista Brasileira de Ciências da Comunicação*, v. XXI, n. 1, São Paulo, jan./jun. 1996, p. 32. O trabalho mais detalhado de Meditsch está em seu livro *O conhecimento do jornalismo*, citado na bibliografia.
29. *Ibidem*, p. 33.
30. Llorenç Gomis, *Noticia, Dret Humà*, p. 179. Tais observações são recorrentes e tratadas em detalhe em outro livro do autor, o citado *El medio media: la función política de la prensa*.
31. *Isto É*, 2 out. 1996, p. 129.

32. Daniel Cornu, *Jornalismo e verdade*, p. 391.
33. *Ibidem*.
34. *Ibidem*, p. 391-392.
35. *Ibidem*, p. 393.
36. Antônio Serra, Duas ou três coisas sobre a verdade. In: *Jornalistas pra quê? (Os Profissionais Diante da Ética)* (1989). Rio de Janeiro: Sindicato dos Jornalistas Profissionais do Município do Rio de Janeiro, p. 13.
37. *Ibidem*, p. 12.
38. Nilson Lage, *Ideologia e técnica da notícia*, p. 97.
39. *Ibidem*.
40. *Idem*.
41. Karl-Otto Apel, *Teoría de la verdad y ética del discurso*, p. 37-38.
42. Edgar Morin, A ética do sujeito responsável. In: Edgar de Assis Carvalho et al. (orgs.), *Ética, solidariedade e complexidade*, p. 71.
43. Adelmo Genro Filho, *O segredo da pirâmide: para uma teoria marxista do jornalismo*, p. 66. Os trabalhos de Hanno Beth, com base em Franz Dröge e Karl Marx, adotam enfoque similar. Veja, por exemplo, "La ciencia de la comunicación como teoría dialéctico-materialista de la comunicación".
44. Genro Filho, *op. cit.*, p. 49.
45. *Ibidem*.
46. Ao analisar o romance *Ilusões perdidas*, escrito por Honoré de Balzac entre 1835 e 1843, em que aborda, em parte, o surgimento da imprensa e a vida de "esplendores e misérias" do poeta Lucien Rubempré em sua trajetória jornalística, José Miguel Wisnik observa que "os problemas colocados pelo romance estão latentes todo o tempo na representação jornalística, e algumas vezes emergem de modo agudo. É claro, portanto, que a leitura do romance tem como contraponto a leitura diária da imprensa, que atualiza frente ao romance, com maior ou menor intensidade, aquele confronto originário a partir do qual ele se formou" (Ilusões perdidas. In: Novaes, Adauto (org.), *Ética*, p. 339). Mesmo com as críticas à representação jornalística da realidade, Wisnik deixa uma porta aberta para a relevância contemporânea da atividade, admitindo que a imediatidade do relato, por meio da mídia, lida com dramas, confrontos, opiniões, dados, fatos, acontecimentos. O elogio que faz da *Folha de S.Paulo*, especialmente no con-

fronto que teve com o ex-presidente Fernando Collor, é também o reconhecimento de que nem todas as ilusões, em relação ao jornalismo, estão perdidas. O quadro mercadológico no qual o jornalismo se insere contemporaneamente – com as implicações éticas levantadas por Wisnik, que retomarei no último capítulo, abordando sua complexidade contemporânea, portanto cento e sessenta anos após a obra de Balzac – não implica, necessariamente, limites à sua operatividade, mas acena com uma árdua tarefa, a de precisamente superá-los para realizar o jornalismo.

47. Miquel Rodrigo Alsina, *La construcción de la noticia*, p. 180. O professor espanhol situa bastante bem os problemas da objetividade jornalística e da função cognitiva do jornalista, citando especialmente Umberto Eco e Edgar Morin.
48. Continua sendo fonte importante o ainda atual e já clássico livro *Notícia, um produto à venda: jornalismo na sociedade urbana e industrial*, de Cremilda Medina.
49. Karl-Otto Apel, *op. cit.*, p. 147.
50. *Ibidem*, p. 148.
51. Elisabeth Noelle-Neumann, *La espiral del silencio – La opinión pública: nuestra piel social*, p. 202. Segundo a pesquisadora, entre os principais estudiosos estão Maxwell McCombs, Donald Shaw, Hans Mathias Kepplinger, Michael Hachenberg e Herbert Roth.
52. No mesmo livro, Noelle-Neumann trata esmiuçadamente do tema, abordando, entre outras obras, a clássica *Public opinion*, de Walter Lippmann, e os estudos de Niklas Luhmann.
53. Clóvis Barros Filho. *Agenda setting* e recepção. *Notas e Estudos de Comunicação*. São Paulo, n. 1, abr. 1994, Abecom.
54. Clóvis Barros Filho, *Ética na comunicação: da informação ao receptor*, p. 185.
55. Consulte, a esse respeito, *La noticia: pistas para percibir el mundo*, de Mar de Fontcuberta.
56. Lorenzo Gomis, *Teoría del periodismo: como se forma el presente*, p. 158.
57. *Ibidem*.
58. *Ibidem*, p. 187.
59. Ivan Bystrina, *Tópicos de semiótica da cultura*, p. 3.
60. *Ibidem*, p. 4 e 5.

2
Semiótica da cultura e jornalismo

O campo de análise da semiótica é certamente amplo. O desenvolvimento da área, que pode abranger tanto a semiótica da mídia como a biossemiótica, traz consigo diferentes correntes que contêm uma sistematização conceitual para analisar os fenômenos. Já que a área de investigações se estende também da semiótica da arquitetura à zoossemiótica, o professor e especialista Winfried Nöth, esclarecendo o que é a semiótica, resume: "uma resposta possível e pluralista à questão é: a semiótica é a ciência dos signos e dos processos significativos (semiose) na natureza e na cultura"[1].

O professor da Universidade de Kassel explica que nem todos concordam com tal definição, já que algumas áreas optam por restringir mais o conceito, preferindo que se limite à comunicação humana. De qualquer forma, considera que a semiótica propriamente dita surgiu com o filósofo John Locke (1632-1704), que formulou uma doutrina dos signos. Mas o estudo dos signos, ressalva Nöth, coincide com o início da filosofia, quando, por exemplo, Platão e Aristóteles foram também teóricos do signo[2].

A origem da semiótica da cultura, por sua vez, encontra-se no Círculo Lingüístico de Praga, fundado em 1926, do qual um dos principais integrantes foi Roman Jakobson, que influenciou o desenvolvimento do estruturalismo francês. Simultaneamente, o formalismo russo, com a Sociedade de Petrogrado do Estudo da Linguagem Poética (Opoyaz), de 1916 a 1930, e o Círculo Lingüístico de Moscou, de 1915 a 1921, originou teóricos e estudos e também contou com Jakobson como um de seus principais membros[3]. No entanto, Jakobson entendeu que o estruturalismo obedecia a aspectos mais dinâmicos do que estanques e, por conseguinte, desenvolveu alguns princípios metodológicos, como o binarismo, a teoria das formas marcadas – em que os dois pólos de uma oposição semiótica consistem em uma forma marcada e uma não-marcada, e a dicotomia código–mensagem[4], em que o contexto executa uma função referencial essencial entre o emissor e o receptor da mensagem.

Mais tarde, um dos principais articuladores, produtores e incentivadores da semiótica da cultura foi Iuri Mikhailovich Lotman, que, na Escola de Tartu (no início da década de 1950), na República da Estônia, e mais tarde, especialmente dos anos 60 aos 80 (Tartu-Moscou), segundo Desiderio Navarro, evoluiu para um enfoque cada vez mais dinâmico do texto e da cultura, entendendo-os como conceitos geradores de sentido e não como invólucro dele[5].

Assim, Lotman desenvolveu o conceito de *semiosfera*, tratando tanto do funcionamento real dos textos como da literatura de massa, tanto da função cultural da memória semiótica como do discurso histórico, do progresso tecnológico e da descontinuidade e impredizibilidade na dinâmica da cultura[6]. Nesse caso, Lotman aproxima-se da dialética e da práxis, e não do funcionalismo ou do estruturalismo estanque.

Ele considera que a melhor definição de semiótica, contemporaneamente, foi a proposta por seu colega I. I. Revzin, em 1966, durante o andamento da Segunda Escola de Verão, em Käariku, União Soviética: "O objeto de estudo da semiótica é qualquer objeto que ceda diante dos recursos da descrição lingüística"[7].

Lotman utiliza o termo *semiosfera* em analogia a *biosfera*, palavra introduzida por V. I. Vernadski, mas, ao contrário desta, aquela tem um caráter abstrato, envolvendo um espaço fora do qual não há semiose. Isto é, a semiosfera envolve o universo semiótico com diferentes textos e linguagens, que podem estar fechados uns em relação a outros, mas todos pertencem a um mecanismo único, a um universo em que as coisas estão relacionadas e fora das quais não há sentido, não há signo, não há semiose. A semiosfera é, portanto, o universo para si mesmo. Há, nesse caso, uma confluência com o conceito de totalidade desenvolvido por Karel Kosik no âmbito da filosofia heterodoxa marxista: "o homem *descobre* o sentido das coisas porque ele cria um sentido humano para as coisas"[8].

Lotman observa que o texto, na acepção contemporânea na semiótica da cultura, torna-se um "complexo dispositivo que guarda variados códigos, capaz de transformar as mensagens recebidas e de gerar novas mensagens". Hoje, explica, em lugar da fórmula "o consumidor decifra o texto", vige a fórmula "o consumidor trata com o texto"[9]. Isso vale para uma obra de arte e para o texto jornalístico, e faz da semiosfera um universo dinâmico, em que o texto se torna algo infinito.

Como explica Cáceres Sánchez, para Lotman o significado de texto tem correlação com outros sistemas mais amplos de significados, com outros textos e códigos, com normas presentes culturalmente em toda a sociedade. Assim, segundo Lotman, acrescenta ele, "compreender um texto (artístico ou não) é compreender não só as relações intratextuais, mas também as relações extratextuais e as que surgem da confrontação destas com aquelas"[10].

Jornalismo, cultura e segunda realidade: uma produção humana

Um dos atributos do texto, no seu aspecto sociocomunicativo, é cumprir "a função de memória cultural coletiva". Assim, o texto tem a "capacidade de se enriquecer ininterruptamente" e, ao mesmo tempo, "a capacidade de atualizar alguns aspectos da informação depositada nele e de esquecer outros temporariamente ou completamente"[11]. O termo *texto*, para Lotman, pode ser empregado de forma *polissêmica* e tem uma profusão de significados, de acordo com os autores e as concepções que desenvolvem. *Texto* pode ser uma cadeira, que contém relações sociais, pelo trabalho de quem a produziu (e, portanto, vida e significado), e relações de costume. E *texto* pode ser linguagem oral, linguagem escrita, palavras, que o precedem, o estruturam e o codificam. Lotman explica: "uma propriedade obrigatória do texto da cultura é sua universalidade: o quadro do mundo está correlacionado com todo o mundo e em princípio inclui tudo"[12]. Há, mais uma vez, convergência entre Lotman e Kosik.

Nisso, é possível situar a ética social e a produção de significados pelo jornalismo como semioses, em que está presente a subjetividade construída histórica e culturalmente, isto é, construída pela intersubjetivação de comportamentos, idéias e vontades que se consubstanciam em uma objetivação operacional. E voltam, depois, a subjetivar-se segundo o conhecimento prático e teórico.

Tem relação com isso o surgimento de limites comportamentais, como conter uma vontade imediata pelas conseqüências na socialidade do futuro. A repartição social de valores morais e símbolos culturais também. Estupros, assassinatos, prostituição infantil estão aí também para mostrar que há uma valoração repartida. O livre ato sexual e amoroso, o abraço, o adeus, a despedida e o reencontro também. O tempo finito amplia a dimensão e valoriza tais atos. A ocupação dos espaços e sua aceleração ajudam a realçar isso. A tecnologia pode ir para qualquer lado. O presente e o futuro também.

O professor Norval Baitello Junior lembra que aquilo que Lotman chama de *semiosfera* Bystrina denomina de *segunda realidade* e Edgar Morin trata como *segunda existência*[13]. Esse "universo simbólico", prossegue Baitello, constitui "o conjunto de informações geradas e acumuladas pelos homens ao longo dos milênios, por meio de sua capacidade imaginativa, ou seja, de narrativizar aquilo que não está explicitamente encadeado"[14], na linguagem verbal, olfativa ou musical. Nele, o texto passa a ser a unidade mínima da cultura. Na segunda natureza humana, acrescenta, a partir de Bystrina, situam-se três níveis de códigos que se intercomunicam: os primários (naturais, biológicos), os secundários (interação social e linguagens – a unidade mínima é o signo) e os terciários (em que "as dificuldades intransponíveis da vida biofísica e da vida social são superadas, justificadas ou explicadas por sistemas simbólicos")[15]. O último nível representa, essencialmente, o universo comunicativo, que contém a carga enorme de informações acumuladas na memória da sociedade. Os princípios desse universo, conforme Baitello, citando Bystrina, são os "códigos terciários ou culturais ou ainda hiperlinguais"[16].

Para Baitello, o que caracteriza um texto é a "incorporação da categoria 'temporalidade' " como "princípio ordenador". O texto da cultura, esclarece o professor, sejam mitos, rituais e danças, sejam romances, "se constrói no diálogo, na operação interativa entre seus componentes subtextuais, no diálogo entre os signos e dos signos com o seu próprio percurso histórico"[17].

De tal perspectiva é que se pode situar a linguagem jornalística como texto pertencente a um código terciário de segunda realidade humana, criada para si mesma. Há semelhanças, nesse caso, com a noção de espaço público e com um diálogo social, em que o fim não está previsto, é apenas uma possibilidade.

Para Ivan Bystrina, a estrutura dos códigos terciários ou culturais se desenvolveu da *oposição binária*. Se *amigo* está em oposição binária a *inimigo*, é certo também que *amigo* e *inimigo* podem fundir-se, temporalmente, em *amizade*. É aí que Bystrina, criticando o estruturalismo estanque de Lévi-Strauss, diz que a semiótica da cultura por ele defendida concebe a estrutura "muito mais como um conjunto (dinâmico) de relações"[18]. Bystrina dá o exemplo de uma criança que grita para demonstrar desconforto, que pode ser de dor, fome, sede – buscando sempre preservar sua existência. Da mesma forma, pode-se dizer que a invasão ou ocupação de terras pelo Movimento dos Trabalhadores Rurais Sem-Terra (MST) busca preservar a vida, resolver problemas concretos do cotidiano, que dizem respeito a moradia, alimento, enfim, necessidades sentidas pelo homem, do campo natural ao cultural, isto é, da necessidade de comer à fome estética. Essa necessidade, criação em parte natural e em parte artificial, torna-se uma segunda natureza, que se forma e se estrutura no conjunto das relações históricas sociais da humanidade. Tal necessidade fundiu-se no processo amplamente conhecido de *práxis social*, em que o homem, dada a objetividade do mundo natural, subjetiva-a na direção e na construção de si mesmo, sem final apriorístico, mas como um projeto – às vezes consciente, às vezes inconsciente, às vezes semiconsciente. Na linha de raciocínio de Bystrina há, evidentemente, uma aproximação do conceito de *dialética* e de um projeto humano indefinido, produto da própria humanidade. Assim, pela *binariedade*, há uma valoração *polar*:

> A estrutura binária dos códigos culturais terciários é [...] organizada em polaridades. [...] A necessidade de dar valor vem em primeiro lugar para, logo a seguir, subsidiar a decisão. A polaridade existe, portanto, para facilitar a decisão, a atitude, o comportamento, a ação. E elas surgiram, evidentemente, de situações práticas da vida. Assim, cada pólo recebe um valor[19].

Se os pólos binários são reconhecidos e demarcados a partir do nascimento, o conjunto da existência humana funde aqueles primeiros, *naturais*, à construção de outros, *culturais*, em que a noção de valor e seu reconhecimento social são ampliados. O mundo dos valores, da ética e do jornalismo se inserem no mundo dos códigos terciários, que, num sistema mais geral, integra um "sistema modelizante secundário" – para tomar a expressão de I. M. Lotman[20] –, posteriormente consagrado como *semiosfera*. Mesmo assim, a idéia de modelo é sempre uma idéia em andamento, e o sistema não pode ser considerado fechado em si mesmo. Explica-se: qualquer referência à realidade anda junto com a própria realidade em formação e, por isso, é, certamente, um conceito aberto. Ao mesmo tempo que se analisa o concreto, este produz novos atos, significados e interpretações, em um processo contínuo, inacabável. Isto é, a apreensão da realidade é sempre uma busca; nunca "a apanhamos" totalmente, porque, se isso ocorresse, o ser ontológico estaria dominado pela interpretação dele, o andamento do mundo estaria configurado apenas pela teoria e esta não seria redefinida nunca pelo real concreto. Também nesse aspecto, o objeto do jornalismo não pode ser analisado com base na positividade dos conceitos, mas sim pela negatividade cotidiana, que nega o presente para buscar constituí-lo no que ainda não é.

Para Lotman e vários de seus colegas estudiosos, o texto tem um papel social que atende a determinadas necessidades da sociedade que o produz. Entende por *texto* não apenas o jornalístico, mas, como vimos, qualquer veículo que expresse um significado global, seja uma obra de arte, um ritual, uma composição musical[21]. Com esse conceito, o texto corresponde ao universo da semiótica da cultura, que tem no jornalismo um código terciário de segunda natureza ou segunda realidade.

Se tomarmos a afirmação de Baitello Junior de que "a base de toda semiose é a negação"[22], aproximamo-nos também do conceito de dialética, aproximamo-nos de uma ponte em que transitam tanto a particularidade como a universalidade humanas – transitam tanto a *binariedade* como a *polaridade*.

Aproximamo-nos, assim, dos códigos terciários produzidos pela humanidade. Nesse código terciário estão presentes as *binariedades*, sintetizadas, por exemplo, por oposições sagrado/profano, igualdade/desigualdade, bem/mal, bom/ruim, melhor/pior, justo/injusto, verdade/mentira. Como a estrutura binária envolve uma valoração, existe uma negação de um pólo para a afirmação de outro. De acordo com Bystrina, "a estrutura binária e polar é claramente assimétrica. O pólo marcado ou sinalizado negativamente é percebido ou sentido muito mais fortemente do que o pólo positivo"[23]. Assim, os conceitos desenvolvidos por ele encontram certa correspondência, com diferente nomenclatura, na própria dialética, embora ele fale em *tríade*, explicando que tem um uso universal, encontrando-se, por exemplo, em Hegel, Marx, Peirce e Popper[24]. O que Bystrina propõe é, portanto, uma valoração polar partindo de situação dada (primeiro momento), para ser invertida (segundo momento), chegando-se a uma terceira situação, resultado da tensão previamente existente entre dois pólos.

A tentativa de superação da *assimetria* pode envolver, como afirma Bystrina, uma identificação, uma *supressão da negação* ou uma *inversão*. Ora, há também uma nova aproximação da afirmação da subjetividade/objetividade humanas inseridas no campo da práxis e da lógica dialética. Se o homem tem-se caracterizado pela constante negação para afirmar um novo mundo, desde a admiração contemplativa e ingênua até os gestos de mais cristalina rebeldia consciente, é porque o tempo presente não é, jamais, um tempo de felicidade, a ponto de ele não querer passar ao momento seguinte. Essa negatividade, que caracteriza quaisquer épocas e culturas humanas, levou a humanidade à idéia de que saídas/soluções estão no futuro. Mas a construção de valores, como vida, fizeram que outros valores, como morte, tortura, assassinato, suicídio, fossem depreciados no campo da binariedade e da polaridade. Isso envolve, é claro, uma idéia ética de indivíduo e de que ele pode e *deve* ter acesso a valores morais afirmados no decurso da história que hoje constituem patrimônios morais da humanidade. No entanto, a *assimetria* decorrente da polaridade e da binariedade acarreta, no conjunto de relações, atos, gestos, idéias, a possibilidade de avaliar qual o melhor caminho para a humanidade, qual a melhor escolha que se pode fazer para si mesmo e reparti-la, para que a vida continue a ser usufruída e o futuro possa resolver as irresoluções do presente.

Nesse aspecto, é claro, há uma força inegável no pólo considerado *negativo*, e quando se vê o massacre de trabalhadores rurais sem-terra, a prostituição infantil, o assassinato de crianças, os estupros, as guerras étnicas, a neurose urbana, o desespero existencial, vê-se algo que deve ser superado. Vê-se algo que, na mediação do presente, torna-se uma semiose carregada de valores, repleta de ideologia, imersa em ações. Surge aí a mediação informativa do jornalismo como forma possível de trazer todas essas binariedades e polaridades para o campo assimétrico de forma imediata, quase instantaneamente no momento em que ocorrem. E é por isso que o pólo negativo, nos temas/atos mencionados, estão tão presentes na imediatidade jornalística.

Assim, o período de divulgação jornalística não é o de uma semana, um mês, um ano ou dez anos, tal como pode ser o da sociologia, da antropologia, da história, que interpretam, com mais profundidade, os aspectos da existência humana. Também não é o da medicina, o da engenharia ou da biologia, que pesquisam e analisam, com maior densidade, a trajetória humana e da natureza. Mas certamente o jornalismo – ao levar ao espaço público fatos, versões e opiniões oriundos de cada uma dessas áreas, com rapidez, num tempo imediato, em escala planetária – contribui para abrir uma janela do mundo para si mesmo, e pode-se vislumbrar por ela tanto o sol como a tempestade.

A temporalidade e o presente do jornalismo são diferentes mesmo dos da interpretação histórica, mas tão essenciais quanto os dessa, na medida em que o conhecimento público de um assassinato gera – e para isso não é preciso esperar a publicação de um livro – rebeldia, movimento, investigação, ação. O pólo negativo tem sempre maior apelo. É bom e importante que assim seja. Certamente, não é notícia o fato de os bancos abrirem as portas de segunda a sexta-feira ou de que ontem ou hoje não houve estupros em São Paulo, porque efetivamente o pólo negativo ocupa o espaço da emergência do inesperado, do novo, do improvável, do que deve ser evitado ou corrigido, do que mobiliza. Se, de um lado, a mídia contribui para a ordenação do tempo social – e nesse caso o jornalismo pode pautar a agenda contemporânea e com isso o próprio futuro –, de outro lado, em muitíssimas e reiteradas vezes, em outras tantas ocasiões, o fazer jornalístico esbarra em contradições que vão do antagonismo de interesses – os quais não são possíveis de esconder – à emergência de fatos que efetivamente ocupam um lugar público para a condenação. Por exemplo, o massacre dos trabalhadores rurais sem-terra, em Eldorado dos Carajás, mencionado aqui brevemente, teve uma cobertura razoável na mídia brasileira, logo depois de ter sido destaque em várias mídias em diversos países. Nesse caso, de fato a tecnologia auxilia a romper barreiras.

Por outro lado, a ordenação social pode estar ligada à durabilidade de determinado evento e da proposição que carrega, como a privatização do sistema Telebrás ou a ineficácia do Congresso Nacional. Nessa busca de adequar o andar humano a uma ordenação social, surge sempre algo que incomoda. É o tráfico de drogas, é a prostituição infantil, é a morte por aids, é o acidente na rodovia. Todos esses eventos estão muito próximos de nós e, nesse caso, próximos dos leitores; por extensão, fazem parte do presente imediato, objeto de mediação do jornalismo. A referência ao presente torna-se necessidade de repartir o todo social em que estamos imersos, e a mediação midiática, especialmente a do jornalismo, faz do tempo presente o tempo de fruição de informação/conhecimento, em rapidez, agilidade e quantidade como nunca se observou na história humana.

O jornalismo é também disseminação de *memória* e *conhecimento*: "A memória humana, como uma das formas de superação do perecível e do momentâneo, não é apenas capacidade de *depositar* e de recordar, isto é, de tornar presente – trazendo-os do depósito onde é guardado o subconsciente e o que é semiesquecido – idéias, impressões e sentimentos; ela é também uma determinada estrutura ativa e uma organização da consciência humana (conhecimento)"[25].

Ordenação e desordenação sociais: o presente, a cultura periférica e a irrupção da negatividade

No sentido antes mencionado, pode-se considerar, como Harry Pross, que aqueles eventos contêm, em si, uma *oportunidade cognoscitiva*. E que tal oportunidade, incluída nas relações obrigatórias da comunicação, tem como conseqüência uma *relação fim–meio* de natureza dialética, ou seja, "os fins comunicativos buscam os meios adequados, mas a acessibilidade dos meios relativiza e modifica os fins"[26]. No entanto, é claro que o uso do acontecimento social como fato jornalístico não exclui o trabalho da escolha da pauta e sua durabilidade na circulação pública de informações.

O fato também chama a atenção para o papel do Estado e sua apropriação privada. Apesar de potencial mediador do interesse de todos, o Estado muitas vezes particulariza suas ações e julgamento em favor de um modo de relação social, em muitíssimas ocasiões excludente. E é por isso que, contemporaneamente, ao encaminhar as decisões públicas, seguidamente privatiza o direito ao conhecimento, à terra, à escola, à saúde, à moradia, adequando-o aos interesses de poucos. Essa descaracterização do Estado tem conseqüências reais, e é por isso que a legitimidade de conceitos como *vida* sobrepõe-se, na prática, à legalidade que não mais funciona, porque está adequada a interesses que não são mais universais, mas essencialmente particulares. A pretensão de mediação do interesse de todos é derrotada pela privatização do espaço público e pela norma privada proposta como interesse de todos. É então que a legitimidade das ruas, dos movimentos sociais, como, por exemplo, o dos sem-terra, torna a lei ineficaz, inoperante e cria novas situações às quais seus agentes precisam se readequar. É por isso que estudiosos do direito, como Tarso Genro, observam que "em toda a ordem jurídica, ordinariamente nos seus campos mais tensos e que se referem à ordem pública ou às relações de trabalho, existe uma previsão legal de excepcionalidade, a qual, referida ao conjunto do sistema no seu funcionamento ordinário, é a própria *ilegalidade legalizada*"[27].

Exemplo dessa situação é a decisão do juiz Marcus Quaresma Ferraz, da 11ª Vara Criminal do Rio de Janeiro, que, em 22 de julho de 1994, mandou libertar as mães solteiras Regina Lúcia de Souza e Carla Maria Pereira, ambas de 18 anos. Elas haviam furtado duas latas de leite em pó do supermercado Sercal, no bairro de Ricardo Albuquerque, em 29 de junho daquele ano. A promotora do caso, Augusta Vitória Piclum, que havia denunciado as duas mulheres por tentativa de furto, pediu posteriormente a absolvição das acusadas, justificando que agiram por necessidade. O juiz acatou o pedido e argumentou que a necessidade de alimentar os filhos eliminou a ilicitude do caso[28]. Também determinou a devolução às duas mães de várias outras latas de leite em pó que elas haviam furtado de outros supermercados no mesmo dia, antes de chegarem ao Sercal e serem detidas. O juiz entendeu que a fome dos filhos, o direito à vida, ultrapassava a legalidade. A *ilegalidade legalizada*, no caso, pode ter amparo na própria Constituição, na qual o direito à vida aparece como o mais elementar e óbvio de todos, embora não se possa compreender indefinidamente os furtos em supermercados ou quaisquer outros setores do comércio a cada necessidade vital.

Falta, precisamente, a mão do Estado para cumprir as finalidades constitucionais por meio de políticas e ações públicas, que, enfim, devem ser a favor das pessoas e não contra elas. O reconhecimento público do Movimento dos Trabalhadores Rurais Sem-Terra também empurra constantemente a legalidade para dentro do barco da legitimidade de atos inspirados em princípios genericamente estipulados na Constituição Federal como fundamento da "cidadania" e da "dignidade da pessoa humana" e construção de uma "sociedade livre, justa e solidária"[29], embora na prática sejam interpretados como delitos.

Mesmo que seja abordada muitas vezes com timidez pelos jornais, é notório que a produção de eventos à margem da legalidade e propositalmente contra ela, com o objetivo de realçar uma situação que precisa ser resolvida, torna-se legítima e, ao redor dela, estruturam-se novas pautas. Nisso, Genro, Pross e Bystrina se aproximam.

Naquele breve exemplo, percebe-se que o furto, gerado pela necessidade de satisfazer algo básico da vida, como comer, representa uma valoração polar, evidentemente. Desse modo, a assimetria do evento manifestou que a força do fato, sua negatividade, gerada pela necessidade, determinou um reordenamento social, mesmo que circunstancial, diante de uma situação insuportável. Houve um reordenamento polar, ancorado na decisão do juiz, que tornou o valor negativo *ilegal* valor positivo *legítimo*. Foi na própria manifestação do espaço periférico da cultura que se originou um fato social capaz de alterar a ordem legal, circunstancialmente, transformando-o em fato jornalístico. A continuidade da proposição de tais inversões será resultado da continuidade de eventos com tal marca ilegal, mas legítima, e de sua ambientação social e reconhecimento público, reordenando tanto a jurisprudência como as pautas ao redor desses fenômenos. No entanto, os relatos, os discursos e a durabilidade de tais fatos dependem da estruturação social da mídia, de seus princípios éticos e do encontro entre palavras e atos, entre o grito do acontecimento e o relato dos fatos, e das soluções propostas no espaço público.

Para Baitello Junior, o jornalismo está entre as atividades que articulam o presente, e, portanto, é uma atividade tradutora. Ele explica que as dificuldades dessa operação "dependem, por um lado, do grau de vivência e percepção e envolvimento da contemporaneidade como complexidade, por outro, do grau de aceitação da complexidade dinâmica dos mediadores sígnicos que operarão as traduções, as codificações"[30]. Essas duas situações têm um lado expansivo e outro retrativo, em que se ganham e se perdem informações, afirma. A simultaneidade é um dos traços essenciais da tradução jornalística. Há uma rede simultânea de acontecimentos, em que o pólo negativo impera irresistível na forma de perigo potencial ao presente.

Aproximando-se tanto de Bystrina como de Genro Filho, o semioticista Harry Pross argumenta que "o jornal perde sua função de 'supersímbolo' do tempo quando seus colaboradores somente reproduzem processos ritualizados, esquecendo o acontecimento único, irrepetível. Pois, na apresentação do único, o leitor reconhece a irreversibilidade de seu tempo biológico subjetivo, 'sua' *condition humaine*. O mesmo vale dizer da imprensa que só se move no discurso de uma linha necessariamente abstrata de magnitudes abstratas, como partidos, estados, etc."[31]

Pode-se dizer que o jornalismo, com uma agilidade única, faz irromper, no espaço público dos relatos, das versões, das interpretações, das opiniões, a *negatividade social*. Esse é um de seus principais marcos. Por isso, é notícia se os ônibus ou o metrô não funcionarem hoje ou esta semana por causa de uma greve – e não se funcionarem sempre. Na dimensão mesma da greve, estão latentes e potencialmente presentes a negatividade do mundo ordenado, porque tais fatos rompem a sincronização social, negam determinados valores, desfazem a escala lógica das explicações. A não-repetição e a singularidade são buscas da pauta jornalística, que na apuração, edição e revelação pública encontra uma possibilidade plena da realização profissional. Por isso, a essência do jornalismo está muito longe da apropriação particularizada do espaço público.

Assim, é notícia a prostituição infantil, não apenas porque é proibido a menores vender o corpo, mas porque a venda do corpo revela a gravidade de um mundo que, em discursos sobre a valorização da infância, do sexo consciente e do amor, não soube e não sabe resolver a negatividade de tal fato.

Quando *O Estado de S. Paulo*, em 10 de março de 1996, apresentou um conjunto de matérias sobre o terrorismo internacional, de certa forma reconheceu os limites da imposição temática da mídia e a potencialidade da realidade de impor assuntos que necessariamente deveriam ser tratados. O que diz o jornal? Quatro páginas inteiras foram dedicadas ao tema, com vários fatos. Em uma das matérias, "Terror manipula a agenda da diplomacia", o autor, Simon Jenkins, do *The Times*, diz que "as bombas se tornaram a questão principal da diplomacia dos conflitos étnicos". O jornalista trata do uso do terror como meio de pressionar as instituições representativas governamentais e internacionais a negociar as reivindicações de cada grupo, em cada região. Analisa, entre outros, os conflitos e atentados ocorridos na Irlanda do Norte, em Israel e na China. Para Jenkins, "os que julgam os autores dos atentados meros anarquistas psicopatas são tolos. As bombas surtem efeito porque suas vítimas as deixam surtir efeito, rasgando tratados e buscando vingança. Tais reações não demovem o autor do atentado; conferem validade à sua tática"[32].

Nesse caso, o terror manipula a agenda da diplomacia... e também manipula a agenda da mídia. Tal negatividade, resultante muitas vezes do descumprimento de acordos (por exemplo, o de paz com os palestinos, *rasgado* pelo então governo de Benjamin Netanahyu, em Israel, o que se repetiu depois com as atrocidades capitaneadas pelo governo de Ariel Sharon, propulsoras da intensificação de renovados atentados e invasões ao arrepio da ONU), reflete-se em um novo agendamento que, entre a perplexidade de parte da mídia e a diversidade de reações públicas, produz uma sucessão de relatos jornalísticos, interpretações e novos eventos, a fim de resolver tal situação. Qual? Uma situação que salta do concreto, que salta do rosto das crianças da Palestina, que salta da tortura na China; que salta dos preconceitos políticos e religiosos na Irlanda; que salta das crianças vivas empilhadas para morrer em Ruanda, jogadas por pais que não sabem mais o que fazer com elas; que salta da carnificina no Congo, com cerca de três milhões de mortos nas últimas duas décadas. A assimetria é efetivamente forte, a ponto de dessincronizar o calendário da diplomacia, para readequá-lo a novos parâmetros. No entanto, a capacidade de reordenamento da agenda política internacional, com reflexos na agenda da mídia, é inesgotável como a produção de fatos cruéis no cotidiano. Ou tal processo é uma tentativa de que tudo isto cesse, ao redor de valores consagrados, como vida, igualdade, justiça?

Outra matéria da mesma edição tem como título "Terrorismo racha o quadro idílico da paz"[33]. O autor, Gilles Lapouge, colaborador do *Estadão* na França, afirma que surgira inesperadamente uma sucessão de atentados no exato momento em que várias facções políticas opostas no plano internacional se aproximavam e que a diplomacia aparentemente conquistara várias vitórias em diferentes frentes, como no Oriente Médio e na Irlanda do Norte. Embora não consiga explicar os acontecimentos, Lapouge, em uma interpretação demasiado obscura ao reprovar o papel de Yasser Arafat no processo de paz entre palestinos e israelenses, discorre sobre diferentes grupos, em regiões diversas, que se utilizam de estratégia terrorista para que se cumpram suas reivindicações, seja autonomia, seja mais terra, seja defesa do patrimônio histórico, cultural ou religioso.

Pode-se dizer que a quantidade e a variedade de grupos com tal proposição, em todo o mundo, mostram que algo não vai bem e que os acordos, quando rasgados, estimulam certa razão cínica, que amplia e multiplica a sucessão de fatos originados pela ilegalidade em ação, representativa de muitos setores sociais. O terrorismo é apenas uma palavra para quem o promove e tem conseqüências sociais bastante graves, que redefinem a pauta diplomática e midiática. No entanto, rasgar acordos, agir com uma razão cínica e descumprir o que formalmente foi acordado – seja o uso institucional da tortura, seja o bombardeio a civis no Iraque, no Sudão ou no Kosovo – pode também ser uma forma de terrorismo de Estado, embalado pela autoridade conferida pela mídia e pela diplomacia. É, portanto, também um *texto* que talvez não possa ser expressado a princípio. Mas certamente tal comportamento gera uma quantidade de fatos negativos que, a partir de sua ocorrência, readéquam a pauta midiática, mais no registro e relato do que em uma inicial interpretação lúcida. Por isso, a binariedade e a valoração polar estão presentes em quaisquer títulos e relatos jornalísticos.

No caso ora mencionado, se o terrorismo racha o quadro idílico da paz, certamente a paz não é a de todos, e os que não estão em paz – palestinos, iraquianos, ruandeses, a população chinesa, os sem-terra – produzem acontecimentos para, efetivamente, mostrar que a paz é um mito. A guerra cotidiana, o desemprego, a prostituição infantil, os assassinatos, a tortura e os conflitos sociais são o outro nome da paz, mais adequado aos cemitérios, onde não há mais conflitos, do que à pulsação cotidiana de acontecimentos valorados por quem os produz.

Nesse sentido, a mídia sempre se surpreende com algo. É da essência da humanidade não se aceitar como tal e, como tal, ir adiante. Salário melhor decorrente de greve, ou atentado à bomba para mostrar que ainda há vivos entre os excluídos, mostra que a realidade continua gritando e que, objeto do jornalismo, mostra-se valorada polarmente a cada momento. A *agenda setting* existe, mas é causa e conseqüência, e, portanto, a mídia em muitos casos trata do que não gostaria ou não previa. O reconhecimento público adquirido por palestinos ou sem-terra atesta isso. O apoio a eles mostra uma espécie de rendição da mídia, muitas vezes envergonhada, que tem no amparo público uma base concreta. Enfim, acampamentos servem também para indignar, e o descumprimento de acordos, que gera a razão cínica, serve igualmente para produzir revolta e outros fatos.

Indícios cínicos na ordenação jornalística: a particularização do acontecimento

Claro que pode surgir daí o discurso conservador no jornalismo. O jornalismo que adota tal discurso se abastece de um nítido limite de explicações factuais, com escolhas de pauta e fontes que não levam às últimas conseqüências as razões de tal negatividade social, seja por restrições ideológicas, mercadológicas ou políticas e editoriais, seja por falta de tempo, pela pressa em mediar o presente ou por outras razões.

Por exemplo, a chamada de primeira página de *O Estado de S. Paulo* de 12 de dezembro de 1996 foi: "STF decide causa que pode quebrar a União". A chamada trata da ação movida pelos funcionários públicos federais, que pediam o mesmo reajuste dado pelo governo aos militares em janeiro de 1993. O reajuste, apesar de previsto na *legalidade* constitucional, não foi repassado para os civis. No corpo da notícia, ainda na capa, explica-se que o aumento, se concedido pelo Supremo Tribunal Federal, poderia representar despesas públicas de até sete bilhões de reais, comprometendo a meta de redução do déficit público para 2,5% do produto interno bruto em 1997. Na própria matéria em página interna do jornal, assinada por Odail Figueiredo, não há menção à possível quebra da União, o que foi escolha de quem criou o título. Mas toda a matéria centra-se no prejuízo do governo, nas conseqüências negativas para o país se o tribunal decidisse em favor dos servidores públicos. Nesse caso, a adequação da pauta, a construção da linguagem e a proposição valorativa basearam-se o tempo todo, do ponto de vista da semiótica da cultura, na binariedade, na polaridade e na assimetria. Concentrando-se no ganho da União ou no prejuízo dela (binariedade valorada polarmente – isto é, a decisão, seu contrário e o que seria melhor financeira e socialmente para o país), decidiu-se por um ângulo que, assimetricamente, construiu a linguagem segundo a negatividade da decisão favorável aos servidores, e o pólo negativo dela foi o teor da matéria e seu título. Na página interna, o título é "Decisão do STF pode custar R$ 7 bi ao governo"[34].

Além da comprovação de que a binariedade, a polaridade e a assimetria existem aí, fica nítido que tais conceitos poderiam ser usados em sentido contrário, isto é, nas conseqüências sociais negativas de o STF não aprovar o reajuste para os servidores públicos. A primeira conseqüência é de ordem legal, pois o descumprimento da Constituição (princípio de isonomia entre os poderes em relação a reajustes salariais) comprometeria acordos e leis vigentes e reforçaria a descrença na representação pública e a apropriação da mediação do Estado por particulares. Isso reforça o cinismo. A segunda conseqüência é a redução da qualidade de vida dos servidores, que evidentemente, ao não receberem o reajuste, teriam problemas cotidianos, variáveis, como perda de poder aquisitivo até para comida e lazer. Seria possível compor a notícia, da apuração à elaboração e ao título, com base nas conseqüências negativas de decisão desfavorável aos servidores.

De qualquer forma, há algo que a binariedade, a polaridade e a assimetria não deixam claro: a ideologia e o poder de torná-la concreta no uso da linguagem, com uma estratégia retórica eficiente, e o comportamento efetivo (pressão para que o Supremo não aprovasse o reajuste e a sua decisão real de não aprová-lo), gerando a razão cínica. Portanto, mesmo os conceitos do universo da semiótica da cultura, aplicáveis a qualquer caso, podem ser utilizados para uma interpretação ideológica em qualquer direção.

Num caso desses, o jornalismo tem um encontro ético com seu objeto, ou seja, tratar em igualdade de condições as duas situações e as razões delas – as conseqüências sociais da aprovação ou não da ação movida pelos servidores públicos. E deve tratar tecnicamente do ato concreto que salta da sentença, de atos gerados pela má qualidade de vida, pela perda das condições de sobrevivência, pela deterioração do cotidiano e pelo desespero gerados pela decisão.

A proposição conservadora – que privatiza o Estado e nem sequer menciona que valores superiores a sete bilhões de reais socorrem bancos privados e pagam juros da dívida externa moralmente já quitados – tem conseqüências no comportamento cínico social, para o qual a própria cobertura jornalística desse fato deu contribuição razoável, descumprindo princípios básicos dos códigos deontológicos ou das palavras subscritas ou proclamadas em instâncias empresariais da mídia.

O jornalismo conservador não tratou, com a mesma equivalência, da dívida do setor privado com a Previdência Social ou com bancos estatais, que superavam de longe aqueles sete bilhões de reais, a despeito de que esses beneficiariam um universo muito maior de pessoas. Da mesma forma, o tratamento da notícia, em geral, não é equivalente quando se trata de o Estado subtrair grandes somas dos cofres públicos – por meio de cortes no orçamento da saúde e da educação, por exemplo – para dá-las ao setor privado ou pagar parcelas da dívida externa. Voltarei a essa abordagem mais adiante, quando abordar especificamente o campo da retórica e do cinismo e o tratamento dado por empresas de comunicação ao Banco do Brasil, à privatização do sistema Telebrás e ao subsídio do papel-jornal.

Nesse particular, o professor e pesquisador Vicente Romano considera que há uma expropriação dos cidadãos. E, se adaptarmos o conceito de *cultura da razão pervertida*, criado por ele, aos discursos sobre a ineficiência do setor público e a necessidade de privatizações, teremos uma aproximação com outro aspecto que levantarei posteriormente, o de *cultura da razão cínica*. Conforme Romano, *cultura da razão pervertida* é aquela que envolve "um pensamento que converte todo qualitativo em critérios de eficácia, isto é, rentabilidade econômica, em vez de traduzi-lo em categorias de sentido e de valor, de rentabilidade social"[35]. As observações de Romano servem muito bem ao sentido de cobertura de acontecimentos de interesse público dominada pelo interesse particular de empresas da mídia, que se reflete, muitas vezes, em editoriais, notícias, crônicas, comentários, artigos.

Para esclarecer, a decisão final do STF sobre o reajuste dos servidores públicos federais só veio um ano e dois meses depois de apresentada a ação, quando, em decisão mais política do que jurídica, reconheceu que o pagamento era devido, mas decidiu descontar os reajustes feitos de 1993 até 1997, que nada tinham que ver com aquele concedido aos militares. Por isso, continuaram tramitando na Justiça ações pelo tal reajuste, embora o governo alardeasse já ter submetido à apreciação judicial essa reivindicação.

Também é interessante ressaltar o que vários estudiosos, entre eles Sánchez Noriega, salientam sobre a capacidade de convencimento da mídia. A conclusão é elementar: "os meios de comunicação têm maior capacidade de influência – poder sobre a consciência social dos indivíduos – quanto menor seja a experiência direta do sujeito sobre uma área concreta da realidade"[36]. Ou seja, a chamada do *Estadão*, de meu ponto de vista, convence muito pouco quem convive com a arrecadação financeira do Estado – que percebe o grau de sonegação fiscal de pessoas e empresas ou o grau de concentração da riqueza nacional – ou com os servidores aos quais se recusou o reajuste previsto na Constituição. Da mesma forma, será pouco convincente o discurso de que determinada área rural privada não deverá ser invadida, diante da morte ou desnutrição de crianças filhas de trabalhadores sem-terra, acampados há cinco ou dez anos à beira de estradas à espera da aplicação de princípios constitucionais.

As bases binárias, polares e assimétricas dos eventos sociais, que emergem na cena da mediação jornalística, servem como referência para justificar o que Manuel Vázquez Montalbán vê com alguma esperança: "a potência subversiva da realidade diante da hipnose midiática"[37].

A seguir, tratarei um pouco mais dos vínculos entre a semiótica da cultura, com base em Ivan Bystrina, e as possibilidades da realidade diária, que pauta, ordena e reordena o jornalismo.

Binariedade, polaridade e assimetria: relato e interpretação da *Folha de S.Paulo* após o massacre dos sem-terra em Eldorado dos Carajás

Em 17 de abril de 1996, policiais militares mataram, com o uso de metralhadoras e também à queima-roupa dezenove trabalhadores rurais sem-terra em Eldorado dos Carajás (Pará). Outros quarenta e um sem-terra e quatro policiais ficaram feridos, conforme amplo relato da mídia brasileira e, neste caso específico, para comentários, do jornal *Folha de S.Paulo*, edição de 19 de abril do mesmo ano.

A violência dos policiais se evidenciou com a prova de que muitos sem-terra foram mortos pelas costas e com a desproporção entre as poucas e, em alguns casos, rudimentares armas dos trabalhadores e o artefato técnico e o treinamento dos policiais militares.

O massacre teve ampla repercussão nacional. No entanto, a divulgação do fato em veículos jornalísticos de outros países tornou-a ainda maior. O então presidente da República, Fernando Henrique Cardoso, que inicialmente minimizou o incidente, mudou de posição depois da repercussão externa, julgando "injustificável" a ação militar e exigindo a apuração e punição dos responsáveis pelo massacre.

Há muitas abordagens do fato, além de sua evidente importância e da repulsa a ele. Para uma breve análise, interessa-me situá-lo diante das proposições de semiótica da cultura elaboradas por Ivan Bystrina em *Tópicos de semiótica da cultura*. Interessa-me especialmente uma abordagem que situe o jornalismo e a cobertura de fatos no âmbito da semiótica da cultura, como código terciário. Assim, comentarei alguns aspectos sobre a *binariedade, polaridade* e *assimetria* na cobertura do acontecimento pela *Folha de S.Paulo*[38].

É notório que o fato mereça uma cobertura jornalística ampla e continuada. Já é patrimônio do jornalismo e de sua teoria a existência de certas características de determinados acontecimentos que os transformam em fatos jornalísticos. São muitos os autores, especialistas na área, que as apontaram, resultado da experiência profissional e da reflexão. Para mencionar apenas um, no Brasil, lembro-me do professor e jornalista Nilson Lage, que definiu tais características como *proximidade, atualidade, ineditismo, intensidade, identificação social* e *identificação humana*[39].

Em poucas palavras, posso dizer que a *intensidade* do acontecimento superou os limites locais, portanto a *proximidade*, embora houvesse ampla – e só poderia ser assim – cobertura local ou regional. A força do acontecimento, sua dramaticidade, crueldade e impacto justificam uma cobertura de âmbito internacional. Na *Folha de S.Paulo*, no mesmo dia, e apesar da distância, outra chamada de capa, *Israel mata mais de cem civis*, tornava o ataque israelense ao sul do Líbano, que matou pelo menos cento e seis civis, um acontecimento de relevância mundial. No caso, a *Folha*, como vários outros jornais, pôs a característica *intensidade* acima de outros fatos próximos com menor repercussão.

As outras características da notícia também estão presentes no massacre dos sem-terra. A própria *Folha*, ao afirmar em manchete que *Massacre dos sem-terra é o maior*, já antecipava o grau de importância que daria ao evento nas páginas internas, além das próprias informações que ocupavam a metade superior da capa.

O fato continha todos os ingredientes expressos pela *binariedade*. Se, conforme Bystrina, "toda a estrutura dos códigos terciários ou culturais se desenvolveu a partir dessa oposição", referindo-se a "vida–morte"[40], é compreensível que "prazer–desprazer", "liberdade–prisão", "amigo–inimigo", "paz–guerra", "direita–esquerda", "dominação–ausência de dominação" estejam em níveis conceituais que expressam valores tornados patrimônio moral pela humanidade. Tais oposições estiveram presentes no massacre ou "confronto", como preferiu chamar o então governador do Pará, Almir Gabriel, e parte da mídia brasileira. Estiveram presentes, como oposições, "propriedade–não-propriedade", "fome–abundância", "saúde–doença", "inércia–ação", "sobrevivência–não-sobrevivência" e uma infinidade de oposições binárias.

No entanto, esse binarismo "é valorado polarmente". Assim, conforme Bystrina, a *polaridade* ocupou, do ponto de vista da semiótica da cultura, um lugar essencial. Houve a necessidade tanto dos trabalhadores sem-terra como dos policiais militares e da cobertura jornalística de valorar os acontecimentos e tomar decisões. Os sem-terra valoraram a vida pela necessidade de viver, expressa na premência de ocupar a terra, plantar, viver humanamente, comer, cultivar a solidariedade, as coisas boas da vida (e por isso não se "demitiram" dela) e assim por diante. Os policiais militares valoraram o seu emprego e sua sobrevivência, a noção de hierarquia, e valoraram negativamente a ação dos sem-terra, do ponto de vista da ordenação social e do comportamento de grupo. E a mídia valorou o acontecimento como fato jornalístico também pelo julgamento que fez do massacre: vida é valor a ser preservado; assassinatos não devem ser cometidos; todos têm o direito de viver e bem; trabalhadores sem-terra, mulheres, crianças e velhos têm direito a um lugar para morar, a um meio de vida.

O impacto da morte acentuou o valor da vida e da dimensão material e espiritual que esta atingiu ou busca, ainda, atingir na contemporaneidade. A dignidade da existência envolve a realização humana no caminho de sua plenitude, o que significa comer, morar, ter saúde, acesso a escolas e às artes, alegria e assim por diante. Essa valoração midiática gera, num primeiro momento, uma cobertura dos acontecimentos em si, como o relato sobre o número de mortos e feridos, os envolvidos, os autores da ordem para atirar, os dados factuais sobre a ocupação da terra, as famílias, a origem. Dá, nesse momento, uma pequena repercussão de opinião, ouvindo tanto autoridades (governo federal e estadual, especialistas no tema, sem-terra e policiais envolvidos diretamente) como a população, e revela um pouco da repercussão por todo o país e internacionalmente.

O terceiro ponto da estrutura básica dos códigos terciários, além da binariedade e da polaridade, é a *assimetria*. O pólo negativo é muito mais forte e, nesse aspecto, a emergência do inesperado, da ruptura da ordem, tem elementos de negatividade que acompanham o homem desde seu surgimento. No caso, a ruptura da ordem social e o incômodo material ou desconforto social causado pelo ato faz que ele mesmo contenha os traços da negatividade social não apenas no massacre físico – o que já é muito –, mas irrompa com uma intensidade negativa de tal forma que gera uma reação social e uma exigência de resolução do problema. Por isso, num segundo momento, acompanhando a força da negatividade social, o jornalismo preciso apura e contextualiza o acontecimento.

Assim, produzem-se matérias sobre propriedades rurais produtivas e improdutivas, sobre o tamanho de alguns latifúndios em contraposição aos exíguos espaços dos sem-terra para plantar e sobreviver. Cresce a pressão social para que se acelere a solução dos problemas, mencionam-se terras da Igreja e do Exército desocupadas, assim como de latifundiários que possuem quatro ou cinco fazendas. Elaboram-se matérias sobre a morte de recém-nascidos e crianças nos acampamentos dos sem-terra e sobre a assistência médica ou a ausência dela. Mostram-se velhos encostados em barracas, sem nenhuma perspectiva de vida. Valoriza-se a vida, em oposição à morte, e passa-se, com a intensidade negativa do acontecimento e de sua cobertura, a um processo de superação da oposição binária, para, pelo processo de *inversão*, superar a força do pólo negativo que habita a vida brasileira.

Quaisquer declarações sobre o massacre conterão o lamento pelas mortes, a preocupação com o tema *reforma agrária* e uma *intencionalidade* de resolver o problema, seja para qual lado for. Essa intencionalidade expressa signos que, mediados pelo jornalismo, efetivam-se como significados humanos que propiciam e legitimam ações. O texto jornalístico, ao trabalhar com intencionalidade, atua mesmo no universo da semiótica da cultura e ocupa um código terciário de segunda natureza ou segunda realidade. A assimetria, ou "indicativo para a ação", conforme Norval Baitello Junior expressou em evento citado anteriormente, está presente na mídia diariamente. Assim, a mídia pauta os assuntos diários que a sociedade comentará, discutirá. Ao mesmo tempo, a sucessão de acontecimentos em determinada direção (como os produzidos pelas ocupações do MST, conflitos em estradas ou ruas) também cria a pauta de alguns meios de comunicação, obrigados, muitas vezes, a reordenar seu andamento editorial diante da força de alguns fatos, diante de temas levados ao espaço público por outros veículos.

Ao se observar a edição de 19 de abril de 1996 da *Folha de S.Paulo*, nota-se o "indicativo para a ação". Tanto a binariedade como a polaridade e a assimetria estão presentes na cobertura. É só observar algumas declarações e dados: *As 19 mortes no Pará são recorde no país, segundo a Pastoral da Terra* (subtítulo da chamada de capa); "O presidente Fernando Henrique Cardoso considerou o episódio 'injustificável'" (texto em matéria na capa); "O presidente do Supremo Tribunal Federal, Sepúlveda Pertence, defendeu a agilização na reforma agrária" (texto em matéria na capa); "A CNBB classificou o conflito no Pará de 'cruel chacina" (texto em matéria na capa); "O comandante da PM que participou da operação, major José Maria Oliveira, 41, negou o massacre e afirmou que 'houve fogo cruzado e correria'. Segundo ele, 'os sem-terra receberam balas de seus próprios companheiros' " (trecho de matéria na página 4); "Imagens do confronto feitas por duas TVs do Pará mostram policiais militares armados de metralhadoras atirando contra os sem-terra" (texto de matéria na página 5); "O secretário Paulo Sette Câmara (Segurança Pública) não soube explicar por que os PMs tinham metralhadoras. Segundo ele, o procedimento é o uso de escudos e cassetetes" (texto em matéria na capa).

Há muitos trechos que poderiam ser selecionados, mas considero esses suficientes para ilustrar o que apontei antes.

É também interessante perceber que os espaços próprios de opinião, que se baseiam nos relatos, tomam um caminho propositivo que acentua a *polaridade* e a *assimetria*, buscando, entre outras coisas, a *inversão*.

O jornalista Clóvis Rossi, por exemplo, no artigo "Massacres, 'just-in-time' ", na página 2, depois de dizer não acreditar mais em soluções, embute uma crítica ao modo operacional do governo para resolver problemas sociais: "A verdade, nua e crua, é que a única coisa *just-in-time* no Brasil real, no Brasil longe das fachadas dos *shoppings centers*, é a ocorrência de massacres". Lembra que haverá muitos discursos e homenagens, um "inquérito rigoroso", missas e algumas cruzes no caminho. "Depois, *just-in-time*, virá outro massacre. E ainda assim haverá quem não se acanhe em falar de modernidade", conclui Rossi.

O editorial da *Folha*, também na página 2, depois de ressalvar que o movimento dos sem-terra "extrapola os limites legais em sua tentativa de pressionar o poder público", observou que "em todos os países do mundo ocorrem protestos, manifestações e até abusos como a obstrução de vias públicas ou outros atos de vandalismo. Mas só nas ditaduras e regimes primitivos o poder público responde com tal violência e convicção de impunidade".

O jornalista Jânio de Freitas foi mais ousado: "O segundo massacre de lavradores sem-terra no atual governo foi causado, como o anterior, o de Corumbiara, não pelos jagunços governamentais que fulminaram vidas e sangraram corpos, mas pela mentira oficial. A mentira do governo. A mentira de Fernando Henrique Cardoso. Os crimes políticos e os crimes sociais não começam nas mãos assassinas, terminam nelas. [...] O que seria necessário, da parte do governo, está sintetizado no livro *Mãos à obra, Brasil – proposta de governo de Fernando Henrique Cardoso*. É caso de dizer: os sem-terra não querem mais do que pôr mãos à obra, mas, para isso, é preciso que Fernando Henrique acabe com sua conversa fiada e comece a trabalhar. É verdade que o seu programa de governo propunha que o Brasil, e não ele, tivesse as mãos na obra. Mas, se acaso isso lhe diz alguma coisa, há gente morrendo por causa de sua inação" (artigo "Massacres e massacrantes", p. 5).

Certamente, a tendência dos editoriais, a relação da mídia com outros ramos da produção ou possíveis sociedades entre ela e setores agropecuários, assim como com o governo, influenciam as proposições de pauta, temática, durabilidade, temporalidade, enfoque.

Contudo, na periferia do mundo da cultura e das necessidades materiais e espirituais dos sem-terra, produziu-se a negatividade social repercutida em todo o mundo. Nesse aspecto, o jornalismo contém um papel *potencial* de transgressor social, porque sua ordenação do mundo não pode esquecer o mundo irresolvido, que dessincroniza os discursos do poder e desestrutura a harmonia das relações sociais. Por isso, o jornalismo torna-se, na imediatidade em que se movem o mundo e as pessoas, uma forma de acesso e de repartição de dores, angústias ou alegrias que faz emergir na cena pública, em períodos mínimos, em dimensão planetária, em ritmo instantâneo, a humanidade, o mundo e seus significados.

Dessa forma, o presente impossível do jornalismo é apenas o limite de qualquer outra área do conhecimento, porque o mundo e sua negatividade estarão sempre presentes, já que não é possível parar o tempo ou congelar o espaço. Se levarmos algumas dessas considerações para Lotman, veremos que ele observa que "o espaço da cultura pode ser definido como um espaço de certa memória comum, isto é, um espaço dentro de cujos limites alguns textos comuns podem se conservar e ser atualizados"[41].

A informação jornalística tem limites e grandezas, como a produzida em outras áreas. Ela se ocupa, diferentemente das demais, em mediar, imediatamente, a produção dos demais setores, que produzem acontecimentos transformados em fatos de interesse público, que geram versões com relevância social, que desencadeiam debates e polêmicas possíveis e desejáveis de figurar no espaço público, intensamente, com a mesma rapidez com que surgem, mediante linguagem que possa ser compartida por todos.

Os eventos produzidos pelo MST, como as ocupações de terra, são hoje mais bem assimilados pela sociedade. A força dos acontecimentos impôs à mídia tratar do MST de forma mais sistemática e profunda. Isso equivaleu a um entendimento sobre a questão da terra no Brasil, à necessidade de reforma agrária, à revelação de dados sobre a improdutividade dos latifúndios em grande parte do país. A binariedade, a polaridade, a assimetria e a inversão constituíram esse processo o tempo todo, e o exemplo anterior serve de referência. Há outros aspectos, no entanto, que aproximam o discurso midiático de estratégias retóricas que beiram o cinismo, desmentindo princípios éticos subscritos. Apontarei mais adiante alguns aspectos que colocam em risco a própria noção de jornalismo desenvolvida conceitualmente ao longo deste livro.

Antes, farei uma breve conexão entre valores e conceitos detalhados por Bystrina na semiótica da cultura.

Os valores no relato jornalístico

A valoração polar está presente em qualquer enunciado, dos mais simples aos mais complexos. Se digo "vou comer uma laranja" está implícita uma valoração, seja pela qualidade nutritiva da fruta (saúde), seja pelo sabor agradável (prazer). Obviamente, a humanidade descobriu, pelo menos a maioria, que é mais fácil descascar a laranja e que o sabor está dentro dela, deixando a casca para saborosos doces produzidos por nós mesmos. É certo que até agora não soubemos de nenhum passarinho que produza doces de laranja, e também certo que pela inscrição no código genético (portanto primário) é que os pássaros deliciam-se com laranjas e frutas em geral. Os pássaros também preferem o interior da laranja e deixam de lado somente a casca. De qualquer forma, só a linguagem humana, em suas diferentes manifestações, tem capacidade de interpretar isso. É tanto um limite como uma ponte para a liberdade em relação ao mundo constituído originalmente. O ninho do joão-de-barro (ou barreiro) é o mesmo há muito, muito tempo. No entanto, surgiram nos últimos anos lareiras a gás, substituindo as lareiras a lenha.

A intervenção da criação humana faz que o planejamento do futuro garanta que o próprio futuro, com seus aspectos bons ou ruins, virá. Na antecipação temporal humana encontra-se uma da formas de minimizar as tragédias, de não se submeter ao acaso e de prolongar a existência. As lareiras a lenha aquecem os ambientes de quatro ou cinco graus negativos do pampa gaúcho, nas madrugadas de junho a agosto; com isso, protegem-nos do frio e, em alguns casos, da morte, como atestam os óbitos de mendigos em noites geladas em diversas cidades do país. A criação e o planejamento do futuro leva a que, ao valorarmos a vida, possamos situar-nos no presente para que ela não nos pegue de surpresa com o acaso.

Ao criar a segunda natureza e trabalhar com códigos terciários, a humanidade passou, além de sonhar, a projetar o futuro com base na experiência imediata, na reflexão sistemática e na mediação simbólica. O passado transforma-se em referência do presente e o futuro torna-se o presente possível agora. A lareira a gás surgiu não apenas para gerar lucros para quem a produz; veio também para reduzir o frio e dar calor a mais gente, por meio de tecnologia mais desenvolvida e mais acessível. Veio, ao mesmo tempo, porque os recursos naturais de árvores devem também ser protegidos, porque fazem parte do futuro humano, pela necessidade de respirar, entre outras.

Em tudo isso estão presentes julgamentos de valor, binariedade, polaridade, necessidade. De qualquer forma, todos esses significados são criação humana, porque os conceitos que expressam refletem o concreto e são mediados pela linguagem humana, principalmente a palavra[42].

A polaridade, também um conceito humano, evidencia-se, e é isso que me interessa imediatamente, em aspectos complexos do comportamento, julgamento, ação e proposições ideológicas.

Em qualquer matéria jornalística, artigo assinado ou editorial, estão presentes valores reconhecidos como humanos, binariedade e polaridade. Mesmo no terreno dos valores, se um seqüestrador deixa em cativeiro o seqüestrado, a luta pela liberdade e o pagamento de resgate evidenciam o valor do *não-cativeiro*, pelo prazer da livre locomoção e do gozo do que se chama liberdade física. Se uma matéria jornalística é censurada, há, implicitamente, o reconhecimento de que sua publicação não é igual a seu contrário, isto é, a sua não-publicação. Tanto a publicação como a não-publicação mexem, certamente, com valores polares, seja pela denúncia de um desvio de verbas públicas – e assim há o reconhecimento de que elas deveriam servir a necessidades públicas –, seja pela negação pública do conhecimento de determinado fato – e, neste caso, a sonegação de informação implica adesão a uma forma de ver o mundo, de orientá-lo em determinada direção, ou de tentar paralisá-lo pelas convenções do presente.

Como salientou Bystrina, o binarismo é valorado polarmente e a necessidade de dar valor, primeiramente, subsidia a decisão. Assim, na mediação conceitual do mundo, nós o introjetamos, o abstraímos, de tal modo que o acaso torna-se secundário, embora seja, em muitos momentos, prazeroso, como é o caso de um encontro inesperado que se transforma em encontro amoroso. Mas, como temos a conceitualização do mundo na cabeça, para comer uma laranja não necessitamos plantá-la ou, a cada momento, sabermos o que ela é. A experiência e o conhecimento nos ensinaram que podemos colhê-las no quintal (em geral, no Sul do Brasil, nos meses de maio a julho) ou comprá-las nos mercados. De outro lado, foi a tecnologia e planejamento humano que nos fizeram encontrar laranjas o ano inteiro nos mercados brasileiros.

Da mesma forma, a mediação conceitual do mundo e noções como *distância*, *finitude*, *necessidade* e *bem-estar* fazem que saibamos onde está o hospital mais próximo em caso de atendimento urgente, que nos situemos espacial e temporalmente para a busca de um médico e que não esperemos que a dor passe, que o sangue estanque e que tudo volte ao normal ou que morramos. Nesse sentido, Harry Pross observa que "o signo mesmo, como símbolo, se converte em *valor*"[43].

O significado das relações sociais, o acúmulo da história humana, a possibilidade de planejar o futuro, a previsão da possibilidade de dor e de tragédia estão abstraídos na consciência humana. Por isso, podemos discutir sobre os gregos antigos sem nunca termos convivido com eles; por isso, podemos saber como viviam os índios guaranis no Rio Grande do Sul há duzentos anos, sem que precisemos voltar no tempo.

O registro da história humana transforma em significados, também, a produção de todas as épocas, e o que não foi registrado não existiu ou, remotamente, terá chances, pela criação humana da tecnologia, de voltar a renascer na cena temporal do presente.

Os inúmeros estudos sobre comportamento humano, as análises antropológicas, psicanalíticas, semioticistas, científicas do passado valem-se não de algo que por acaso desce das alturas e se revela como é. Nascem, sobretudo, da investigação, da dedicação, de anos de estudos, experiência e ação. O registro do presente, de forma ainda mais acelerada, serve de subsídio também para decisões e, nesse caso, desde o surgimento da Revolução Industrial, prolongou-se o braço do jornalismo e dos arquivos/registros que gerou.

Hoje, os arquivos jornalísticos, em diferentes partes do mundo, servem de testemunho do presente e das interpretações sobre ele. Servem a estudos de quaisquer áreas e, por isso, pesquisadores, bibliotecas, teses, debates em geral não prescindem mais dos jornais ou revistas ou de seus recortes, das imagens fotográficas e televisivas e do som das emissoras de rádio. Há alguma credibilidade em tal testemunho, e o jornalismo, por lidar com a emergência do novo e da negatividade social em ritmo avassalador, em períodos essencialmente curtos, torna-se uma referência do presente, sobre o qual, em períodos distintos, também a antropologia, a sociologia, a história se debruçam para interpretar, talvez com maior densidade, os significados humanos, suas inter-relações e suas ações. E, possivelmente, publicarão seus achados em livros ou os divulgarão em vídeos... e livros e vídeos são mediações humanas da realidade, criações humanas da segunda realidade e se expressam como códigos terciários.

De outro lado, a possibilidade de manipulação informativa do jornalismo é tão grande quanto a de qualquer outra área, e a negatividade social configurada em gestos concretos empurra a manipulação para a falta de credibilidade e, assim, há seguidamente a readequação de determinadas linhas editoriais.

Como em qualquer jornal, em qualquer dia e em qualquer região, a *Folha de S.Paulo* de 9 de agosto de 1996[44] trouxe aquilo que, mediante critérios de escolha (valor), julgou ser mais significativo publicar, do ponto de vista jornalístico, a respeito dos acontecimentos mundiais do dia anterior. Para isso, como já faz parte da prática jornalística, levou em conta os critérios noticiosos citados anteriormente. Obteve mais destaque, por exemplo, pelo critério de *atualidade*, a greve geral na Argentina (matéria de capa, editorial na página 2, artigo assinado na página 11 e toda a página 6 do caderno Dinheiro) do que a repercussão da sanção presidencial (em 7 de agosto) do projeto que transferia para a Justiça comum o julgamento de crimes contra a vida cometido por policiais militares. O julgamento do massacre dos sem-terra em Eldorado dos Carajás incluía-se no projeto (p. 11).

A *Folha* apurou qual a repercussão do projeto na elucidação do massacre dos sem-terra e na punição dos responsáveis, mais coerentes, talvez, com a linha crítica assumida desde a cobertura jornalística do fato, em abril de 1996. O *Diário Catarinense*, que registrou a sanção em 8 de agosto desse ano[45], não buscou a repercussão. A *Folha* não se limitou a registrar a sanção presidencial, mas também procurou saber quais processos seriam transferidos e a opinião de algumas pessoas a esse respeito. Assim, relata a *Folha*: "'Eu não gostei muito dessa lei', disse o promotor de Justiça Samir Dahas, 31, do Ministério Público do Pará. 'Os processos podem se estender mais porque a Justiça Comum já é sobrecarregada'. A Sociedade Paraense de Defesa dos Direitos Humanos planeja fazer uma campanha pedindo ao Tribunal de Justiça do Estado que designe um juiz especial para o caso, para evitar mais atrasos"[46].

A *atualidade* do acontecimento *greve geral* na Argentina era inegável. E o jornalismo não poderia mesmo destacar com a mesma *intensidade*, que acompanhou a atualidade, o projeto sancionado pelo presidente da República. No entanto, surgiu um novo *gancho* para a atualização do assunto massacre, precisamente o novo projeto. A atualidade não situa só o presente, mas recupera o passado no desdobramento de novos fatos, descobertas, pesquisas e assim por diante. Isso acarreta uma escolha dentro da hierarquia noticiosa, mas, de qualquer forma, volta a envolver um julgamento de valor, que subsidia a decisão de publicar o fato ou não, em que página, com que destaque editorial e gráfico e em quantas linhas. Implica uma valoração de determinadas fontes, em detrimento de outras, e quais aspectos das declarações serão escolhidos.

Naquele 8 de agosto, ocorreram vários fatos com destaque na mídia nacional: a greve geral na Argentina; o indiciamento do banqueiro Marcos Magalhães Pinto, ex-presidente do Banco Nacional, por irregularidades cometidas na direção da instituição bancária; a tempestade que deixou mais de cem mortos em acampamento no norte da Espanha; a repressão violenta dos demitidos das empresas Sofunge e Vicunha, que haviam invadido a sede do Ministério da Fazenda, em São Paulo. Tais informações, de âmbito internacional e nacional, concorrem com outras locais (critério de *proximidade*), como o aparecimento de uma mancha escura de produto químico não identificado na lagoa da Conceição, em Florianópolis (destacada pelo *Diário Catarinense* na capa e em matéria na página 39) ou a chacina de quatro homens no ABCD paulista (*Folha de S.Paulo*, em pequena matéria na página 4 do terceiro caderno, Cotidiano).

Certamente, a valoração que corrobora a decisão está embutida, historicamente, nos critérios que estipulam as características da notícia. A polaridade e a assimetria estão presentes no relato jornalístico, na proposição da pauta, em sua durabilidade e extensão, na escolha gráfica do destaque, no uso ou não de fotos, nas chamadas de capa ou nos textos internos, enfim, naquilo que se convencionou chamar técnica jornalística, que inclui, no processo de confecção do produto final, é claro, concepções teóricas (mesmo que em alguns casos muito ruins), éticas e estéticas, mediadas pelo desenvolvimento dos recursos tecnológicos.

A polaridade está presente quando se comprova desvio das finalidades do Banco Nacional e, portanto, o prejuízo social decorrente, como ampliação da miséria e prejuízo à vida de depositantes. Está presente no relato funesto da morte de pessoas na Espanha, surpreendidas por uma avalanche que desceu dos Pireneus para depreciar o valor *vida* ou realçá-lo de forma trágica. Está presente na greve dos trabalhadores argentinos, ao ressaltar, para o país e para o mundo, que o controle da inflação pode deter os preços, mas não gera necessariamente *vida*, limitada por 18% de desemprego.

A polaridade está na preocupação com a impunidade dos responsáveis pelo massacre dos sem-terra e, ao mesmo tempo, no descaso com o desemprego no Brasil e com a garantia de direitos trabalhistas e individuais, como foi o motivo que levou à invasão da sede do Ministério da Fazenda na capital paulista.

De qualquer modo, em todos esses acontecimentos, o que se desdobra é a ação humana e a negatividade social representada por atos humanos ou ocorrências naturais no mundo humano de significados.

Mais uma vez, as tentativas de soluções para impedir avalanches, resolver o desemprego na Argentina ou no Brasil, impedir massacres, punir responsáveis por desvio de dinheiro público irrompem no cotidiano do mundo e, assim, no cotidiano do relato jornalístico, permeado de significados. A negatividade social contribui para que o jornalismo possa, *potencialmente*, transgredir a ordenação do mundo, porque, apesar de ele contribuir para a sincronia social, a dessincronia ou a singularidade dos eventos humanos é a negatividade desdobrando-se jornalisticamente. Por isso, tornam-se tão importantes políticas públicas de comunicação que apontem a diversidade e a segmentação social de fontes, de temática, de propriedade, de veículos, de linguagem, de abordagem.

O presente possível do jornalismo, como disse, é o jornalismo fazendo o presente e projetando o futuro pela irrupção, em seu fazer cotidiano, da negatividade social. A semiose jornalística traz a *binariedade*, a *polaridade* e a *assimetria* para o campo da esfera valorativa e, portanto, em uma profissão específica, para uma esfera deontológica ou ética. Quando olhamos para o presente, olhamos para um espelho em que estamos incluídos, como qualquer indivíduo do gênero humano. Estamos incluídos, ainda, com o conhecimento propiciado pela semiótica da cultura. E estamos incluídos como partícipes de um mundo onde prostituição infantil, massacres e desespero existencial mostram que a segunda natureza humana não permite que abramos mão dele.

Semiótica da cultura, jornalismo e ética jornalística: aproximações

A proximidade entre a relevância do jornalismo e uma teoria que o situe como forma de conhecimento social está internalizada nos códigos deontológicos, éticos, de conduta, de honra da profissão. Está interiorizada nos artigos e princípios escritos em códigos e manuais, nas afirmações sobre procedimentos profissionais, nos discursos solenes sobre a função jornalística. Como se poderá perceber adiante, cada princípio, contido em cada código deontológico, carrega consigo uma afirmação ontológico-moral profissional. Com isso, há neles uma tentativa de afirmação de valores que devem ser compartilhados por todos aqueles que exercem o jornalismo – valores que também compõem o patrimônio jornalístico. Os valores, expressos em palavras, devem integrar o universo da categoria dos jornalistas, dos proprietários de veículos de comunicação, dos demais trabalhadores da informação, das fontes que fornecem informações de interesse público, dos anunciantes etc. Precisamente por serem *profissionais*, são eles os responsáveis diretos pela incorporação e aplicação de determinados valores, como se verá adiante. No entanto, a relevância do jornalismo chegou contemporaneamente a tal ponto que o "negócio" da comunicação, em seus aspectos estritamente informativos, pressupõe que a informação deva atender a uma complexa e irresolvida realidade, que a cada dia, a cada momento, se move, rebela-se, afirma-se e nega-se. Com tal dimensão, e com tal reconhecimento implícito, é que também empresários da comunicação, donos de jornais, revistas, emissoras de TV e rádio e demais veículos assinam e se comprometem a seguir alguns princípios, patrimônio de todo o jornalismo.

Se a mídia é, simultaneamente, "uma indústria, um serviço público e uma instituição política"[47], percebe-se, pela subscrição de códigos deontológicos, que o maior valor de um veículo é a informação de interesse público – temas, fatos, declarações, revelações que todo dia interessam a todos em um mundo inter-relacionado, pois podem beneficiá-los ou prejudicá-los. Em conseqüência, existe o direito legítimo de todos terem acesso ao imediato, trazido à cena pública pela mediação profissional jornalística. Os códigos buscam, de certa maneira, um "controle de qualidade"[48], feito por quem apura a informação ou vive imediatamente *no* e *do* mundo da mídia.

Nada mais contrário à essência do jornalismo do que pautas, temas e declarações homogêneos, que tentam gerar o consenso forçado ou o "pensamento único" (retomarei este ponto no último capítulo). E, assim, por convicção ou cinismo, há o reconhecimento, em códigos e declarações empresariais, de que o *público* e o *interesse público* são soberanos e o maior valor dos veículos – da informação jornalística – depende a sua credibilidade social e, daí, a sua sobrevivência como empresa. Aquela afirmação encontra-se tanto em códigos de categorias profissionais como nos empresariais, tanto em princípios estabelecidos por organismos nacionais ou supranacionais como nas constituições nacionais[49]. Uma empresa de comunicação, um jornal, tem implicitamente uma filosofia moral voltada para a especificidade do setor em que atua. Nele, que inclui notícia, publicidade e outras áreas, há o reconhecimento de que existem princípios no âmbito específico da apuração da notícia e de sua divulgação. Por isso, a ética empresarial é também uma ética aplicada, e os princípios contidos em códigos carregam valores que devem ser implementados cotidianamente.

A esse propósito, Adela Cortina defende um *éthos dialógico* que concilie "o universalismo e o respeito à diferença"[50] e critica autores que julgam impossível o universalismo porque sufocaria a diferença. Adela Cortina, aliando-se a Habermas, diz que é exatamente o contrário: "Somente se reconhecermos que a autonomia de cada homem deve ser universalmente respeitada poderemos exigir que se respeitem suas peculiaridades, e a forma de fazê-lo é por meio do diálogo, em que cada um expresse tais peculiaridades naquilo que se ache ao menos minimamente entendido e bastante respeitado"[51].

A maioria dos códigos empresariais, profissionais ou de entidades supranacionais expressa tais valores, os quais, no que diz respeito à informação jornalística, caminham na direção proposta por Cortina. Em vários casos, no entanto, há procedimentos que os desmentem.

Vários dos princípios dos códigos deontológicos subscritos por donos de empresas de comunicação coincidem com as preocupações da própria categoria profissional dos jornalistas e dos trabalhadores na área da mídia em geral. O Código de Ética da Associação Nacional de Jornais (ANJ), por exemplo, assegura que os jornais filiados à entidade "comprometem-se a cumprir os seguintes preceitos: 1. Manter sua independência;

[...] 3. Apurar e publicar a verdade dos fatos de interesse público, não admitindo que sobre eles prevaleçam quaisquer interesses; [...] 5. Assegurar o acesso de seus leitores às diferentes versões dos fatos e às diversas tendências de opinião da sociedade; [...] Corrigir os erros que tenham sido cometidos em suas edições"[52].

Tais princípios são fundamentais para entendermos a importância dada à atividade jornalística pelos próprios empresários da comunicação. Ao menos indicam a relevância pública e a inserção social que tem ou deveria ter o jornalismo, mesmo que as declarações, como se poderá perceber nos próximos capítulos, contenham seguidamente ingredientes retóricos ancorados em uma razão cínica.

Tem propósito parecido a Declaração de Chapultepec[53], que assegura, em seus artigos, que:

1. Não há pessoas nem sociedades livres sem liberdade de expressão e de imprensa. O exercício desta não é uma concessão das autoridades, é um direito inalienável do povo;
2. Toda pessoa tem o direito de buscar e receber informação, expressar opiniões e divulgá-las livremente. Ninguém pode restringir ou negar estes direitos;

[...]

6. Os meios de comunicação e os jornalistas não devem ser objeto de discriminações ou favores em função do que escrevam ou digam;

[...]

9. A credibilidade da imprensa está ligada ao compromisso com a verdade, à busca de precisão, imparcialidade e eqüidade, e à clara diferenciação entre as mensagens jornalísticas e as comerciais. A conquista destes fins e observância destes valores éticos e profissionais não devem ser impostos. São responsabilidades exclusivas dos jornalistas e dos meios de comunicação. Em uma sociedade livre, a opinião pública premia ou castiga.

Os jornais brasileiros também aderem a esses princípios, uma vez que goram subscritos por empresários associados à Sociedade Interamericana de Imprensa. Assim, nota-se que as informações de interesse público, difundidas assim que ocorrem os eventos, devem estar acima de quaisquer interesses particulares, e tal tarefa é da essência do jornalismo.

Por isso, um verdadeiro profissional faz o exercício da profissão e a competência fundarem-se no "eticismo"[54], sem que isso signifique deixar de fazer uma crítica teórica de seus limites e de seu ornamento. O exercício profissional ético significa, portanto, idealmente, um controle da qualidade da informação, ancorado em valores universais profissionais, expressos em códigos deontológicos. A relevância moral do jornalismo é tão reconhecida e tão valorizada em códigos porque aparentemente, conforme Alsius, a informação tornou-se "o principal elemento definidor"[55] da atual sociedade democrática.

Nos próximos capítulos, pode-se perceber a dessintonia entre as palavras e as propostas contidas em editoriais e nas coberturas jornalísticas de alguns jornais, o que leva, inevitavelmente, à crítica do "eticismo" ornamental.

Também é possível verificar que a afirmação de valores vive uma tensão entre o que se quer do jornalismo e os reais limites políticos, econômicos e mercadológicos impostos a ele. Nesse aspecto, há uma tensão permanente em pólos opostos, estabelecendo-se a binariedade, a polaridade e a assimetria, chegando-se, por vezes, à *inversão* destacada por Bystrina.

Notas bibliográficas

1. Winfried Nöth, *Panorama da semiótica: de Platão a Peirce*, p. 19.
2. *Ibidem*, p. 20.
3. Winfried Nöth, *A semiótica no século xx*, p. 97 e 98.
4. *Ibidem*, p. 113, 114 e 115.
5. Desiderio Navarro, Al lector: sobre la selección y la traducción. In: Iuri M. Lotman, *La semiosfera I: semiótica de la cultura y del texto*, p. 17.

6. *Ibidem*, p. 18.
7. Iuri M. Lotman, *op. cit.*, p. 22.
8. Karel Kosik, *op. cit.*, p. 120.
9. Iuri M. Lotman, *op. cit.*, p. 82.
10. Manuel Cáceres Sánchez, Iuri Mijáilovich Lotman (1922-1993): una biografía intelectual. In: Iuri M. Lotman, *op. cit.*, p. 258.
11. Iuri M. Lotman, *op. cit.*, p. 80.
12. Iuri M. Lotman, *La semiosfera II: semiótica de la cultura, del texto, de la conducta y del espacio*, p. 97.
13. Norval Baitello Junior, *op. cit.*, p. 37.
14. *Ibidem*.
15. *Ibidem*, p. 40.
16. Ivan Bystrina, *Semiotik der Kultur*, p. 85-87, *apud* Norval Baitello Junior, *op. cit.*, p. 40.
17. Norval Baitello Junior, *op. cit.*, p. 41-42.
18. Ivan Bystrina, *Tópicos de semiótica da cultura*, p. 34.
19. *Ibidem*, p. 6.
20. Iuri M. Lotman, Sobre o problema da tipologia da cultura. In: Bóris Schnaiderman, *Semiótica russa*, p. 33.
21. V. V. Ivanov, I. M. Lotman, A. M. Pjatigorskij, V. N. Toporov, B. A. Uspenskij, Tesi per un'analisi semiotica delle culture (in applicazione ai testi slavi). In: Prevignano (Ed.), *La Semiotica nei paesi slavi*, p. 198-199.
22. Observações de Norval Baitello Junior em 14 de maio de 1996, em aula da disciplina Semiótica da Cultura, no Programa de Estudos Pós-Graduados em Comunicação e Semiótica da PUC-SP.
23. Ivan Bystrina, *op. cit.*, p. 7.
24. *Ibidem*, p. 9.
25. Karel Kosik, *op. cit.*, p. 135.
26. Harry Pross, El proceso de comunicación. In: Hanno Beth e Harry Pross, *Introducción a la ciencia de la comunicación*, p. 159.
27. Tarso Genro, *Política & modernidade*, p. 118.
28. *O Globo*, 17 ago. 1994, p. 15.
29. Incisos II e III do artigo 1º e inciso I do artigo 3º ("Dos princípios fundamentais") da Constituição da República Federativa do Brasil de 1988.
30. Baitello Junior, *op. cit.*, p. 77.
31. Pross, *op. cit.* In: Beth e Pross, *op. cit.*, p. 170.

32. Simon Jenkins, Terror manipula a agenda da diplomacia. *O Estado de S. Paulo*, 10 mar. 1996, p. A22.
33. *Ibidem*, p. 18.
34. *O Estado de S. Paulo*, 12 dez. 1996, p. B1.
35. Vicente Romano, *El tiempo y el espacio en la comunicación: la razón pervertida*, p. 22.
36. José Luis Sánchez Noriega, *Crítica de la seducción mediática*, p. 133.
37. Manuel Vázquez Montalbán, Contra una cultura del consentimiento. In: Sánchez Noriega, *op. cit.*, p. 11.
38. *Folha de S.Paulo*, 19 abr. 1996, primeira página, p. 2, 4, 5, 6, 7, 8 e 9. A cobertura teve a participação dos repórteres Lucas Figueiredo, Abnor Gondim, Irineu Machado, Wagner Machado, Estanislau Maria, Fábio Zanini, George Alonso, Ari Cipola, Luis Henrique Amaral e do secretário de redação Josias de Souza, além de contar com matérias de agências e dos diversos profissionais envolvidos no processo de planejamento, produção, apuração e edição do material.
39. Nilson Lage, *op. cit.*, p. 65-74.
40. Ivan Bystrina, *op. cit.*, p. 6.
41. Iuri M. Lotman, *La semiosfera I: semiótica de la cultura y del texto*, p. 157.
42. Veja, por exemplo, a importância do signo *palavra*, entre outros, em Mikhail Bakhtin, *Marxismo e filosofia da linguagem*, especialmente da página 35 à 38.
43. Harry Pross, *Estructura simbólica del poder*, p. 60.
44. Primeira página, p. 2 e 11, p. 6 do caderno Dinheiro e p. 4 do caderno Cotidiano.
45. *Diário Catarinense*, capa, 8 ago. 1996, p. 39.
46. *Folha de S.Paulo*, 9 ago. 1996, primeira página, p. 11.
47. Claude-Jean Bertrand, *La déontologie des médias*, p. 4.
48. *Ibidem*, p. 24-25.
49. Trabalhei especificamente sobre isso em minha dissertação de mestrado. Podem-se perceber tais princípios também em amplos trabalhos internacionais atuais de compilação e em estudos como o de Ernesto Villanueva, *Códigos europeos de ética periodística: un análisis comparativo*, e o coordenado por Enrique Bonete Perales, *Éticas de la información y deontologías del periodismo*.

50. Adela Cortina, La ética empresarial en el contexto de una ética cívica. In: Adela Cortina (org.), *Ética de la empresa*, p. 42.
51. *Ibidem*.
52. Código de ética da Associação Nacional de Jornais, aprovado no II Encontro Nacional de Jornais, realizado no Rio de Janeiro em 23 de novembro de 1991.
53. A declaração de Chapultepec, assinada no México em março de 1994, é resultado da conferência de Chapultepec organizada pela Sociedade Interamericana de Imprensa (SIP) e estipula, em dez artigos, os princípios da informação jornalística e da atuação da imprensa nas Américas. Foi subscrita por diversas entidades, como a Unesco, a Federação Internacional de Editores de Jornais (hoje Associação Mundial de Jornais), a Sociedade Interamericana de Imprensa, a Associação Nacional de Jornais do Brasil, a Federação Nacional dos Jornalistas Brasileiros, a Organização dos Estados Americanos, a Associação Brasileira de Emissoras de Rádio e Televisão, o Comitê Mundial de Liberdade de Imprensa. Gradativamente, amplia-se o número de entidades subscritoras. A declaração tem sido apresentada a autoridades nacionais e internacionais, e já o assinaram os então presidentes Fernando Henrique Cardoso, do Brasil, e Bill Clinton, dos Estados Unidos.
54. Salvador Alsius, *Ètica i periodisme*, p. 72.
55. *Ibidem*, p. 165.

3

Jornalismo, retórica e sofística

As palavras vivem séculos; as atitudes também.
No entanto, quando as palavras designam atitudes,
os séculos se tornam mais complexos.
Mario Benedetti[1]

O jornalismo vive de palavras. E de imagens e sinais que incluem percepções mediadas por palavras, signos, conceitos.

Palavras medeiam a realidade. Os significados inscritos em nós, pela palavra, incluem a percepção sígnica daquilo a que se referiu, sem a necessidade da presença física. Um automóvel não precisa estar à minha frente para eu saber de que se trata. Há um consenso objetivo. O conceito de beleza é mais complexo, seja pela subjetividade que inspira, seja pela variação do juízo de valor do emissor. Mesmo assim, há convergência de alguns significados proporcionados pela palavra. O pôr-do-sol, o amanhecer e o anoitecer podem ser belos ou tristes e, na realização do sentimento, estão presentes o amor e/ou a dor, a saudade, a lembrança, o reencontro, a esperança, a experiência. O surgimento de acontecimentos, a cada dia, inscreve tais palavras, mais objetivas ou mais subjetivas, no andar humano constante. A emergência no jornalismo de eventos com forte dose objetiva não pode esconder o significado de uma objetividade que, na prática, representa valores, ancorados por palavras. Palavras como *dor* ou *alegria, nascimento* ou *morte, prazer, distância, acidente* e *perda, aumento de salário*, que amplia as possibilidades do signo *vida*, ou *perda do emprego*, que dimensiona o fim da esperança, são significados inscritos a cada ato, fato... ou versão... ou testemunho. O jornalismo é, essencialmente, contar e significar, imediatamente.

Segundo Mortara Garavelli, "descobrir e explicar as regras do jogo comunicativo é a função cognoscitiva e social da retórica"[2]. Na estruturação retórica, organiza-se a lógica do jornalismo – não como falso discurso, mas como efetiva mediação sígnica entre pessoas que participam do mundo. Por isso, a retórica é essencial ao jornalismo.

Nesse aspecto, o jornalismo insere-se também no campo de estudos da filosofia da linguagem, que analisa as relações entre as palavras e o mundo, ou seja, entre o representante e o representado, em seu sentido etimológico de "voltar a apresentar"[3].

Há decerto uma relação moral entre os discursos sobre o jornalismo e seus aspectos efetivamente práticos ou operacionais. Interessam-me aqui especialmente alguns discursos empresariais no jornalismo e suas contradições.

Considero importante comentar sobre afirmações que chegam a adquirir tom solene em editoriais e em matérias. Elas se aproximam tanto da tradicional arte retórica, trabalhada desde a Grécia Antiga por Aristóteles, Platão e vários filósofos, como de sua recuperação analítica contemporânea, com Chaïm Perelman, bem como da sofística, hoje resgatada numa dimensão parcialmente positiva. No entanto, a utilização de um discurso e sua negação operacional podem levar-nos ao conceito de *razão cínica*. E esse é o outro lado – ou um dos outros lados – da intervenção do discurso e da prática profissional no jornalismo.

Com essa intenção, podem-se trabalhar alguns temas ou fatos tratados diariamente na mídia e suas conseqüências. Poderia tratar aqui, por exemplo, dos discursos jornalísticos sobre o subsídio ao papel-jornal, sobre a duplicação de rodovias, sobre a livre concorrência, sobre a propaganda eleitoral "gratuita", sobre a reforma da Previdência, sobre a "ineficiência" do Banco do Brasil, sobre a violência no Rio de Janeiro, sobre o processo de privatização das companhias Vale do Rio Doce, Siderúrgica Nacional ou Telebrás ou Rede Ferroviária Federal e daí por diante...

Existe, enfim, uma série de temas que podem obedecer a um discurso moral universal propiciado pela mídia e seus empresários, mas com uma aplicação particularizada do mesmo discurso. Isso tem relação com *moral*, com *retórica*, com *sofisma* e com *cinismo*. Tem relação com a arte de se expressar bem, comumente atribuída à retórica, e também com a arte de raciocinar bem, geralmente atribuída à dialética. Desde a Grécia Antiga, a dialética e a retórica fundem-se num projeto em que não se descolam, embora uma não seja a outra e, em vários momentos, possam estar uma dentro da outra.

É indispensável escolher, no entanto, alguns temas para um exercício ensaístico e aprofundar algumas opiniões já expressas.

Antes, contudo, são importantes algumas breves observações sobre *retórica* e *sofisma*.

Japiassu e Marcondes observam que *retórica* é a "arte de utilizar a linguagem em um discurso persuasivo" a fim de "convencer uma audiência da verdade de algo. Técnica argumentativa, baseada não na lógica, nem no conhecimento, mas na habilidade em empregar a linguagem e impressionar favoravelmente os ouvintes"[4].

Classicamente, as discussões sobre retórica incluem, como sempre, a Grécia Antiga. *Górgias*[5], uma das obras de Platão, tem por tema principal a oratória e a retórica. Participam do debate Sócrates, Górgias, Polo e Cálicles. Górgias obtevê grande reputação como orador e professor de retórica. No debate entre Sócrates e Górgias, o primeiro solicita a este que defina oratória. À resposta de que a oratória trata de palavras, Sócrates faz comparações com a medicina e a ginástica, por exemplo, que também tratam delas. A uma nova resposta de que a oratória não usa trabalhos manuais, mas exclusivamente palavras, Sócrates diz que ainda a aritmética e o cálculo, por exemplo, também usam somente palavras. Górgias, depois de muitas incursões pelos caminhos da dialética, como era o método de exposição e discussão de Sócrates, admite que a oratória trata da persuasão e, posteriormente, em novo diálogo, Górgias, sem saída, aceita que a oratória produz persuasão de crenças.

De alguma forma, reconhecia-se, já à época, que o orador (*retor*) produzia discursos persuasivos, buscando o convencimento a respeito de algo, independentemente de campo de conhecimento ou atuação prática.

Adiante, Sócrates e Górgias ingressam em novo terreno, sobre o uso da persuasão para o justo e o injusto, para o bem e o mal. É também, de certa forma, o reconhecimento de que as palavras, apesar dos belos discursos, da eloqüência, da argumentação convincente, não necessariamente servem exclusivamente ao bem.

Como ilustração, pode-se dizer que, no discurso jurídico em um tribunal sobre determinado crime – um assassinato, por exemplo –, dois advogados (o de defesa e o promotor) dirigem-se logicamente ao corpo de jurados, ao juiz, ao acusado, às testemunhas, ao público, utilizando argumentações contrárias e, muitas vezes, o que se poderia chamar classicamente de *discurso sofístico*, a fim de chegar a uma conclusão não necessariamente *verdadeira*, mas *convincente*... ou *persuasiva*. O discurso tem, em geral, sonoridade realçada, gestualidade, empostação de voz, coerência interna, explora contradições de atos e versões. Enfim, tem uma retórica convincente, persuasiva, não necessariamente verdadeira. Por isso, podem ser discursos sofísticos, mas não deixam de ser uma filosofia, um pensamento global sobre o mundo ou uma situação[6].

Górgias era considerado um sofista. O que era um sofista? Conforme Japiassu e Marcondes, "na Grécia clássica, os sofistas foram os mestres da retórica e da oratória, professores itinerantes que ensinavam sua arte aos cidadãos interessados em dominar melhor a técnica do discurso, instrumento político fundamental para os debates e discussões públicas, já que na pólis grega as decisões políticas eram tomadas nas assembléias"[7].

Sócrates não acreditava que a persuasão e as técnicas argumentativas levassem à verdade. De certa forma, considerava, como Platão e, depois, Aristóteles, que a retórica poderia gerar um falso discurso e ser usada, por assim dizer, para o mal e não para a virtude. Aristóteles comparava a *retórica* à *dialética* e achava que, como arte, ela não poderia conter um falso discurso. Deveria ser usada para descobrir quais os melhores argumentos de persuasão sobre algo justo ou belo. Afirmou que "a retórica é a faculdade de ver teoricamente o que, em cada caso, pode ser capaz de gerar a persuasão. Nenhuma outra arte possui esta função, porque as demais artes têm, sobre o objeto que lhes é próprio, a possibilidade de instruir e de persuadir"[8].

O que quis dizer Aristóteles? Que artes como a medicina, a geometria ou outras ciências têm um objeto próprio e que a retórica não aplica suas regras a um gênero próprio e determinado. Assim, pode ser usada em quaisquer campos de conhecimento. Portanto, contemporaneamente, é auxiliar do campo da filosofia e do campo do jornalismo.

Retórica e sofística no mesmo barco

Além de a retórica carregar seu próprio peso, como se verá rapidamente adiante, há grande correlação entre ela e o discurso sofístico. Os sofistas, que geraram a *sofística*[9], foram bastante desconsiderados, e hoje é comum ouvir genericamente alguém não concordar com a argumentação de outro e dizer, simplesmente, "isso é um sofisma". O sentido comum é, efetivamente, este: os sofistas são considerados manipuladores de opinião ou produtores de falsos argumentos. Até hoje, claro, isso ocorre: e existem falsos argumentos, o desenvolvimento de um falso silogismo para chegar a uma conclusão lógica, mas não verdadeira. E é certo que as estratégias de *marketing* contemporâneas de certa forma se valem desse expediente, utilizando a retórica como forma de convencer sobre a justeza de determinada idéia ou produto.

Japiassu e Marcondes explicam que o sofisma é o "raciocínio que possui aparentemente a forma de um silogismo, sem que o seja, sendo usado assim de modo a produzir a ilusão de validade, e tendo como conclusão um paradoxo ou um impasse. [...] Segundo Platão e Aristóteles, os sofistas usavam esse tipo de raciocínio para provocar a perplexidade em seus interlocutores ou para persuadi-los"[10].

Mesmo assim, eles ressalvam que análises e pesquisas mais atuais estão revalorizando o pensamento dos sofistas, ressaltando sua contribuição para os estudos de gramática, retórica e oratória. Os autores explicam que muitas das obras de importantes sofistas como Górgias, Protágoras e Hípias de Élida só foram conhecidas por intermédio de seus adversários, como Platão. Assim, de acordo com novos estudos, não corresponderia mais hoje aos sofistas a idéia de que apenas criariam ilusões ou manipulariam opiniões[11]. De Protágoras, conforme Bárbara Cassin, conhecem-se apenas duas frases, e a mais importante é a de que "o homem é a medida de todas as coisas". Segundo ela, esse pouco conhecimento da sofística deve-se à tradição platônico-aristotélica da filosofia, que tentou reduzi-la ao silêncio, e as reavaliações posteriores da sofística apenas reforçaram as desvalorizações a que foi submetida anteriormente[12].

Criticando a história da filosofia como uma história antes de tudo platônico-aristotélica, que, segundo a autora teria ajudado a banir ou cercear a heterodoxia sofística, Bárbara Cassin observa que ainda hoje a sofística foi pouco recuperada e recorre a Hegel, que chamava os primeiros sofistas de "mestres da Grécia", para lembrar que estão imersos na ação da *pólis* e na consecução e vivência concretas de sua época: "Eles escolhem ser educadores profissionais, estrangeiros itinerantes que comerciam sua sabedoria, sua cultura, suas competências... [...] Mas são também homens de poder, que sabem como persuadir, comover uma assembléia, [...] dar suas leis a uma cidade nova, formar para a democracia, em suma, fazer obra política. Essa dupla mestria tem sua única origem na mestria da linguagem, sob todas suas formas, da lingüística (morfologia, gramática, sinonímia) à retórica (estudo dos tropos, das sonoridades, da pertinência do discurso e de suas partes)"[13].

Critica os que ainda usam a sofística no sentido empregado por Platão, vendo na recuperação do termo uma possibilidade de autonomia discursiva que junte desejo e discurso, resultando em uma efetiva filosofia. Por isso, acha que é possível constituir uma autonomia discursiva e um *logos* alternativo em relação à lógica platônico-aristotélica, "que não cessou de ser a nossa", e considera que a filosofia, a política e a literatura podem ajudar a torná-la perceptível. Propõe a retomada de uma segunda sofística, a partir de Filóstrato, entendendo que o paradigma de verdade se transforma então: "A sofística não é mais avaliada pela autenticidade filosófica, e sim doravante pela exatidão do fato histórico"[14].

De certa forma, pode-se dizer que a sofística, como "autenticidade filosófica" ou como "exatidão do fato histórico", não deixa de ser discurso e, portanto, *discurso sobre algo*. E algo *que é*, segundo as referências culturais, ideológicas, políticas. Segundo referências que, por serem precisamente humanas, são passíveis de erro. E erro é, também, um nome dado *humanamente* a algo que não deveria ter acontecido ou ter sido dito, enfim, algo que não deveria ter existência, mas existe e continuará existindo. Os discursos e sua utilização para finalidades díspares podem ser vistos em diferentes campos de estudo ou atuação, entre eles a filosofia, o direito, a política, a psicanálise, a literatura e o jornalismo. São discursos que, muitas vezes, valem-se da retórica e de estratégias sofísticas para a produção de persuasão, de convencimento. Nesse aspecto, Perelman e Olbrechts-Tyteca chamam de *persuasiva* "uma argumentação que pretende valer só para um auditório particular" e de *convincente* uma "que deveria obter a adesão de todo ser racional"[15].

No discurso jornalístico, dadas a especificidade da linguagem e a enorme gama de destinatários da informação, pode-se dizer que persuasão e o convencimento caminham juntos em grande parte das ocasiões, especialmente no gênero *editorial*. Nesse caso, o discurso tanto pode ser falso como verdadeiro, pois, pela argumentação, convencimento e produção de sentido e ações, é muitas vezes elaborado em benefício próprio. Isso ocorre especialmente no discurso jornalístico empresarial, como se pretende demonstrar adiante.

Retórica e sofisma podem conduzir a conclusões errôneas, apesar do encadeamento do discurso, da eloqüência dos oradores, da justeza das proposições. É inegável, contudo, que lidam também com aspectos do campo moral e, como tal, com desdobramentos comportamentais, como atos gerados por crenças, intervenção concreta no presente, planejamento e mudanças para o futuro. Ambas andam junto com a necessidade de legitimar discursos para operar práticas. No entanto, a apropriação particular de valores universais em discursos sobre algo faz que, em muitos casos, o sentido mais negativo da sofística e da retórica volte a ocupar a cena político-social, em diferentes áreas.

Algumas outras observações sobre o discurso jornalístico

Todos os dias, existem temas na mídia que têm durabilidade maior, argumentação mais sistemática e profunda e são valorizados para se adequarem às teses político-morais da empresa jornalística. Pode-se, no entanto, tratar um pouco de grandes temas que legitimam determinadas proposições jornalísticas e se utilizam da retórica e da sofística com fins que, muitas vezes, depreciam a própria argumentação e contribuem para que o jornalismo se aproxime de uma perigosa *razão cínica*.

Os discursos sobre o subsídio ao papel-jornal, o Banco do Brasil, a Telebrás, as estatais em geral, a propaganda eleitoral "gratuita" e muitíssimos outros, solenemente divulgados em diferentes instâncias, especialmente por empresários e editores, na mídia, mas também por jornalistas de dimensão nacional, suscitam reflexões sobre a qualidade moral de um negócio e sobre a ligação entre a mediação simbólica do mundo e a efetividade concreta de atos, gestos e operações práticas.

O semioticista Iuri Lotman observa que existem três acepções atuais, na *poética* e na *semiótica*, para o termo *retórica*. Uma delas, que me interessa particularmente, é a de *retórica* como *poética do texto*, ou seja, "a parte da retórica que estuda as relações intratextuais e o funcionamento social dos textos como formações semióticas integrais"[16].

O pensador russo considera errôneo contrapor o pensamento retórico ao pensamento científico, tratando daquele como um pensamento especificamente artístico. Para ele, existem duas esferas no domínio da consciência científica. A primeira é a *retórica*, isto é, o terreno das aproximações, das analogias e da modelização, no qual se propõem novas idéias e se estabelecem postulados e hipóteses inesperados que antes pareciam absurdos. A segunda esfera, escreve Lotman, é a *lógica*, na qual as idéias são submetidas a comprovação, trabalham-se as conclusões que derivam delas e se eliminam as contradições internas com demonstrações e raciocínios[17].

Desse modo, entre o texto e o auditório estabelece-se não mais uma recepção passiva, mas um diálogo, em que existe uma *memória comum* naquele que emite a mensagem e naquele que a recebe. Assim, é possível decifrar o texto e tratá-lo. E todo texto, acrescenta Lotman, "caracteriza-se não apenas por um código e um comunicado, mas também por uma orientação para determinado tipo de memória (estrutura da memória e caráter daquele que a preenche)"[18].

Para Perelman e Olbrechts-Tyteca, a retórica contemporânea tem na argumentação pelo exemplo um de seus principais sustentáculos. Assim, o discurso sobre a realidade muitas vezes fundamenta-se, com a pretensão de universalidade ou generalidade, no recurso ao caso particular. O caso particular, segundo os dois autores, "pode desempenhar papéis muito variados: como exemplo, permitirá uma generalização; como ilustração, esteará uma regularidade já estabelecida; como modelo, incentivará a imitação"[19]. A analogia é bastante utilizada nos discursos jornalísticos, especialmente em seu gênero editorial, que indica a linha de cobertura dos acontecimentos.

As proposições que sustentam a privatização de estatais rentáveis utilizam-se desse recurso. Um exemplo de má administração ou ineficácia de empresa do setor público torna-se referência para procedimentos iguais em relação a todas, embora não se argumente o mesmo em relação à empresa privada: sua má administração não resulta em discursos favoráveis ao controle dela pelo Estado. Em geral, significa mais recursos do Estado para ela.

No setor jornalístico, como código terciário de segunda natureza, pode-se dizer que a lógica é utilizada no próprio campo retórico, em que se recorre ao silogismo para extrair deduções convincentes e demonstráveis, embora não se mostrem todos os dados, todos os possíveis efeitos. Um exemplo: há prejuízo financeiro no Banco do Brasil; o lucro do Bradesco é maior. O Bradesco é privado; o BB, *estatal* (na verdade, uma *sociedade anônima de economia mista*). Logo, o banco privado é mais *eficiente*. Por conseqüência lógica, se o Banco do Brasil for *privatizado*, haverá *ganhos sociais*. O escondido ou minimizado: o Banco do Brasil tem finalidades sociais, socorre empresas privadas, tem graus grandes de inadimplência de clientes e empresas privados; está entre os principais nas aplicações financeiras e nos depósitos à vista e a prazo. A estratégia retórica inclui a esfera lógica, na qual se subtraem certos dados e reforçam-se outros. É a utilização do cinismo para a defesa lógica de uma situação particular, valendo-se do largo campo desenvolvido até hoje pela retórica.

O universo do discurso jornalístico, de sua narrativa, de seus significados, utilizados, por exemplo, nos editoriais, repercute na pauta, na apuração noticiosa, na edição: é a "linha do jornal". Para Harry Pross, "os portadores de símbolos mantêm a ordem política. A comunicação ritualizada confere a ela um caráter duradouro"[20].

O professor Van Dijk, ao analisar a produção da informação jornalística, localizou três grandes vertentes em que se estrutura a retórica do jornalismo: no reforço da natureza factual do acontecimento, na construção de uma estrutura sólida relacional entre os fatos e nas informações que gerem atitudes e tenham forte impacto emocional[21]. Assim, tornam-se fundamentais, como é da essência do jornalismo, a descrição direta dos acontecimentos, as testemunhas, as fontes confiáveis. Da mesma forma, com exemplos e fatos anteriores chega-se a conclusões sobre as razões de um acontecimento atual, ao mesmo tempo que os discursos, teses e opiniões são utilizados, a partir de um fato ocorrido, para reforçar determinadas posições ideológicas. Portanto, a retórica não se vale de acontecimentos inverídicos ou de meras opiniões livres ou casuais, mas é resultado de uma força real do cotidiano. Nesse aspecto, a retórica, como a sofística, também participa dos reforços ou das modificações de uma prática social, tornando-se também sua condutora, modificadora e/ou seu reflexo.

A professora e jornalista Luisa Santamaría Suárez distingue *persuasão* de *convencimento* e de *manipulação*[22]. No primeiro caso, com base na obra de Chaïm Perelman, *persuadir* vale-se sobremaneira de apelos que levem à adesão emotiva e, por isso, diz a professora, é mais que convencer, que o faz pela via racional, uma vez que os dados expostos pelo convencimento não podem ser negados. Já a *manipulação*, observa a autora, também não se serve da mentira, mas não utiliza todos os dados, obrigando o receptor a aderir a determinadas proposições. Nesse caso se insere o breve exemplo comparativo entre Banco do Brasil e Bradesco que mencionei. Nos casos de que tratarei, como o da privatização do sistema Telebrás, dos discursos empresariais sobre o Banco do Brasil, do déficit público e do papel-jornal, será possível perceber a presença dos três conceitos de acordo com o pensamento de Santamaría Suárez. Há persuasão, há convencimento e há manipulação, com utilização particular do espaço público.

O *convencimento*, segundo a autora, dá-se pela lógica da exposição e da argumentação, e contra tal lógica não há como se voltar. Já a *retórica*, observa, situa-se mais na atitude psicológica, que visa a emocionar, a persuadir[23]. Reitero que a lógica integra a própria estratégia retórica – é um de seus elementos. E a *retórica*, globalmente, situa-se mais na ambientação propositiva de opinião, afastando-se da demonstração dialética, que, com a força dos fatos, adéqua o discurso ao evento ocorrido, adéqua o enunciado ao fato e, portanto, mesmo que não seja a própria verdade, aproxima o relato jornalístico da verossimilhança, da semelhança com a verdade. Sendo assim, os princípios éticos devem sustentar o próprio relato jornalístico, e este corroborar aqueles.

A opinião, portanto, não é a base essencial do relato jornalístico, embora este se valha dela, como valor, para ajudar no testemunho, na memória, na revelação, na explicação – como fazem as fontes qualificadas, que dizem o que é ou explicam acontecimentos do ponto de vista da sua área de saber, quer uma descoberta científica, quer um acidente de trânsito. Por isso a autora concorda com Aristóteles, lembrando que o sábio de Estagira dizia que o filósofo não podia ser amigo da *opinião*, mas teria de buscar a verdade por meio da *dialética*[24]. Nesta, portanto, adaptando-a à atualidade, residiria o próprio conceito de espaço público contemporâneo. Pelo jornalismo, como espaço público cotidiano, manifestar-se-iam a controvérsia, a contradição, a pluralidade de versões, os antagonismos discursivos que expressam mundos diferentes entre si e percepções diversas sobre o presente e os destinos do mundo. Mas também hoje, talvez mais longe da dialética, o mundo do jornalismo tem, na sucessiva ambientação retórica, a essência opinativa que hegemoniza o noticiário, ancorado em editoriais cuja opinião repercute na cobertura informativa e desmente, muitas vezes, os princípios ontológicos e morais da própria essência da informação jornalística.

Os estudiosos mais renomados da retórica ainda hoje observam que o discurso retórico persegue fins e funde, em seu interior, três aspectos: "o *docere*, ou seja, a transmissão de noções intelectuais; o *movere*, isto é, atingir os sentimentos, o 'vivido' emotivo; e finalmente ainda o *delectare*, ou seja, manter viva a atenção do auditório, estimulá-lo a seguir o fio do raciocínio, sem se deixar perturbar pelo aborrecimento, pela indiferença, pela distração, porque a comunicação retórica se dirige não a mentes superiores, a espíritos puros, mas a homens de carne e osso, sujeitos portanto ao cansaço e ao tédio, vulneráveis a raciocínios demasiado difíceis [...]"[25].

Esses aspectos enfatizados por Renato Barilli estão presentes em diversos outros autores[26], que ousaram adentrar o complexo campo da retórica e da análise do discurso muito mais do que o presente livro, em que não me proponho a esmiuçá-lo, mas apenas a vincular o discurso e os princípios éticos e/ou deontológicos do jornalismo com ele.

De acordo com Tito Cardoso e Cunha, a retórica clássica dividiu-se em duas grandes vertentes: "Uma retórica 'psicagógica' (desde os pitagóricos) que atua pela 'co-moção' da psique, por sedução irracional, utilizando a eficácia simbólica da palavra, e a retórica como demonstração de verossimilhança por meio de prova"[27]. Nesse caso, explica, o raciocínio retórico-argumentativo não ensina necessariamente a verdade – tarefa que seria da *episteme* (ciência) –, mas somente uma aproximação com a verdade por meio da *doxa* (opinião). Seria uma verossimilhança que o tempo e o espaço podem modificar[28]. Para o especialista português, o ressurgimento contemporâneo da retórica tem correspondência no fértil campo dos discursos sobre o espaço público, onde encontra seu *corpus*[29]. Como Cardoso e Cunha, todos os estudiosos contemporâneos da teoria da argumentação recorrem ao analista belga Perelman, que, com seu clássico *Tratado da argumentação*, que já chega a meio século, mantém uma revigorada e renovada atualidade a cada edição.

Perelman explica, já no início de sua obra, que o que conserva da retórica tradicional é a idéia de *auditório*, definindo-o como "o conjunto daqueles que o orador quer influenciar com sua argumentação. Cada orador pensa, de uma forma mais ou menos consciente, naqueles que procura persuadir e que constituem o auditório ao qual se dirigem seus discursos"[30].

É certo que qualquer editorial jornalístico, norteador da linha moral de um veículo, tem noção do público a que se destina e procura influenciar. No entanto, por haver no jornalismo a máxima que diz "a opinião é livre, os fatos são sagrados", cunhada na lógica da objetividade do jornalismo americano ao longo do século xx, pode-se perguntar: há contradição entre a opinião editorial e a realidade que a desmente pela emergência de acontecimentos imprevisíveis ou incontroláveis?

Do ponto de vista moral, os códigos deontológicos ou éticos subscritos por empresários da mídia impõem que o espaço público e a relevância epistemológica do jornalismo são tamanhos que o editorial não pode condicionar a cobertura jornalística, mas sim esta condicionar aquele. *Sabe-se, no entanto, que o desemprego gera mais pautas sobre a necessidade de modernizar o Estado, privatizando-o, do que sobre a desconcentração da riqueza para gerar mais empregos pela intervenção do Estado.* A factualidade pode ser beneficiar a qualquer lado, e a objetividade de um acontecimento, que existe, pode ser dada de uma perspectiva emancipadora ou de uma perspectiva conservadora ou autoritária. Expressões como "o direito do público de saber" e "a imprensa é a fiscalizadora do poder público ou guardiã dos interesses da sociedade" são apenas pratos vazios, se considerarmos que a sociedade e o Estado devem espelhar as próprias contradições sociais que a realidade despeja a cada dia como fato de interesse público e, portanto, objeto do relato jornalístico. E, mais que isso, não raro o poder público é a síntese de alguns poucos interesses particulares. E interesse social pode ser o que mais interessa à mídia do que beneficia a sociedade.

Para Perelman e Olbrechts-Tyteca, "as instituições que regulamentam as discussões têm importância porque o pensamento argumentativo e a ação por ele preparada ou determinada estão intimamente ligados. É por causa das relações que a argumentação possui com a ação – pois ela não se desenvolve no vazio, mas numa situação social e psicologicamente determinada – que ela compromete praticamente os que dela participam"[31].

Na introdução da Declaração de Chapultepec, os empresários filiados à Sociedade Interamericana de Imprensa (SIP) garantem que "uma imprensa livre é condição fundamental para que as sociedades resolvam seus conflitos, promovam o bem-estar e protejam sua liberdade. Não deve existir nenhuma lei ou ato de poder que restrinja a liberdade de expressão ou de imprensa, seja qual for o meio de comunicação". As intenções e o uso adequado das palavras impressionam. No entanto, em reiteradas ocasiões, o *inimigo* vem de dentro, e não de fora, e surge sob a forma do interesse particular, da sociedade de um jornal com um anunciante, de uma idéia vetada, de uma declaração menosprezada, de outra ressaltada, de pautas que duram *mais* ou *menos* e de outras que somem. Censura tem muitos nomes. Sonegação de informações, embora de interesse público, pode ser outro dos nomes da censura à mídia. O estudo clássico de Perelman auxilia bastante o entendimento do mundo dos códigos deontológicos subscritos pelos empresários da mídia e das solenes declarações, em sucessivos eventos, sobre a importância e o comportamento ético de um veículo de comunicação.

Como todos têm seu manual de procedimentos técnicos e morais, a Sociedade Interamericana de Imprensa também encomendou o seu a um especialista. Nele, assegura-se que "nenhuma informação deve ser manipulada em determinado sentido pelo responsável do diário. Nem responder ao interesse particular de um governo, setor político, social ou econômico. [...] O verdadeiro dono do diário é o leitor que o compra cada dia"[32].

A força e o ornamento das palavras resiste a sua funcionalidade cotidiana? É hora de tratar um pouco de princípios éticos, códigos deontológicos e *razão cínica*.

Notas bibliográficas

1. Mario Benedetti, As artimanhas dos proprietários da liberdade. *Diário do Sul*, Porto Alegre, 20 ago. 1987, p. 13.
2. Bice Mortara Garavelli, *Manual de retórica*, p. 11.
3. Emy Armañanzas e Javier Días Noci, *Géneros de opinión*, p. 31.
4. Hilton Japiassu e Danilo Marcondes, *Dicionário básico de filosofia*, p. 214. De acordo com os autores, o termo *retórica* origina-se do grego *retoriké* (arte da oratória) e *retor* significa *orador*.
5. Na apresentação da edição da Bertrand Brasil, o professor Jaime Bruna afirma que *Górgias* teria sido escrito entre 395 e 376 a.C.
6. Em relação ao uso da retórica no discurso jurídico, há especificamente o meticuloso trabalho de Gabriel Chalita *A sedução no discurso – O poder da linguagem nos tribunais de júri*. O autor discorre sobre a argumentação própria do discurso nos tribunais, tratando das diferentes linguagens, como o apropriado uso da palavra e do silêncio, das posturas físicas enganosas e das falácias, entre outros aspectos. Analisa quatro filmes produzidos nos Estados Unidos que tratam de julgamento público em tribunais e detalha o funcionamento do corpo de jurados.
7. Japiassu e Marcondes, *op. cit.*, p. 227.
8. Aristóteles, *Arte retórica e arte poética*, p. 33.
9. De acordo com Japiassu e Marcondes (*op. cit.*, p. 228), a sofística "se caracteriza pela preocupação com questões práticas e concre-

tas da vida da cidade, pelo relativismo em relação à moral e ao conhecimento, pelo antropocentrismo, pela valorização da retórica e da oratória como instrumentos de persuasão. [...] o termo é utilizado freqüentemente com sentido negativo, sobretudo para designar o contraste entre o racionalismo teórico e especulativo da filosofia de Sócrates, Platão e Aristóteles, e a atitude pragmática e antimetafísica dos sofistas".

10. *Ibidem*, p. 227.
11. *Ibidem*, p. 228.
12. Bárbara Cassin, *Ensaios sofísticos*, p. 15.
13. *Ibidem*, p. 7.
14. *Ibidem*, p. 14.
15. Chaïm Perelman e Lucie Olbrechts-Tyteca, *Tratado da argumentação: a nova retórica*, p. 31. Publicado no Brasil em 1996, o trabalho de Perelman, com contribuição de Olbrechts-Tyteca, foi traduzido em diversas línguas desde sua primeira publicação, em 1958, e é a principal referência para os estudos da retórica contemporânea.
16. Lotman, *La semiosfera I: semiótica de la cultura y del texto*, p. 119.
17. *Ibidem*, p. 130.
18. *Ibidem*, p. 111.
19. Perelman e Olbrechts-Tyteca, *op. cit.*, p. 399.
20. Pross, *op. cit*, p. 120.
21. Teun A. Van Dijk, *La noticia como discurso: comprensión, estructura y producción de la información*, p. 126-127.
22. Luisa Santamaría Suárez, *Géneros para la persuasión en periodismo*, p. 40-42.
23. *Ibidem*, p. 40.
24. *Ibidem*, p. 39.
25. Renato Barilli, *Retórica*, p. 9. O autor italiano trata do surgimento da retórica e das diversas etapas históricas em que se desenvolveu. Assim, dividiu seu estudo em: Idade Grega, Idade Romana, Idade Média, Humanismo e Renascimento, Idade Moderna, Idade Contemporânea e Recuperação Contemporânea da Retórica.
26. Da mesma forma que Barilli, Bice Mortara Garavelli discorre em *Manual de retórica* sobre sua história, detalhando seu surgimento, fases históricas e estudo e importância contemporâneos.

27. Tito Cardoso e Cunha, prefácio de Friedrich Nietzsche, *Da Retórica*, p. 7.
28. *Ibidem*, p. 7-8.
29. *Ibidem*, p. 23.
30. Perelman e Olbrechts-Tyteca, *op. cit.*, p. 7 e 22.
31. *Ibidem*, p. 65.
32. José Luis Macaggi, *Manual del periodista*, p. 11.

4 Jornalismo e cinismo

Cuidemos de não criar o anjo para que não apareça o demônio; a verdadeira defesa da ética passa pela crítica da eticidade.
Gilles Lipovetsky[1]

Em 1994, proprietários de jornais das Américas subscreveram a citada Declaração de Chapultepec, na qual garantem que "toda pessoa tem o direito de buscar e receber informação, expressar opiniões e divulgá-las livremente. Ninguém pode restringir ou negar estes direitos"[2]. Antes, em manifesto publicado em 16 de agosto de 1992, a campanha "Comece agora, comece por você", da Rede Brasil Sul de Comunicações (RBS), no Rio Grande do Sul e em Santa Catarina, lembrava que "cada um de nós precisa aceitar que a crise ética e moral que enfrentamos hoje começa no atraso para o encontro, na desculpa deslavada, na palavra empenhada e depois esquecida"[3].

Posso chamar tais declarações de "cinismo ético". Não têm correspondência nos aspectos prático e moral.

Lembro-me desse cinismo ao recordar que muitos empresários de jornais acham que diploma e registro profissionais atentam contra a liberdade de expressão, mas impedem fontes de se manifestar, atenuam declarações contra seus interesses particulares e acentuam aquelas que mais os favorecem. E, na cobertura do setor público, os editoriais não se cansam de apontar problemas na administração do Estado, mas escondem os "negócios" das empresas das quais são donos e minimizam ou esquecem o tanto que "sugam" do setor público, incluindo dívidas não pagas.

Lembro-me desse cinismo, ainda, quando os acordos morais tão defendidos pela RBS, empresa que se dedicou à campanha de resgate de valores éticos, não têm correspondência na prática e se descumpre a legislação trabalhista ou se defendem interesses escusos. O acordo coletivo relativo à data-base da categoria no Estado, formalizado entre a empresa e os jornalistas catarinenses, não impediu que um veículo como o *Diário Catarinense* (que pertence ao mesmo grupo) cortasse declarações do sindicato da categoria em documento referente ao Dia Mundial da Liberdade de Imprensa e publicado na Coluna dos Jornalistas, embora esta fosse conquista formalizada no acordo assinado pelas duas partes[4]. É interessante ressaltar o que diz a brochura distribuída pela Associação Nacional de Jornais, da qual é sócio do *Diário Catarinense*. No item "Comitê de Liberdade de Expressão", o documento afirma: "A defesa e a promoção da livre expressão é um dos princípios básicos da ANJ. [...] Suas funções são: defender e promover a liberdade de expressão"[5].

Muitos editoriais de emissoras de rádio e televisão, diversos artigos em jornais e revistas e vários discursos de empresários condenaram, como ainda condenam, a chamada propaganda eleitoral "gratuita" no rádio e na televisão, considerando que impede a liberdade de escolha. Alguns editoriais, na mesma crítica aos parlamentares, reforçavam para a população a idéia da "vagabundagem" dos políticos, reduzindo a esfera de representação popular à ineficácia suposta em matérias que mostravam, por exemplo, o plenário vazio, as promessas não cumpridas, os salários vultosos de vereadores, deputados estaduais e federais e senadores.

Outras vezes, a mídia também criticou a propaganda eleitoral obrigatória por ser nociva à democracia e causar prejuízos financeiros às empresas, já que veiculada em espaço chamado "nobre", de grande audiência, entre 19 e 22 horas.

As Leis nº 8.264 e 8.713, de 1993, estabeleceram o ressarcimento das emissoras de rádio e televisão com base no valor da publicidade cobrado por elas nesses horários. A Lei nº 8.264, que disciplinou a realização do plebiscito sobre forma e sistema de governo, estipulou que "as emissoras de rádio e televisão podem abater de sua renda bruta, para efeitos do imposto de renda, como despesa, o valor correspondente ao espaço utilizado na campanha do plebiscito, nos termos desta lei"[6]. Tal princípio foi reiterado nas eleições seguintes. Com referência apenas ao plebiscito, estima-se que a Rede Globo deixou de pagar cerca de 35 milhões de dólares em imposto de renda, enquanto o Sistema Brasileiro de Televisão (SBT) abateu aproximadamente 9,5 milhões de dólares em imposto de renda[7].

Na campanha eleitoral de 1998, todas as emissoras de televisão exibiam os dizeres "espaço reservado para a propaganda eleitoral gratuita, de acordo com a Lei nº 9.504". E seguidamente editoriais, especialmente de TV, consideravam uma usurpação tal espaço ser concedido a partidos políticos e a um debate que, segundo a própria mídia, incomodava os telespectadores.

O artigo 99 da Lei nº 9.504, de 30 de setembro de 1997, assegura que "as emissoras de rádio e televisão terão direito a compensação fiscal pela cedência do horário gratuito previsto nesta lei". O Decreto nº 2.814, de 22 de outubro de 1998, que segue diretrizes de dispositivos legais relativos a eleições anteriores (sempre regulamentando o direito à compensação fiscal pela propaganda eleitoral "gratuita"), estipula, no artigo 1º, inciso I: "o preço do espaço comercializável é o preço de propaganda comprovadamente vigente em 18 de agosto de 1998, que deverá guardar proporcionalidade com os praticados trinta dias antes e trinta dias após essa data". E mais: o inciso II considera que "o valor apurado de conformidade com o Decreto nº 1.976, de 1996, com as alterações deste decreto, poderá ser deduzido da base de cálculo dos recolhimentos mensais de que trata o artigo 2º da Lei nº 9.430, de 27 de dezembro de 1996, bem assim da base de cálculo do lucro presumido". Os decretos que regulamentam o ressarcimento tornaram-se referências nas eleições seguintes.

Não se pode considerar, diante disso, que a propaganda eleitoral seja, efetivamente, *gratuita*. E bastaria responder a perguntas simples: quanto deixaram de recolher aos cofres públicos as emissoras de rádio e de televisão? De quanto foi o lucro indireto? Isso tudo, embora se saiba que é competência da União explorar diretamente ou autorizar, por concessão ou permissão, os serviços de radiodifusão sonora, de sons e imagens[8]. Nesse caso, até mesmo o sentido público da mídia precisa pagar tributo com privilégios privados?

Em 1994, quando jornalistas e parlamentares comentavam sobre a instauração de uma comissão parlamentar de inquérito sobre a imprensa, Antônio Carlos Fon, então editor da *Superinteressante* e ex-presidente do Sindicato dos Jornalistas Profissionais no Estado de São Paulo, lembrou em artigo na revista *Imprensa*: "Uma CPI para valer poderia responder perguntas deste tipo: como pode um jornal estar à beira da falência em um dia e comprar 25 milhões de dólares em papel, pagando à vista, dois meses depois? Como e por que outro jornal transforma suas dívidas em cruzeiros às vésperas de uma maxidesvalorização? Como entram no país os equipamentos das redes de televisão?"[9].

Intenções, solenidades, princípios e ações: o cinismo sincronizado

Em 1º de julho de 1993, a Assembléia Parlamentar do Conselho Europeu aprovou por unanimidade, em Estrasburgo, na França, o Código Europeu de Deontologia Jornalística, cujos 38 princípios deveriam ser cumpridos pela mídia dos países da União Européia.

É interessante ressaltar alguns dos artigos, dada a abrangência e atualidade internacional dos fenômenos e dos problemas que o trabalho jornalístico envolve. O artigo 11 alerta que "as empresas jornalísticas devem ser consideradas como empresas especiais socioeconômicas, cujos objetivos empresariais devem ser limitados por condições que assegurem a prestação de um direito fundamental". O artigo 15 adverte que "nem os editores ou proprietários nem os jornalistas devem se considerar donos da informação. A informação não deve ser tratada pela empresa informativa como mercadoria, mas como direito fundamental dos cidadãos. Em conseqüência, nem a qualidade das informações ou opiniões nem o sentido delas devem ser mediados pelas exigências de aumentar o número de leitores ou de audiência ou pelo aumento de arrecadação em publicidade". Por isso, o artigo 37 sugere que, "para a vigilância do cumprimento destes princípios deontológicos, devem ser criados organismos ou mecanismos de autocontrole, integrados por editores, jornalistas e associações de cidadãos usuários da comunicação, representantes da universidade e dos juízes, que emitirão resoluções sobre o cumprimento dos preceitos deontológicos no jornalismo, com o compromisso assumido previamente pelos meios de comunicação de publicar tais resoluções"[10].

A Assembléia Parlamentar do Conselho Europeu que aprovou o documento reúne parlamentares dos países membros da União Européia. Na década de 1980, um dos deputados do Parlamento Europeu era Robert Hersant, também conhecido como Robert o Conquistador, magnata da mídia francesa cujas empresas controlavam trinta e três por cento da imprensa diária da França. Hersant morreu em abril de 1996, aos 76 anos, mas suas palavras e idéias ficaram. Como empresário da comunicação, o ex-deputado de um organismo que aprovou um código de ética da mídia européia afirmou, logo depois de comprar *Le*

Figaro, na década de 1970: "Considero que adquiri o *Le Figaro* para ganhar dinheiro, não para outra coisa"; "se não houvesse jornalistas, os editores seriam felizes"[11].

Ficam dois exemplos. De um lado, o da privatização do espaço público da mídia e, de outro, o do cinismo no trato de questões essenciais para a cidadania, como são o direito à informação e a legislação da imprensa. Para empresários e parlamentares de tal tipo, os acordos sempre serão *pedaços de papel*.

O filósofo alemão Peter Sloterdijk, em seu estudo clássico sobre o cinismo contemporâneo, considera que "o cinismo constitui uma figura fundamental de negação dos valores no processo histórico das consciências combatentes". É também mais direto: "Cinicamente dispostas estão estas épocas de gestos vazios e de fraseologia refinadamente tramada, em que sob cada palavra oficial se ocultam reservas privadas"[12].

O cinismo despreza as convenções sociais, as mediações morais ou jurídicas como meios de convivência, a palavra empenhada, os princípios subscritos, os acordos feitos[13]. É cínico, cultiva o cinismo e contribui para tal desprezo aquele que utiliza palavras e conceitos a fim de se apropriar do mundo, embora não o reconheça. Contribui para o intensificar o descrédito social por qualquer instituição, representação ou mediação.

Nesse sentido, "a arte de se expressar bem", cultivada pela retórica, é utilizada para o convencimento, para estratégias de marketing, reforçando significados como *desenvolvimento social, participação social, liberdade de expressão e escolha, democracia*. Usa-se tal discurso, bem articulado, logicamente desenvolvido, coerente, convincente socialmente, para transferir palavras e gestos a interlocutores que passam a ser porta-vozes das proposições iniciais.

A professora Tereza Halliday, da Universidade Federal de Pernambuco, afirma que a retórica tornou-se malvista no século XIX, quando foi confundida com "linguagem floreada". Lembra ela que os políticos atuais exacerbaram esse uso e acentuaram a idéia de que a retórica era vazia de conteúdo, embora com um discurso até bem concatenado. A professora ressalta que no século XX se recuperou o sentido mais "técnico de comunicação pragmática para influenciar um determinado tema"[14]. Halliday menciona a atualidade dos estudos sobre o tema, que se inscrevem na tradição européia da sociolingüística e da semiótica e são realizados por universidades americanas sob a denominação de crítica retórica (*rethorical criticism*). Ela recorre a Perelman para situar a retórica como teoria da comunicação persuasiva: "Na medida em que a comunicação tenta influenciar uma ou mais pessoas, orientar-lhes o pensamento, excitar ou acalmar suas emoções, guiar suas ações, pertence ao reino da retórica. A dialética, ou técnica da controvérsia, está incluída como grande parte desse reino mais amplo"[15].

Assim se produzem atualmente muitos dos discursos na mídia, que vão do viés de determinada pauta ao trabalho de opinião e interpretação em editoriais. Redobra-se, assim, a necessidade de revigorar conceitos como *compromisso* e *responsabilidade social*, expressos tão claramente nos códigos de ética jornalística, estampados em outras dezenas de códigos éticos e deontológicos de empresas jornalísticas, manuais e outros documentos.

É de um editorial do jornal *Diário Catarinense*, do grupo RBS, a afirmação:

> Já não existe clima para iludir o povo com notícias parciais e tendenciosas, tampouco para conspirações políticas à revelia da lei. Diante deste quadro, aumenta também a responsabilidade dos meios de comunicação de se manterem fiéis à verdade e à democracia, já que renunciar a elas significa expor-se à rejeição da opinião pública[16].

No editorial, o jornal refere-se ao fato de a tecnologia ter tornado a informação tão acessível que todos saberão o que desejarem saber. De fato, a internet também está aí para isso. Contudo, alguém terá de colocar informação na página, e a complexidade dos conteúdos, a diversidade de opiniões, a variedade de fontes, as controvérsias essenciais para a própria democracia exigem que, no âmbito público e das argumentações, esteja presente a possibilidade de constituir permanentemente o contraditório.

No entanto, o espaço público da diferença, essência da democracia, pode estar sendo ocupado pela apropriação privada da consciência individual e por um discurso hegemônico, até mesmo homogêneo, em que os que não concordam acabam por ocupar o velho porão das idéias abandonadas. Por isso, Tereza Halliday diz que "ficar alertas a essas retóricas fará com que sempre possamos reagir criticamente aos 'meios pelos quais aqueles que detêm o poder' justificam suas vantagens na vida"[17].

Em 1996, Jayme Sirotsky, então ex-presidente da Federação Internacional de Editores de Jornais (Fiej) e presidente do Conselho de Administração do grupo RBS, escreveu no jornal gaúcho *Zero Hora* o artigo "Liberdade de imprensa", em que critica os projetos de legislação de imprensa que tramitavam no Congresso Nacional. Defensor da Declaração da Chapultepec, Sirotsky observou que "o medo do livre divulgar e informar dentro dos preceitos da ética, do respeito e da responsabilidade ganha contornos assustadores nas mentes que temem a informação porque ela também pressupõe a liberdade de comparar, de formar juízos de valor e de escolher"[18]. Isso não impediu, contudo, conforme afirmei, a censura da própria RBS – representada, obviamente, por alguém de carne e osso – à Coluna dos Jornalistas, suprimindo parte do texto do Sindicato dos Jornalistas, exatamente o que falava em necessidade de democracia na mídia brasileira no Dia Mundial pela Liberdade de Imprensa.

Outro fato: em fevereiro de 1997, realizou-se em Porto Alegre o Encontro Mundial de Entidades Jornalísticas, promovido pela Associação Mundial de Jornais (ex-Fiej). Durante dois dias, nos salões do Hotel Plaza São Rafael, em Porto Alegre, duzentas personalidades de todo o mundo, sobretudo empresários e representantes de empresas jornalísticas, discutiram o futuro do jornalismo e seu papel social. Segundo o *Diário Catarinense*, as entidades presentes ao encontro representavam quinze mil publicações de noventa países, entre as quais a Associação Nacional de Jornais do Brasil, a Sociedade Interamericana de Imprensa, a Newspaper Association of America, o World Press Freedom Committee, o International Press Institute, o International Press Telecommunications Council, a International Association for Newspaper and Media Technology e a International Newspaper Marketing Association[19].

Um dos temas foi precisamente examinar, discutir e defender a liberdade de imprensa. O encontro, encerrado pelo então presidente da República Fernando Henrique Cardoso, reafirmou os princípios morais da atividade. No dia seguinte ao encerramento, os jornais *Diário Catarinense* e *Zero Hora* publicaram, além de matérias jornalísticas, editoriais sobre o evento. No editorial "Documento de Liberdade", o *Zero Hora* lembrou que o encontro deixou, "entre suas conclusões, uma que já é quase consensual: a de que os jornais impressos continuam, e continuarão, por muito tempo ainda, a ser o registro mais fiel da liberdade e da democracia. Todas as entidades presentes renovaram seus compromissos com a defesa intransigente da liberdade de expressão. [...] principalmente por sua condição de democrata convicto, o senhor Fernando Henrique Cardoso vem se revelando um aliado permanente do jornalismo isento, independente e fiscalizador que é exercido nas nações democráticas"[20].

Vários estudiosos tratam do gênero *editorial*. Lembro rapidamente o que Armañanzas e Nocy observam: "os princípios editoriais são as linhas mestras que marcam ideologicamente os conteúdos jornalísticos e fundamentam a atividade empresarial de uma publicação. Essas linhas, que devem estar claramente definidas, constituem o eixo em torno do qual gira toda a atividade jornalística e estão presentes em todas as empresas informativas, sem que isso suponha obrigatoriamente uma ideologia que coincida com uma corrente política determinada"[21].

Tais princípios, que podem estar em valores expressos nos editoriais – por exemplo, a liberdade incondicional de mercado –, respondem ao interesse público? Correspondem às palavras subscritas em solenidades ou em códigos como o da ANJ ou princípios como os da Declaração de Chapultepec?

Voltando ao Encontro Mundial de Entidades Jornalísticas, o suplemento especial que cobriu o evento, *Diários da História*, mostra que o presidente Fernando Henrique, no encerramento, lembrou que "só dá valor à liberdade de expressão quem já a teve cassada" e que "a imprensa é o cimento que une a vontade popular ao poder político"[22]. Os jornalistas catarinenses, na figura de seu sindicato, também já sentiram a palavra cassada, como lembrei antes, resultado do descumprimento dos solenes princípios defendidos em eventos ou subscritos em documentos como os códigos deontológicos, talvez apenas *trapos de papel*, para utilizar a expressão do psicanalista Jurandir Freire Costa, assunto que retomarei adiante.

O encontro também fez um balanço dos assassinatos de jornalistas no exercício da função entre 1986 e 1996: mais de quinhentos mortos. Mortos não ressuscitam, mas também servem para mostrar que a atividade jornalística, exercida por profissionais, tem efetivamente grande relevância social.

Cultura, cinismo e instrumentalização ético-deontológica profissional

O século XX viu o surgimento e a consolidação de diferentes meios de comunicação e sua disseminação em diversos países e regiões. Ao mesmo tempo, a segunda metade do século assistiu à aceleração tecnológica, ainda mais intensa na última década. O jornalismo, atividade central da imprensa, ocupa publicamente o centro dos debates sobre o produto global jornal. Mas é inegável que a publicidade, a sociedade de empresas jornalísticas com outros setores da produção, como o bancário, o agropecuário ou mesmo o armamentista, volta a colocar no centro dos debates sobre o jornalismo sua finalidade ontológica e sua ética específica. Uma coisa é tornar publicamente o jornalismo mais um produto entre tantos. Outra é defendê-lo – posição a que pessoalmente, moralmente e profissionalmente me alio – como seu produto principal.

Há, no entanto, o reconhecimento, mesmo que envergonhado, de que o jornalismo tem potencialidades e importância que ultrapassam os limites ideológicos, políticos e financeiros em que atuam não apenas jornalistas assalariados, mas autoridades e empresários da mídia. Sucessivamente aparecem declarações, coberturas de encontros e manifestações orais ou escritas a esse respeito. Um ano e quatro meses depois do encontro de Porto Alegre, realizou-se em Kobe, no Japão, o 51º Congresso Mundial de Jornais, promovido pela Associação Mundial de Jornais. Na abertura do evento, o presidente da AMJ, ainda Jayme Sirotsky, que concluía seu mandato de dois anos, lembrou que mais de 60% dos habitantes do planeta continuavam sem liberdade de informação e de imprensa. Referia-se mais aos países com governos autoritários, em que jornalistas eram perseguidos e havia censura prévia ou indireta. Sirotsky não incluía países como Brasil ou Estados Unidos nem democracias ocidentais em geral, onde crê haver plena liberdade de manifestação do pensamento e diversidade de opiniões nos meios impressos. Sirotsky criticou, com razão, a perseguição, as mortes e a prisão de jornalistas no exercício da função. Era o reconhecimento da importância social do profissional[23].

Todavia, em vários casos a aplicação e a apropriação particular de tais discursos em práticas que desmentem sua validade universal faz que se aproximem do cinismo, em razão do efetivo desprezo pela convenção, pela palavra empenhada, pela mediação jurídica e moral.

Dois anos antes, em discurso na cerimônia de assinatura da Declaração de Chapultepec, em 6 de agosto de 1996, no Palácio do Planalto, em Brasília, o então presidente Fernando Henrique, referindo-se ao documento, disse que "o que aí se propõe é parte constitutiva da liberdade e da democracia. Eu acho que o que aí se propõe é uma aspiração que, quando exposta diretamente a cada um dos cidadãos, eles vão verificar que, no fundo, é a defesa da cidadania, é a defesa da integridade da pessoa, é a defesa da capacidade da sociedade de se informar e, portanto, de reagir de uma maneira adequada diante de alternativas que se proponham a essa sociedade"[24].

Não foi o que aconteceu quando o Ministério Público revelou o calote dos bancos socorridos pelo Programa de Estímulo à Reestruturação e ao Fortalecimento do Sistema Financeiro Nacional (Proer), contribuindo para o déficit público. Eu poderia citar vários exemplos, mas esse é emblemático: em geral, a mídia foi extremamente tímida no assunto (denunciado amplamente pela *IstoÉ* em julho de 1998), que abordarei no próximo capítulo.

Na mesma época do discurso de Fernando Henrique, Jayme Sirotsky, que assumira a presidência da Fiej em 22 de maio, assegurou em almoço em sua homenagem, no Jóquei Clube Brasileiro, no Rio de Janeiro, que a entidade se oporia "a todos os regulamentos e leis que restrinjam a atividade de edição de jornais e que comprometam a independência econômica e a prosperidade da indústria jornalística"[25]. Afinal, a censura a que sempre se referiu o empresário dizia respeito à essência da informação jornalística, conforme escrito nos manuais, defendido nas teorias e nos códigos, ou a qualquer problema que uma empresa comercial possa ter no desenvolvimento de sua atividade? O argumento da liberdade de imprensa serve como pano de fundo para *nenhuma* fiscalização da atividade da empresa?

O psicanalista Jurandir Freire Costa, estudioso do comportamento da sociedade brasileira, lembra que "grande parte dos indivíduos das sociedades ocidentais vêem seus direitos de cidadania cada vez mais circunscritos à retórica vazia das elites que controlam o poder. No lugar da participação política sonegada, emergem as ideologias das liberdades individuais, simulacro das liberdades públicas reais". Por isso, prossegue o psicanalista, "o fracasso pode vir, e este é meu maior temor, do esvaziamento prático a que foram submetidas palavras como solidariedade, justiça, lei, interesses comuns ou bem público. [...] Faz parte da cultura narcísica provar que tratados são trapos de papéis, e confundir apelo à vergonha e à responsabilidade com moralismo desusado"[26].

Assim, códigos de ética, declarações como a de Chapultepec, o tratamento informativo da questão das privatizações, quando desconectam o significado das palavras de sua aplicação cotidiana, contribuem para o descrédito social da mídia. Quando se afirma a validade universal de determinados valores, por uma retórica convincente que não corresponde a uma prática social, surgem dois perigos imediatos: o discurso tornar-se prática social dominante e reforçar os comportamentos narcísicos e cínicos em geral e, ao mesmo tempo, cimentar a apropriação particular dos valores consagrados como patrimônio da humanidade.

A esse respeito, Freire Costa observa que "as pessoas foram empurradas para um regime de economia mínima – o eu mínimo –, que realçou seu narcisismo em detrimento da sua possibilidade de exercício da cidadania. No momento em que elas começaram a funcionar dessa maneira, passaram, por outro lado, a retroalimentar o processo de dissolução do social"[27]. Assim, o psicanalista lembra que essa moral beneficia especialmente seus artífices. E adverte mais uma vez: "são as táticas de sedução que tornam esta moral aceitável"[28].

Certamente, o discurso empresarial jornalístico, ao tornar códigos "trapos de papel", ao privatizar o uso da esfera pública e de conceitos correspondentes, contribui para que o cinismo avance. De acordo com Japiassu e Marcondes, "em seu sentido moral, o cinismo é uma atitude individual consistindo no desprezo, por palavras e por atos, das convenções, das conveniências, da opinião pública, da moral admitida, ironizando todos aqueles que a elas se submetem e adotando, em relação a eles, um certo amoralismo mais ou menos agressivo, mais ou menos debochado"[29].

Não há uma ironia no tocante aos acordos feitos ou às palavras ditas. Há, sim, o desmentido e o desprezo na prática, representando um amoralismo e o esquecimento proposital de palavras ditas e dos atos firmados, resultando em apropriação privada da defesa de tais acordos ou princípios ou convenções. Com isso, há uma contribuição para o aumento do descrédito do jornalismo, que bate de frente, cada vez mais, com a realidade vivenciada nas ruas e nos campos brasileiros. Ao não tratar intensa e persistentemente de fenômenos como fome, miséria e violência (e de suas causas essenciais, que têm fartos exemplos em dados e fatos), reproduz e reforça comportamentos e saídas individuais. Nesse aspecto, os códigos éticos e a profissão jornalística correm o risco de não serem mais aquilo que se apregoou tanto durante o século XX e caminhar em direção à "marquetização" da realidade, a ante-sala do simulacro do real, a sala efetiva do *marketing* da comunicação, a nova retórica. Talvez agora, dois mil e quinhentos anos depois, Antístenes volte a fazer escola, desta vez não mais no *mausoléu do cão*[30], mas como contradição entre discurso e prática, como *marketing* comunicacional na mídia, como norma introjetada e acatada na conduta cotidiana geral. Os cínicos constituíram uma escola mais pelo comportamento cotidiano marginal à organização política e social de então e pelas idéias que se contrapunham às normas majoritárias vigentes à época. Nesse aspecto, a rebeldia cínica foi extremamente salutar para questionamentos sociais, diferentemente do comportamento atual, que, no caso do empresariado da mídia, além de muitas vezes desprezar o que subscreve, não se submete à coerência da rude vida dos cínicos de outrora.

Talvez por isso é que Pierre Bourdieu tenha dito que, "neste universo que se caracteriza por um alto grau de cinismo, se fala tanto de moral"[31]. Ou que Lipovetsky tenha questionado: "Que sociedade construímos quando o discurso ético serve, aqui e ali, de palanque para o descrédito da ação pública? O entusiasmo ético pode produzir amanhãs que se pareçam muito pouco com as ambições que proclama"[32].

É interessante notar que a dimensão trágica de gestos humanos se inclui na lógica discursiva e não é acolhida com a mesma intensidade que outros temas jornalísticos. Assim, se todos os discursos tomam como fundamento a sociedade, a comunidade, a humanidade, as pessoas, é estranho que a quantidade de suicídios de desempregados e a perda de perspectiva de vida sejam relegadas a segundo plano na informação, trabalhando-se apenas com a factualidade e não com sua interpretação. É surpreendente a curta duração na mídia de debates profundos e da discussão das razões que levam catadores de lixo nos aterros de Olinda, por exemplo, a comerem pedaços de carne humana proveniente do lixo hospitalar da cidade, como foi o caso, entre outros, de Solange Valuiz da Silva, 65 anos, que disputou um seio com outros famintos. Ela mesma reconheceu que "a fome obriga a gente a comer tudo que não presta"[33], referindo-se à ingestão costumeira de restos de carne humana e de animais mortos putrefatos.

O discurso em favor da modernidade talvez considere que ela, ao chegar, resolva o problema. Mas a modernidade não explica e não resolve a gravidade do fato de o Brasil ser o segundo pior país do mundo em distribuição de renda e o primeiro em concentração de riqueza, conforme relatório da Organização das Nações Unidas – distribuição e concentração acentuadas por discursos e atitudes em relação ao Banco do Brasil, ao sistema Telebrás, ao papel-jornal... e por aí vai.

Certamente, existe espaço na mídia para tais fatos, mas em geral a essência de tais acontecimentos tem tratamento ligeiro, tem durabilidade menor que assuntos como a reforma da Previdência. Mais que isso, quando se pede a manutenção do subsídio ao papel-jornal, quando impostos deixam de ser recolhidos por causa da propaganda eleitoral "gratuita", quando se estimulam planos de demissão voluntária, quando se tira do governo para dar aos bancos privados e de bancos como o BB para dar a empresas privadas, a ruralistas e a grandes empresários (o que a retórica argumentativa da mídia reforça), é inegável que o sofisma decorrente se alicerça em nítido cinismo empresarial. Como declara Vicente Romano, o descaso de valores éticos, o "vale-tudo" para conquistar, por exemplo, enriquecimento pessoal, "tem por conseqüência a desvalorização dos critérios e normas morais na consciência individual dos cidadãos"[34].

Por sua vez, Lipovetsky afirma: "O que caracteriza nossa época não é a consagração da ética, mas sim sua instrumentalização utilitarista no mundo dos negócios". De um lado, prossegue o escritor francês, a ética dos negócios estimula a idéia de que devem prevalecer os valores morais; de outro, critica, desvia seu sentido tradicional e se transforma em eficaz auxiliar do campo econômico. O mundo dos negócios busca uma "alma", isto é, "negócios éticos", "último grito das modas empresariais", em que se amplia o número de códigos de conduta, organizam-se programas de formação moral e surgem consultores de ética[35].

Na cobertura jornalística, isso muitas vezes se transforma, a meu ver, em cinismo ético, apesar dos esforços de profissionais corajosos e lúcidos. No entanto, a hegemonia do fazer jornalístico, a durabilidade de um evento em detrimento de outro, contribuem para que palavras como "comunidade", "sociedade", "humanidade", "bem-estar social", "responsabilidade social" sejam meras abstrações sem nenhum compromisso efetivo e moral com a humanidade como gênero universal, com a realidade com sua carga enorme de problemas sociais.

Cabe lembrar aqui, como ilustração, que em geral não duram muito pautas sobre a redistribuição de riqueza em um país que ocupa o primeiro lugar em concentração de renda e desigualdades sociais no mundo – os relatórios da Organização das Nações Unidas estão aí para comprovar esses fatos.

Aproximamo-nos com isso da *cultura do narcisismo* e da *razão cínica*. Tomando os conceitos de Christopher Lasch e de Peter Sloterdijk, Freire Costa observa que a *cultura do narcisismo* é aquela em que "o recrudescimento da angústia diante da experiência crescente de impotência e desamparo é levado a um ponto tal que torna conflitante e muitas vezes inviável a prática da solidariedade social" e que a *cultura do cinismo* é a variante da cultura narcísica, "que enfatiza os processos de justificação do *status quo*, por parte daqueles que, cientes dos instrumentos de avaliação crítica, usam estes instrumentos com o objetivo de reforçar a prática social dominante"[36].

Observa-se seguidamente a continuidade de determinadas pautas que configuram uma hegemonia na ordenação social propiciada pela mídia. Para isso, o presente é onde a modernidade e a privatização passaram a ser a necessidade de transformação rumo à liberdade, à beleza e à alegria. De certa forma, há uma proposição midiática de ritual de participação, mas certamente, para desgosto de muitos, *a realidade transborda e não pode ser controlada*. Talvez por esse motivo Norval Baitello Jr. tenha afirmado que "o espaço dinâmico da cultura é o espaço periférico"[37], porque ele é, de fato, a construção do futuro pela negação do presente. Ele é não o banco, mas o assaltante; é não o banco, mas aquele que usa sua força de trabalho e transfere o conteúdo valorativo de seu emprego para o bolso particular do banqueiro. Por isso, a greve é a irrupção negativa, como o acidente de trânsito, os assassinatos, a violência. Quem sabe é também por isso que o vértice central do jornalismo seja o espaço em que a humanidade continua dizendo não ao mundo constituído, ao presente.

Nesse aspecto, o presente impossível do jornalismo é apenas uma tentativa (ainda que contraditória e permeada por interesses mercadológicos, comerciais, econômicos, sociais e políticos) de lançar, como uma seta, a transparência do mundo em direção ao coração e aos atos e opiniões de cada um dos que habitam o planeta. Assim, tal qual "uma flecha que prolonga o braço"[38], como ressaltou Baitello, pode-se dizer que o jornalismo prolonga o tempo humano e o leva, simultaneamente, ao imediato/instantâneo e ao infinito. Faz parte da segunda realidade, criada pelos próprios homens em sua relação social. Na segunda realidade, os homens criaram a mídia e, nela, o jornalismo que pode ser *potencialmente* um dos espelhos em que nos olhamos e olhamos, em decorrência, toda a negatividade social expressa em acontecimentos produzidos, direta ou indiretamente, por nós mesmos.

Assim como Kosik, Baitello afirmou que "o homem se coloca finalidades e significados que estabelecem relações simbólicas e conceitos para tais finalidades, em seu percurso para atingi-la"[39]. O jornalismo faz parte desse percurso humano, e as finalidades também representam deixas para a ação. Nesta, cada jornalista *pode* assumir-se como profissional integral, radicalmente amarrado à essência de sua profissão, que – revolucionariamente em relação a uma ordem social – é fazer *a realidade transbordar dos conceitos, recriar-se e diferenciar-se de si mesma*, como tão bem situou Adelmo Genro Filho[40]. Assim, voltando a Kosik, "não é a história que é trágica, mas o trágico está na história; não é absurda, mas é o absurdo que nasce da história; não é cruel, mas as crueldades são cometidas na história; não é ridícula, mas as comédias se encenam na história"[41].

O riso, o deboche, a ironia – construções humanas – estão em fatos inscritos na realidade. A dor da perda também. A tragédia e a crueldade, a comédia e a solidariedade são igualmente subjacentes ao movimento humano ou estão explícitas nele. Os significados sociais, expressos nesse movimento, integram a segunda realidade e os códigos terciários. O jornalismo faz parte deles e, como eles, está nesse espelho cultural semiótico de mediação da realidade, que se torna *referência para o presente social humano*[42], não perfeito, mas insubmisso como a própria emergência, todo dia, de uma realidade insatisfeita, até mesmo com os próprios discursos sobre ela.

Lipovetsky compara o *ontem* e o *hoje* da ética jornalística que impera na mídia e observa que decerto há mais preocupação e talvez mais honestidade atualmente. Isso não exime a mídia de problemas mais complexos do ponto de vista moral e de tendências mercadológicas que comprometem o exercício profissional deontológico no jornalismo. O especialista francês acha, contudo, que as discussões sobre ética no jornalismo têm menos relação com a queda da qualidade informativa e mais com o aumento do poder dos veículos como nova força organizadora da realidade social[43].

Notas bibliográficas

1. Gilles Lipovetsky, *El crepúsculo del deber: la ética indolora de los nuevos tiempos democráticos*, p. 212-213.
2. Artigo 2º da Declaração de Chapultepec.
3. *Diário Catarinense*, 16 ago. 1992, p. 36.
4. *Diário Catarinense*, 7 jun. 1992, p. 35.
5. Brochura da Associação Nacional de Jornais (s/d), p. 13.
6. Conforme o excelente trabalho de Venício A. Lima. Propaganda política no rádio e na televisão: notas e questões sobre a legislação brasileira. In: Heloíza Matos (org.), *Mídia, eleições e democracia*, p. 200-201.
7. *Ibidem*, p. 201.
8. Inciso XII, letra *a* do artigo 21 da Constituição da República Federativa do Brasil de 1988.
9. Antonio Carlos Fon, Toda força à CPI da Imprensa. *Imprensa*, mar. 1994, p. 43.
10. Manuel Núñez Encabo, Código Europeo de Deontología del Periodismo (Consejo de Europa). In: Bonete Perales, *op. cit.*, p. 252-271.
11. Eric Frattini e Yolanda Colías, *Tiburones de la comunicación*, p. 273.
12. Peter Sloterdijk, *Crítica de la razón cínica*, v. II, p. 209.
13. Veja o breve conceito de cinismo e sua origem em Japiassu e Marcondes, *op. cit.*, p. 49-50.

14. Tereza Lúcia Halliday, Atos retóricos: discurso e circunstâncias. In: T. L. Halliday (org.), *Atos retóricos*, p. 122.
15. Chaïm Perelman *apud* T. L. Halliday, *op. cit.*, p. 122.
16. Editorial Comunicação e poder, *Diário Catarinense*, 5 jul. 1992, p. 3.
17. Tereza Lúcia Halliday, *A retórica das multinacionais*, p. 93.
18. *Zero Hora*, 3 maio 1996, p. 23.
19. *Diário Catarinense*, 5 fev. 1997, p. 26.
20. *Zero Hora*, 7 fev. 1997, p. 14.
21. Emy Armañanzas e Javier Nocy, *op. cit.*, p. 171.
22. Suplemento especial *Diários da História* (Encontro Mundial de Entidades Jornalísticas), *Zero Hora*, 7 fev. 1997, primeira página. Conforme o *Jornal* ANJ do mesmo mês (p. 9), a entidade decidiu criar o Programa ANJ de Preservação e Defesa da Liberdade de Imprensa. Publicou-se ainda um suplemento especial com o título de *O jornal*, em 5 de fevereiro de 1997, nos quatro jornais pertencentes à RBS nos Estados do Rio Grande do Sul e de Santa Catarina (*Zero Hora*, de Porto Alegre; *Diário Catarinense*, de Florianópolis; *Pioneiro*, de Caxias do Sul; e *Jornal de Santa Catarina*, de Blumenau). O encarte, de 28 páginas, também destacava a liberdade de imprensa e o direito à informação, além de mostrar as articulações dos diversos setores e a prática diária de um jornal.
23. *Jornal* ANJ, jun. 1998, p. 3.
24. *Jornal* ANJ, ago. 1996, p. 5.
25. *Ibidem*.
26. Jurandir Freire Costa, *Psicanálise e moral*, p. 24 e 45. O psicanalista desenvolve com brilhantismo, no pequenino livro, uma análise do cinismo na sociedade brasileira, tomando os conceitos de "cultura narcísica", desenvolvido por Christopher Lasch, e de "razão cínica", detalhado por Peter Sloterdijk.
27. Jurandir Freire Costa, *A ética e o espelho da cultura*, p. 63.
28. Jurandir Freire Costa, Narcisismo em tempos sombrios. In: Joel Birman (org.), *Percursos na história da psicanálise*, p. 169. Freire Costa também discute as conseqüências sociais do comportamento cínico e da cultura narcísica em outro livro, *Violência e psicanálise*.
29. Japiassu e Marcondes, *op. cit.*, p. 49-50.
30. Antístenes (444-365 a.C.) foi discípulo de Sócrates e ensinava no *Cynosarge* (mausoléu do cão), chamando-se de *o cão*. *Cinismo* pro-

vém do grego *kynikós* (como um cão) e do latim *cynicus*. Conforme Japiassu e Marcondes (*op. cit.*, p. 49-50), a doutrina criada por Antístenes "foi retomada por Diógenes [conhecido como *O Cínico*], que também se chamava de o cão, por causa de seu estilo de vida: desprezava todas as convenções sociais e as leis existentes".

31. Pierre Bourdieu, *Sobre la televisión*, p. 81.
32. Gilles Lipovetsky, *op. cit.*, p. 17.
33. O fato mereceu poucas linhas, por exemplo, do *Diário Catarinense* (16 abr. 1994, p. 10).
34. Vicente Romano, *La formación de la mentalidad sumisa*, p. 125.
35. Gilles Lipovetsky, *op. cit*, p. 250, 252 e 245.
36. Jurandir Freire Costa, *Psicanálise e moral*, p. 25.
37. Observações de Norval Baitello Jr. em aula de Semiótica da Cultura, ministrada em 30 de abril de 1996 no Programa de Estudos Pós-Graduados em Comunicação e Semiótica da PUC-SP.
38. *Ibidem*.
39. *Ibidem*.
40. Genro Filho, *op. cit.*, p. 212.
41. Karel Kosik, *op. cit.*, p. 217.
42. Veja a esse respeito Lorenzo Gomis, *Teoría del periodismo: como se forma el presente*.
43. Gilles Lipovetsky, *op. cit.*, p. 234.

5

Três temas como exemplo

Alguns temas e fatos têm durabilidade maior na mídia, independentemente de sua relevância social. Não se trata, portanto, de dizer que o jornalismo é ausente. Não o é, tanto que neste livro, em vários outros e em muitos eventos a crítica à mídia ou ao jornalismo se faz pelo recurso às próprias fontes jornalísticas. Na verdade, o enfoque temático favorece proposições morais que indicam caminhos de antemão, seja na busca de fontes e dados, seja na estrutura do texto e no processo de edição, implicando escolhas ideológicas e políticas particularizadas, como se representassem o interesse público. A durabilidade e o conteúdo do discurso transcendem o editorial – "a linha do jornal" –, disseminando-se no corpo do noticiário e nos títulos. As estratégias discursivas são bem estruturadas na retórica.

Segundo Garavelli, a retórica não é um simples desenvolvimento da língua, já que na produção e na interpretação do discurso "intervêm ao menos três 'mecanismos': a gramática (conhecimento da língua), a enciclopédia (conhecimento do mundo) e o 'simbolismo' (conhecimento da enciclopédia ou, em outros termos, uma semiótica)"[1].

Muitas vezes, os discursos são desmentidos pelos fatos ou os desconheçem, tornando o jornalismo uma espécie de atividade a meio caminho entre informação pública, publicidade e *marketing*. Pode-se dizer que o resultado freqüente, do ponto de vista da confrontação com códigos éticos profissionais – especialmente os assinados pelos empresários da mídia –, é um comportamento ancorado na *razão cínica*. Como diz Lipovetsky, "sob o signo ético das ações de interesse geral, a guerra das marcas e a conquista dos mercados continuam sua ofensiva"[2].

Obviamente, não se pode acusar todos os veículos de comunicação de qualquer ordem, dos impressos aos eletrônicos. A grandeza do jornalismo também é visível no dia-a-dia. Pode-se, todavia, extrair algumas conclusões sobre as tendências jornalísticas e sua perigosa aproximação com o *marketing* e a publicidade – tendência que, da mesma forma, não ocorre o tempo todo, nem em todas as editorias, e varia de acordo com as circunstâncias da realidade, a qual, com sua enorme carga de acontecimentos, conflitos e declarações, provoca a contínua readequação do jornalismo ao que dele se disse durante o século XX. Ou seja, o jornalismo seria idealmente o espaço público em que se debatem temas de interesse social, com repercussão na vida coletiva e, portanto, na dos indivíduos.

É notório, contudo, que editorias como as de política e economia, pela abrangência dos acontecimentos, têm menos liberdade de ação, de abordagem de pautas, de investigação jornalística. Nesse aspecto, espero dar uma pequena contribuição à área chamando a atenção para um perigoso ponto de não-retorno, como detalhado adiante, também no jornalismo. Tal ponto significaria apenas manter uma palavra – *jornalismo* – que pouco tem que ver com sua construção e importância ao longo do século XX, mesmo que, durante os últimos cem anos, a luta pela sua realização também tenha esbarrado em interesses particulares.

O tratamento dado ao Banco do Brasil e sua relação com o déficit público, a Previdência Social, os impostos e a isenção jornalística

> O mal-estar na cultura adotou uma nova qualidade: agora se manifesta como um cinismo universal e difuso[3].

O Banco do Brasil está presente nos vários continentes. Mesmo sendo uma sociedade anônima de economia mista, seu principal acionista e controlador é a União.

No editorial "BB, a hora da verdade", o jornal *Zero Hora* observa que "o BB perde, a cada dia, condições de competição com os concorrentes" e que "mesmo um banco encarregado de praticar as políticas de fomento do governo precisa funcionar sob condições de saúde financeira. *Já passou o tempo em que o Tesouro Nacional podia socorrer as estatais ou delas socorrer-se. Tal promiscuidade, se foi sempre um erro, hoje tornou-se absolutamente inaceitável*"[4].

Palavras como *promiscuidade*, *erro* e *inaceitável*, que representam juízos de valor, tomam juntas determinada direção. A opinião, que também conforma a tendência e a consolidação culturais, baseou-se, nesse caso, em dados reais. No entanto, a interpretação dos dados poderia ter tomado muitas direções, da "ineficiência do Banco do Brasil" ao pedido de "fim de socorro do BB aos bancos privados ou instituições privatizadas, que sugam o Tesouro por via do BB".

De acordo com Lotman, "a duplicação do mundo na palavra e a do homem no espaço formam o dualismo semiótico de partida". Para ele, "a cultura, em correspondência com o tipo de memória inerente a ela, seleciona em toda essa massa de comunicados o que, de seu ponto de vista, são 'textos', ou seja, está sujeito à inclusão na memória coletiva"[5]. Os textos jornalísticos, que se transformam em mensagens, seriam *signos*[6] produzidos no âmbito de um código terciário (jornalismo) de segunda natureza (uma natureza nova constituída pela cultura humana, o artefato da cultura incorporado ao humano e desenvolvido por ele).

Contemporaneamente, o deslocamento das palavras com finalidades particulares no jornalismo parece-me caminhar seguidamente em direção ao *marketing* da informação jornalística, que aproveita o fato conforme os significados que, culturalmente, deseja-se que permaneçam na memória e no juízo valorativos da coletividade.

Vários autores fazem essas interpretações e apontam a ausência de diversidade de versões e atores. Em todo enunciado existe, no entanto, a possibilidade de uma oposição binária; em toda interpretação existe a possibilidade futura de uma reinterpretação. Lembrando Bystrina, há sempre uma polaridade explícita ou latente, que pode inverter a interpretação. A cultura consolidada em determinada direção não foge à possibilidade de reordenar-se em direção oposta, como a memória coletiva, que, aos poucos, passa da defesa das privatizações à desconfiança e, desta, à exigência de que o Estado garanta serviços como saúde pública, educação, telefonia e energia elétrica. Palavras como *promiscuidade*, *erro* e *inaceitável* dão lugar, então, a novas justificativas. Contudo, o espaço em que se move essa reordenação é, em geral, vigiado. Somente a pluralidade e diversidade democrática na mídia garantiria um acordo entre os participantes. A essência do jornalismo encaminharia para isso, mas sua particularização acarreta déficits informacionais.

Para Christopher Lasch, "vivemos em um mundo de pseudo-eventos e quase informações, no qual a atmosfera está saturada de declarações que não são nem verdadeiras nem falsas, mas simplesmente críveis". O propagandista, prossegue Lasch, "sabe que verdades parciais servem mais de instrumentos eficientes de fraude do que mentiras. [...] Ao usar detalhes corretos para deixar implícito um quadro enganoso do todo, o propagandista hábil [...] transforma em verdade a principal forma de falsidade"⁷. As palavras de Lasch, bastante utilizado pelo psicanalista Jurandir Freire Costa na análise da estrutura social brasileira, assentam como uma luva nos discursos e editoriais dos empresários da mídia sobre o Estado, incluindo a Previdência Social, a Telebrás e o Banco do Brasil.

Em diversas ocasiões, a *Folha de S.Paulo* manifestou-se com a mesma ferocidade que o *Zero Hora*. Foi o caso de um domingo de fevereiro de 1997, em que o editorial "Inquebráveis sugadores" declarou: "Banespa, Banerj, Banco do Brasil (em que o Tesouro teve de injetar R$ 8 bilhões no início do ano passado), entre outros bancos estatais, continuam projetando uma sombra sobre a sociedade brasileira. Os anos passam, mas os exemplos de rombos financeiros, letargia administrativa e socialização de prejuízos continuam como se tudo fosse normal. O que é pior, consagra-se a imagem de que banco público 'não quebra'. Não quebra, não é privatizado, não é liquidado. São inquebráveis sugadores do Tesouro Nacional. [...] é uma tarefa urgente desestatizar o sistema financeiro brasileiro"⁸.

Mortara Garavelli chama esse tipo de discurso, na retórica, de *argumento pragmático*, em que "se pode interpretar o nexo causal como a relação entre um fato e sua conseqüência e também como a relação entre o fim e os meios"⁹.

No entanto, pode-se dizer mais: que a sombra existente sobre a sociedade brasileira é talvez a que impede de ver claramente a mídia e seus negócios, seus vínculos com empresas de outros ramos de produção, no setor privado; a que impede investigações e punições daqueles que se aproveitam de dinheiro do Tesouro Nacional, que poderia ser destinado à educação e à saúde. A socialização dos prejuízos existe, mais por causa da atuação particularizada do Estado em favor da iniciativa privada do que pelo efetivo exercício de mediação entre todos os interessados sociais, papel que a ele caberia. O dinheiro que poderia salvar pessoas ou sustentar o Sistema Único de Saúde (SUS) acaba em mãos de particulares.

Por isso, torna-se interessante ressaltar, como ilustração, matéria do *Diário Catarinense*. Sob o título "SUS faz paciente ficar na fila por dois anos", o jornal falou do atendimento a três pessoas em posto de saúde público de Santa Catarina: "Pobres, doentes e desassistidos, eles desconhecem o direito à Saúde garantido pela Constituição Brasileira. As três pessoas acima fazem parte de uma longa lista de espera por atendimento médico de milhares de pacientes em todo o Estado. O caos instalado no Sistema Único de Saúde (SUS) acaba desaguando nas portas das emergências dos hospitais, já inchados pelo excesso de demanda e pela falta de profissionais e de verba. A Secretaria de Saúde não sabe informar o número de pessoas que esperam por atendimento médico nos postos de saúde em todo o Estado"[10].

O SUS não funciona porque o Estado nacional é privatizado e não repassa verbas a ele ou o Estado nacional é privatizado porque, entre outras coisas, o SUS não funciona? Onde está a repercussão da dívida do setor privado, incluindo a de empresas da mídia, que prejudica o próprio funcionamento do SUS? A imprensa não é pauta de si mesma?

Então, para que servem os dois seguintes artigos, já citados, da Declaração de Chapultepec?: "2. Toda pessoa tem o direito de buscar e receber informação, expressar opiniões e divulgá-las livremente. Ninguém pode restringir ou negar estes direitos; [...] 6. Os meios de comunicação e os jornalistas não devem ser objeto de discriminações ou favores em função do que escrevam ou digam"[11]. Ou os dois seguintes princípios estabelecidos pelo Código de Ética da Associação Nacional de Jornais do Brasil: "3. Apurar e publicar a verdade dos fatos de interesse público, não admitindo que sobre eles prevaleçam quaisquer interesses; [...] 5. Assegurar o acesso de seus leitores às diferentes versões dos fatos e às diversas tendências de opinião da sociedade"[12].

As pautas jornalísticas, nesses casos, duram pouco, e as responsabilidades e as promessas de "apuração" e mesmo de confisco de bens de empresários desaparecem no noticiário, ao contrário da sistemática campanha pró-privatização de setores estratégicos e rentáveis do Estado.

Mortara Garavelli explica que na intensificação do significado das palavras há um jogo crescente de forças opostas e de oposições binárias, que implica uma polaridade "cuja configuração típica é o esquema opositivo da antítese"[13]. De fato, o espaço público mediado pelo jornalismo, com a pluralidade e a diversidade de atores sociais expressando-se, faria da retórica algo que levasse ao consenso convencido, à escolha baseada no jogo dialético envolvendo fatos e versões. Mas, ao privatizar o espaço público, quer no editorial, quer na cobertura jornalística, foge-se das oposições binárias e da polaridade para se chegar ao pensamento predominante conservador, de vertente única.

Ao mesmo tempo, a cultura que *desordena* e *reordena* produz uma sucessão de fatos que desmentem a lógica discursiva editorial, especialmente, retomando a tensão polar, as oposições binárias. É a marginalidade da cultura não-hegemônica produzindo eventos que necessitam novo tratamento. Nesse caso, dá-se uma tensão polar em que, em vez de a informação partir do produtor do signo, parte do receptor do signo[14], em um processo de negação factual que potencializa a abordagem jornalística de forma diferente da feita até então. O discurso da mídia detecta alguns problemas centrais para o convencimento, algumas deficiências argumentativas que precisam ser corrigidas, ampliadas, solidificadas. Desse modo, ocorre uma mudança sutil no ângulo das pautas, na lógica das explicações, na escolha de fontes diversificadas, na argumentação do editorial. Readéqua-se o discurso, o que não significa uma inversão de valores persistente na forma de produzir informação de interesse público.

Para Van Dijk, as opiniões são "crenças valorativas"[15], que apresentam um conceito de valor, e se contrapõem às crenças objetivas, que, embora contenham valores, resultam de comprovação – por exemplo, a de que fumar faz mal à saúde (comprovação científica), mesmo que saúde e vida sejam conceitos humanos. Aproximando-se, nesse caso, de Ivan Bystrina, o pesquisador lembra que há estratégias de polarização por meio da descrição positiva do próprio grupo e negativa do grupo alheio. Para isso, explica, existe o que chama de "quadrado ideológico", visando: "1. ressaltar nossas boas propriedades/ações; 2. ressaltar as más propriedades/ações de outros; 3. atenuar nossas más propriedades/ações; 4. atenuar as boas propriedades/ações de outros". De acordo com ele, "as opiniões sobre fatos presumivelmente expressam esquemas ideológicos subjacentes que também controlam as práticas sociais, e portanto o discurso, de maneira estratégica e em interesse próprio"[16]. Talvez isso explique por que o Brasil, os Estados Unidos e os países ocidentais capitalistas em geral, aos olhos de parte da mídia brasileira, possam ter um "serviço de inteligência", ao passo que Cuba, os árabes e os socialistas têm uma "polícia secreta". Ou que possam ter, os primeiros, equipamentos de defesa, enquanto os segundos desenvolvem "temíveis" armas químicas de ataque ou de "destruição em massa".

Na mesma linha, seguidamente editoriais e matérias da mídia, a impressa inclusive, ressaltam situações negativas do setor público brasileiro e minimizam as do setor privado. O mito da eficiência privada se desfaz ao se comparar quanto ela se vale do Estado para salvar sua situação financeira, quanto privatiza o Estado para o sucesso e a manutenção de suas atividades. De forma idêntica, há a insistente desvalorização moral, administrativa e financeira de empresas estatais, como foi o caso do Banco do Brasil, do Instituto Nacional do Seguro Social (INSS) e da Telebrás, sem esclarecer quanto tais empresas favoreceram o setor privado. Ao contrário do editorial da *Folha* mencionado antes, quando se observam certos dados, comprova-se que "inquebráveis sugadores" do Tesouro Nacional, do Estado nacional, são empresas privadas de variada ordem. E só não estão "quebradas" porque o Estado as socorreu, até por meio da sistemática e renovada ajuda prestada pelo Banco do Brasil e pela Caixa Econômica Federal.

A repetição de mensagens, pela reiteração de eventos e discursos com base na atualidade, organiza um calendário que reproduz reiteradamente a simbologia dominante em mensagens reduzidas, com o máximo de alcance. É o que Pross qualifica de economia de sinais, símbolos que são signos e indicam valores, transportados rapidamente pela semiosfera[17].

A estratégia do discurso bem-articulado se vale de alguns recursos, como a transcendência e a legitimidade, isto é, como usar um discurso com eficácia para mostrar os "objetivos nobres" de uma ação e como legitimar tal ação pelos "benefícios sociais" que ela gerará[18].

Da perspectiva da retórica, o desenvolvimento da linguagem no editorial obedece a um esquema básico, no qual há a premissa e a conclusão, recheadas com argumentos lógicos ao redor de determinados juízos de valor e morais[19]. No entanto, como a lógica argumentativa procura resguardar o interesse privado, fatos significativos são escondidos ou minimizados (dívida privada com o setor bancário estatal); fatos que coincidem com o interesse privado são ressaltados (problemas de rentabilidade do Banco do Brasil, por exemplo); e proposições morais que atendam ao interesse coletivo (distribuição de renda, fiscalização e punição do setor privado que deve ao INSS) são ocultadas em favor de outras (privatização como meio de reduzir o déficit público, modernizar o Estado e gerar empregos).

A função do editorial é explicar os acontecimentos principais do dia, dar seus antecedentes (contextualizar), projetar possibilidades de futuro em relação a eles e formular juízos[20]. Isso não isenta o editorial, por representar "a opinião do dono", de limites éticos, isto é, limites colocados não pela ordem jurídica, mas pela imposição ontológica jornalística como espaço público. Não por acaso, os códigos subscritos por empresários da mídia apontam em tal direção: o principal papel dos editoriais, sobre o qual existe consenso, é "ajudar os leitores a entender melhor a realidade"[21].

No entanto, *o problema maior é a não-correspondência entre grande parte dos juízos de valor formulados, no caso exemplar das tentativas de privatização do Banco do Brasil e outros, com os fartos dados disponíveis para análise.* A linguagem não é só opinião; é conhecimento baseado em fatos que a origina. Do contrário, a práxis jornalística estaria irremediavelmente comprometida, porque seria um discurso sem objeto, uma abstração sem concretude. Talvez aí resida também uma esperança, a de que os discursos retóricos (no pior sentido) tenham eficácia limitada, uma vez que a realidade dos acontecimentos – produzida por sujeitos que a tornam objetiva – transborda da palavra, que precisa readequar-se sistematicamente.

Pode-se lembrar, agora, que o BB é ou foi responsável por mais de 70% do financiamento concedido aos agricultores brasileiros, na maioria com recursos da poupança-ouro. O mesmo banco ocupava, até maio de 1996, a primeira colocação em depósitos à vista (29% do mercado) e a primeira colocação em depósitos a prazo (20% do mercado), além de ocupar o segundo lugar em captação de poupança, segundo o *Boletim* do Sindicato dos Bancários e Financiários de São Paulo, Osasco e Região[22].

O mesmo *Boletim* revelou alguns dos motivos pelos quais o Banco do Brasil estava "mal das pernas" em 1996. Um eram os bilhões de reais que o setor privado devia à instituição, entre eles a Rede Manchete, a Construtora Mendes Júnior, usineiros e ruralistas – créditos em maioria "concedidos por ordem do governo". O boletim ressaltou ainda que o BB se destacava como principal financiador de micro e pequenas empresas.

Por isso, é quase inexplicável atribuir o prejuízo do BB – mais de dez bilhões de dólares entre 1995 e o primeiro semestre de 1996, na gestão do presidente Paulo César Ximenes – à necessidade de desestatização, assim como dizer, diante da dívida da qual o BB era credor, que uma das metas para diminuir o prejuízo era reduzir o quadro de pessoal (Plano de Demissão Voluntária) e encerrar agências e outros pequenos procedimentos.

Algumas situações contribuíram para tanto, entre elas ações do governo no BB, nos últimos anos, tomadas sob pressão do setor privado. Em 1990, durante o governo de Fernando Collor, por exemplo, por determinação do Poder Executivo, o BB "passou a não mais deter a Carteira de Comércio Exterior (Cacex), e a atribuição de acompanhamento das operações com o mercado internacional foi repassada ao Ministério da Fazenda e, posteriormente, ao Ministério da Indústria e Comércio, suspensos, no entanto, os anteriores controles e estatísticas"[23]. A decisão prejudicou o BB e os outros segmentos governamentais, que perderam o controle de suas áreas de atuação. "Como exemplo concreto", salienta o documento, "aponte-se a disparada nos preços de remédios e medicamentos". Além de tudo, prossegue o texto, "o afastamento do BB do processo de definição das políticas monetárias foi concretizado em 1994, com sua exclusão do Conselho Monetário Nacional, através da Medida Provisória que instituiu o Real"[24]. A exclusão foi aprovada em junho de 1995 pelo Congresso Nacional, já na primeira gestão de Fernando Henrique Cardoso. Tal decisão, conforme o documento *Repensando o Banco do Brasil*, foi equivocada, "uma vez que as mais modernas formas de planejamento buscam engajar no processo decisório os responsáveis políticos, os executores do processo e os usuários"[25].

Quando foi revelado o prejuízo do BB em 1996, juntamente com o início de sua recuperação no segundo semestre daquele ano, um dos editoriais do *Zero Hora*, "Prejuízo e recuperação"[26], explicou que havia um consenso e algumas explicações. O consenso entre os "consultores financeiros" era de que, "se fosse uma instituição privada, estaria quebrada". Não é verdade. O BB socorreu vários bancos privados para que continuassem existindo, como o então Econômico. E comprometeu-se a injetar dinheiro nas novas alianças financeiras privadas decorrentes da "quebra", como a do Bamerindus, cujo comando passou a ser do grupo inglês HSBC[27].

Todavia, o editorial do *Zero Hora* também atribuiu a recuperação à dispensa de dezesseis mil servidores considerados "supérfluos", reduzindo a folha de pagamento em 1,5%, equivalente a 47 milhões de reais no semestre. Essa quantia é metade do que a Construtora Mendes Júnior devia ao INSS em 1996 e pouco menos da metade do que a Transbrasil devia ao instituto no mesmo ano. E é o mesmo valor que o *Jornal do Brasil* devia à Previdência Social no ano do prejuízo do BB. E o dinheiro para tapar o "buraco" do INSS sai também do BB, como quando o Tesouro destinou a ele 760 milhões de reais[28]. Até quando será construída, intensificada e mantida na mídia a pauta dos ataques às empresas públicas e estatais, acusadas, sistematicamente, como responsáveis pelo déficit público?

Antes de Ximenes, o ex-presidente do BB Alcir Calliari revelou que o Banco do Brasil, em 1994, socorria até dez instituições privadas e estatais por dia[29]. Nesse histórico talvez esteja embutida a revelação da acentuada queda de desempenho financeiro do BB, cujo ápice ocorreu em 1996, com prejuízos de 7,5 bilhões de dólares, conforme dados do próprio banco divulgados pela mídia brasileira. Matéria assinada por Oswaldo Buarim Júnior mostrou que também em 1995 houve prejuízo, de 4,2 bilhões de dólares. O BB sofreu, contudo, uma taxa de inadimplência de 17% nos empréstimos que concedeu, de 32 bilhões de reais somente naquele ano. E mais: o então diretor financeiro do BB, Carlos Gilberto Caetano, revelou que o prejuízo do período foi grande porque "somente nos últimos dois anos o governo decidiu considerar como perdidos financiamentos rolados desde a década de 70, como o do setor sucroalcooleiro"[30].

A inadimplência do setor rural se concentrava, em 1995, precisamente no setor sucroalcooleiro, na região Nordeste, e na soja e no arroz, na região Sul[31]. A inadimplência provinha dos empréstimos feitos sob o item *crédito rural*. Certamente, pequenos produtores deveriam ter mais incentivo e até financiamento subsidiados, mas é inaceitável que grandes empresários e fazendeiros se tornem sonegadores e façam negociatas com seus bens, terras e capital, utilizando-se, para isso, do setor público ou do "contribuinte", processo novamente verificado em outubro de 1999[32].

O jornalismo poderia publicar mais matérias relevantes, duradouras e propositivas a esse respeito, no sentido apontado no capítulo 1. Exemplo disso ocorre eventualmente, mais na imprensa do que no telejornalismo.

Em extensa matéria de capa, "A máfia da terra", a revista *Veja* divulgou dados que em poucos dias desapareceram do espaço público, ao contrário do da privatização das estatais. O que diz a matéria? O título, "O golpe da terra", traz um subtítulo, ou "olho": "Empresários tentam aplicar uma fraude de 900 milhões de reais no INSS usando fazendas que não existem e documentos falsos"[33]. O texto, assinado por Policarpo Junior, enfatiza, por exemplo, que a Teka Tecelagem, de Santa Catarina, uma das maiores indústrias do ramo no país, tentou trocar a dívida de 35 milhões de reais com o INSS por uma fazenda em Brasília. Só que a fazenda ficava na área ocupada pelo lago Norte, onde vivem vinte e seis mil famílias, e a Granja do Torto, uma das residências oficiais da Presidência da República. Como o "trambique" não deu certo, a empresa propôs três fazendas no Pará. A revista relatava a existência de dezoito empresas que tentavam trocar suas dívidas com a Previdência, entre siderúrgicas, empreiteiras, indústrias diversas, usinas e transportadoras. Em alguns casos, os empresários não conseguiram provar que as terras eram suas. Em outros, constatou-se, como no caso da Teka, que a certidão de uma das fazendas, no Pará, era falsa[34]. Outro exemplo: a Cecrisa, também de Santa Catarina, fabricante de cerâmicas e material de construção, ofereceu ao INSS terras que estão em área de mata atlântica, de preservação ambiental, as quais, claro, não podem ser usadas para a reforma agrária ou outros fins similares.

Os dados da *Veja* esclarecem: cento e oitenta empresas ofereceram terras para quitar dívidas com o INSS, no valor de 1,1 bilhão de reais, sendo que dezoito dessas ofertas, no valor de 900 milhões, eram irregulares. Com os 900 milhões de reais, prossegue a revista, o INSS poderia sustentar trezentos e quinze mil aposentados por um ano[35].

Tais matérias, com o enfoque dado pela *Veja*, poderiam ser sistemáticas e cumpririam o jornalismo dos manuais e dos códigos de ética. Nesse caso, o pólo sinalizado negativamente[36] é mais forte, e a sucessão de tais pólos, configurada em eventos valorados negativamente, é profusa no cotidiano dos brasileiros. Os prejuízos decorrentes desses fatos são enormes e visíveis. O jornalismo em defesa do interesse público, conforme estipulam os princípios éticos, não poderia deixar de tratar o tempo todo de tais acontecimentos, pelas razões que forem – mercadológicas, competitivas, empresariais, ideológicas, profissionais. Há sempre uma contradição inerente ao andar humano: as oposições binárias permanecem no horizonte dos acontecimentos; as valorações polares, portas para a inversão, situam-se ao redor dos fatos e das versões sobre eles e podem, dependendo de diversos aspectos e interesses, ocupar o centro das pautas, da cobertura noticiosa ao discurso editorial.

No entanto, observa-se que as pautas propositivas, como as que defendem a reforma da Previdência, geralmente são maximizadas, ocorrendo o mesmo com os salários de servidores públicos e a corrupção em órgãos públicos. Tais pautas tornam-se sistemáticas, numa tentativa de promover a desregulamentação e a desestatização do Estado.

Voltando a documentos referentes ao Banco do Brasil, percebe-se claramente o problema das dívidas do Tesouro Nacional. O documento da Confederação Nacional dos Bancários afirmou que o Tesouro era em 1995 o maior inadimplente do Banco do Brasil, com 6,7 bilhões de dólares em dívidas. Lembrava que parte significativa da inadimplência "não é reconhecida pelo Tesouro, uma vez que tais recursos, consubstanciados em ativos de improvável retorno, geraram passivos cujo custo de carregamento é líquido e certo"[37]. Recordava que a inadimplência do setor público concentrava-se em cerca de cem devedores e que eram "bastante óbvias as implicações políticas de tal concentração, bastando apenas ressaltar que os maiores devedores são empresas públicas estaduais, grandes empresas privadas, como a Mendes Júnior e a Transbrasil, e grandes cooperativas, como a Copalag de Alagoas, todas garantidas pelo Tesouro"[38]. Nota-se que as empresas privadas, no Brasil, estão atoladas "até a alma" em responsabilidade pelo déficit público, pelos problemas do INSS e pela ineficiência da Previdência Social.

Inegavelmente, o prejuízo do BB é assunto de interesse público, como o seriam reportagens sobre a dívida da iniciativa privada, seus privilégios, suas isenções de taxas, sua sonegação de impostos, seus acordos com o governo e sua apropriação do Estado. Esses temas podem gerar matérias sobre o montante das dívidas e das negociatas e o que representaria se investido em habitação, saneamento, saúde, educação e comida. Afinal, não deveria ser à toa que tantos empresários da mídia utilizam motes como *respeito ao público*, *versões diferentes sobre o mesmo tema*, *rigor na apuração* e *divulgação de fatos de interesse público*.

No "Ideário da RBS" (o citado grupo proprietário do *Diário Catarinense*, do *Zero Hora* e de outros veículos) está escrito que a empresa tem entre seus princípios "manter uma postura independente, isenta e liberal", e que é "a favor da economia de mercado, da livre iniciativa, da propriedade privada", mas "tendo como limite o interesse social"[39]. Tais observações podem ser consideradas contraditórias em si mesmas e palavras de ordem que não podem ser realizadas, ou apenas realizadas parcialmente, em certos momentos, em certos temas e por período curto. Longos períodos de cobertura de fatos e reafirmação de opiniões cabem apenas a fatos e opiniões que se adaptem melhor à lógica da economia de mercado do que ao interesse social.

Mais adiante, no item "Posições a destacar", o documento da RBS explica que, "dentro da defesa da livre iniciativa, a RBS apóia a desestatização da economia" e que "a RBS defende a moralização da administração pública e do serviço público. Somos contra qualquer tipo de favorecimento, como 'trens da alegria' e *regalias a grupos ou categorias*"[40].

Diante disso, é obrigatoriedade do jornalismo lidar com o problema global do Banco do Brasil. Trabalhar pautas que expliquem os prejuízos do BB e seus motivos, situando e contextualizando dados claros e disponíveis à época, como: 1) a poupança do Banco do Brasil é a principal fonte de recursos para financiar a agricultura brasileira; 2) o BB investe, em operações de crédito, o equivalente ao que investem os quatro maiores bancos privados nacionais; 3) o banco gerou dividendos para o governo durante 186 anos e deu prejuízo no período 1994-96 em razão de fatores como: a) tinha 22,5 bilhões de reais de créditos em atraso do Tesouro Nacional e de grandes empresas e latifundiários; e b) metade da dívida do setor privado, na época, era de cento e cinqüenta grandes empresas ou fazendeiros[41].

O jornalismo deve também abordar constantemente a má administração das empresas privadas, a corrupção que infesta grande parte delas, a inadimplência e a sonegação de impostos em tal setor, aí incluído o da mídia. Os desvios de recursos na área do INSS, por exemplo, são sistematicamente denunciados pela Associação Nacional dos Fiscais da Previdência (Anfip), que divulgou, por exemplo, que de 1967 a 1997 a dívida do Tesouro Nacional somava 57 bilhões de reais[42]. A dívida devia-se basicamente ao desvio de recursos da Seguridade Social[43], destinados majoritariamente à cobertura de rombos de empresas privadas e setores orçamentários da União, já em déficit, em razão dos recorrentes socorros ao setor privado.

Onde estão as pautas sistemáticas, duradouras e densas sobre isso (tal como as que propõem as privatizações), que trazem à tona a sonegação e a privatização do governo e do Estado brasileiro? Esses aspectos também geram desemprego, miséria, violência e morte... por fome ou assassinatos.

Conforme Sloterdijk, o cinismo intelectual moderno tem um papel. Para tal cinismo, observa, "os mortos são o fertilizante do futuro. A morte dos outros aparece como premissa tanto ontológica como lógica, para o êxito da 'causa própria' "[44]. Os discursos em nome do interesse público e do Estado moderno, repletos de "benefícios sociais", trazem, em seu cerne, a apropriação particular do debate e das ações.

Para Perelman e Olbrechts-Tyteca, "a argumentação se baseia, conforme as circunstâncias, ora nos valores abstratos, ora nos valores concretos; às vezes, é difícil perceber o papel representado por uns e outros". Ao tratar da escolha das qualificações, os autores explicam que ela se manifesta "de forma mais aparente pelo uso do *epíteto*. Este resulta da seleção visível de uma qualidade que se enfatiza e que deve completar nosso conhecimento do objeto. Esse epíteto é utilizado sem justificação, porque se presume que enuncia fatos incontestáveis; apenas a escolha desses fatos parecerá tendenciosa"[45]. Assim, a demissão voluntária pode ser "exemplo de moralidade pública e enxugamento das contas do governo", como "a ampliação do desemprego em massa e geradora de mais fome". Nesse caso, a linguagem organiza os dados para favorecer uma interpretação e um significado próximos dos valores propostos pelo orador. Entretanto, explicam os autores belgas, nem sempre os epítetos representam escolhas entre dois pontos de vista. Assim, a realidade se apresenta em planos diferentes, e "uma visão mais completa do real tem de consistir numa multiplicação progressiva de aspectos para os quais se chama a atenção"[46].

Em comentário sobre os códigos de ética (de conduta, de prática profissional, deontológicos), Hugo Aznar, ao lado dos méritos que vê nele, menciona uma queixa bastante comum: a *escassa efetividade* de tais princípios[47]. De fato, o que é um código de ética diante da lógica empresarial que admite que "as leis do mercado" sejam responsáveis pela existência de um veículo e, portanto, norteia o comportamento moral da informação e da mídia em geral?

Serge Halimi é mais duro. Para ele, contemporaneamente, somente um "silogismo miraculoso" (isto é retórica) faria a informação escapar das regras que definem o restante do campo social, considerando que ela está, em verdade, tomada pela privatização e pelo mercantilismo[48]. Descrente da efetividade dos princípios assinados, considera que as "cartas de deontologia" são "a outra forma de ocultar a evidência. A priori, tal intenção é antes louvável: uma vez que a informação não seria um produto como outro qualquer, seus fabricantes deveriam, com efeito, impor-se uma vigilância particular. Mas uma panacéia desse tipo alimenta, sobretudo, o grande mito da profissão, o do poder de seus subalternos"[49].

Os donos de jornais brasileiros, por sua vez, lembram, em publicação específica, que "a Liberdade de Expressão é uma das maiores conquistas da humanidade. A experiência histórica comprovou, porém, que não existe verdadeira liberdade de imprensa fora da economia de mercado, na qual as empresas jornalísticas podem oferecer seu produto editorial aos leitores livres de qualquer controle que não seja o democraticamente exercido pelo público através das leis do mercado"[50].

Seria isso uma antecipação envergonhada das tendências modernas de megafusões entre empresas da mídia e de outros ramos, como o banqueiro, o agropecuário e o de armamentos?

Por isso, Conill mostra que a ética empresarial insere-se na ética profissional como um campo especial. No jornalismo, existe uma profissão que se atém (ou deveria ater-se) ao *interesse público*, tal como indicam os princípios subscritos. Portanto, deveria tratar de uma realidade irresoluta, contraditória, plural, rebelde com o presente. Para Conill, hoje, em lugar de "ética econômica", fala-se muito em "ética dos negócios", enquanto outros se referem a "gestão e organização", "talvez porque o cinismo e a degradação tenham transformado a confiança em um bem cada vez mais escasso"[51].

Também não se deve esquecer, conforme matéria publicada pelo *Estado de S. Paulo*[52], que em novembro de 1994 a Varig recebeu 250 milhões de dólares do Banco do Brasil para se reestruturar e voltar a ser lucrativa a partir de 1996. A Varig, conforme a reportagem, acumulou prejuízos, de 1992 a 1994, de mais de 500 milhões de dólares. (Seria o caso de passá-la para a administração pública? A Varig teria obtido tal empréstimo de um banco privado?)

Mesmo assim, no primeiro semestre de 1996 (menos de dois anos depois do empréstimo), a Varig teve uma perda líquida de 153 milhões de dólares, em um volume de negócios de 1,5 bilhão de dólares no mesmo período. A pequena nota do *Diário Catarinense*, que revela os dados divulgados em Paris por agência internacional, também assinala que o então novo presidente da Varig, Fernando Pinto, que assumira o cargo em janeiro de 1996, tinha como metas: "retorno à rentabilidade, melhoria da qualidade dos serviços, melhoria da imagem de marca da companhia, renovação do equipamento informático e um plano de formação de pessoal". A nota também assegura que a Varig pretendia a "redução de custos para aumentar sua competitividade"[53]. Segundo o jornal, a Varig também reduziria de 28 mil para 18 mil o número de funcionários.

Apesar das diversas matérias e editoriais que enfatizaram a "ineficácia" do Banco do Brasil e ressaltavam a necessidade de o banco reduzir quadros e fechar agências, em nenhum momento a mídia fez campanha pela estatização da Varig, embora os mesmos argumentos contrários ao BB estivessem bem à mão e fossem bem mais fartos no caso da companhia aérea. O realce de uma matéria, a edição de noticiários, as proposições das coberturas jornalísticas e os editoriais são muito lerdos quando se trata de empresas privadas.

O dinheiro financiado pelo Banco do Brasil, no final de 1994, não teria ajudado a Varig a se reestruturar e a controlar suas contas, seu "déficit privado"? Ajudou – e, de quebra, aumentou o déficit público, mas não resolveu o problema financeiro da empresa aérea, que continuava devendo muito aos cofres públicos em 2003, com dívidas com o INSS que ultrapassavam 370 milhões de reais, equivalentes, na época, a 120 milhões de dólares.

Não bastasse aquilo tudo, no dia 26 de maio de 1995, em Montevidéu, a Varig e a empresa estatal uruguaia Pluna firmaram documento em que a empresa brasileira adquiria 25% do capital de sua companheira de ramo. Outros dois acionistas uruguaios adquiriram 50% do capital, mas o próprio documento enfatizava que o percentual da Varig, unido ao caráter de operador principal, permitia a ela predominância financeira na nova empresa[54]. Quer dizer, desmontada financeiramente a estatal uruguaia, o controle operativo e, posteriormente, financeiro seria da Varig, que tem a maioria dos votos no conselho diretivo superior, com o patrocínio indireto do BB, tão malvisto nos editoriais da mídia brasileira. O dinheiro "para a redução de custos e aumentar a competitividade" não impediu que a Varig, logo após o financiamento do BB, se aventurasse na aquisição de nova empresa. E que, nos anos seguintes, persistissem os problemas financeiros na empresa.

O socorro prestado à Varig, assim como o prestado a outras empresas privadas, não deteve a sucção de verbas dos cofres públicos, por meio de empréstimos ou sonegação de impostos. Os dados revelados pelo governo federal, em 2003, indicavam mais de 176 mil devedores do INSS, com maioria esmagadora de empresas privadas. A Varig, a Vasp e a Transbrasil, juntas, deviam em torno de um bilhão de reais, o equivalente a mais de 300 milhões de dólares, ocupando três dos seis primeiros lugares entre os devedores[55]. O total da dívida atingia, em 2003, 153 bilhões de reais, em torno de 50 bilhões de dólares. O valor equivalia a nove vezes o déficit do INSS em 2002. No entanto, pautas generosas continuavam a culpar os servidores públicos pelos problemas no setor, mas faltavam, ou eram minimizadas, quando o assunto era a cobrança da dívida do setor privado.

Apesar do esforço de profissionais, a *timidez* ou a *coragem* na investigação jornalística atendem pelo nome de *menor* ou *maior* relevância social, adequando-se, em qualquer caso, os princípios morais dos códigos a interesses particulares não explicitados. Isso reforça apenas a idéia de cinismo nas opiniões de parte dos editoriais brasileiros e da mídia do país, que se refletem em um trabalho jornalístico carente de investigação, capenga de dados, ineficaz e incompleto do ponto de vista do atendimento do interesse público.

Tais aspectos representam uma retórica eficaz, aparentada do sofisma em seu pior sentido, irmã gêmea do *marketing* da comunicação e não da isenção jornalística (princípio de praticamente todos os códigos éticos da área, tanto dos empresários como dos jornalistas), e prima em primeiro grau do comportamento cínico.

Como no caso do Banco do Brasil, se não houver bancos com finalidade essencialmente social, aumentará o tamanho da exclusão no país. A conseqüência, é certo, será mais violência, mais miséria, mais fome, mais assaltos, mais seqüestros, mais narcotráfico, mais crimes de toda ordem; escolaridade menor, salários menores, vida de menos. No entanto, quando assaltos, seqüestros e suicídios surgem no horizonte da informação, na maioria das vezes adquirem (com honrosas exceções) uma factualidade de presente imediato, desligada do passado ou da contextualização social do presente. Assim, a retórica da mídia, convincente muitas vezes e fundada em fatos imediatos (os mesmos roubos, assaltos e assassinatos), aproxima-se no cotidiano, mais uma vez, do comportamento cínico.

Em 1996, o Banco do Brasil perdeu a primeira posição no critério volume do ativo na classificação do Sistema Financeiro Nacional. Perdeu para quem? Precisamente para a Caixa Econômica Federal, e não para nenhum banco privado. Mesmo assim, há explicações. No perfil "ativo", por exemplo, as operações de crédito, que representavam 40% dele em 1995, baixaram para 29%. As operações de crédito decresceram devido à securitização das dívidas da carteira rural, autorizada pela Lei nº 9.138, de 30 de novembro de 1995, que "permitiu um esquema especial de alongamento da dívida rural para as operações de crédito originárias do setor rural, contratadas até 20/06/95"[56]. Aliás, o setor rural, em dezembro do mesmo ano, conforme o documento, devia ao BB mais de 16 bilhões de reais em operações de crédito, seguido da indústria (mais de 4 bilhões) e do comércio (em torno de 2,5 bilhões de reais), contra menos de 2 bilhões do setor público.

Mesmo com todo o prejuízo do período, o BB permaneceu em primeiro lugar em carteira de câmbio, na classificação do Sistema Financeiro Nacional, e manteve o primeiro lugar em outras captações. Com tudo isso, nos anos seguintes, o BB voltou a ter lucro, que atingiu, em 1998, 869,9 milhões de reais, além de rentabilidade de 13,1%, superando em 296,1 milhões o lucro do exercício de 1997[57]. A abundância de documentos sobre o BB e suas finalidades sociais e a sua "privatização" pelo governo e pelo setor privado tornam ainda mais estranha a falta de informações contextualizadas e pautas sistemáticas sobre a instituição[58].

Comentando as organizações e empresas que estão acima dos Estados nacionais, Viviane Forrester lembra que estas "não vacilam em converter as dívidas de seus protetores em dívidas públicas e em tomá-las a seu cargo. A partir de então, essas dívidas serão pagas, sem compensação alguma, pelo conjunto da cidadania. [...] recicladas no setor público, estas dívidas do setor privado aumentam a dívida que cabe aos Estados, colocando-os, mais do que nunca, sob a tutela da economia privada"[59].

Ao analisar a empresa privada e seus compromissos morais, Adela Cortina lembra que "qualquer organização – e, neste caso, a empresa – deverá obter uma *legitimidade social*, e para consegui-la terá ao mesmo tempo de produzir os *bens* que dela se esperam e respeitar os *direitos* reconhecidos pela sociedade em que vive e os *valores* que essa sociedade compartilha". Com isso, afirma que determinada empresa assumiu compromissos e tem direitos a respeitar, os quais "não pode atropelar com a desculpa de que constituem um obstáculo para seus fins"[60]. Nada mais diferente disso do que utilizar o espaço público para obter dividendos pessoais ou particulares, mesmo que declarações como a de Chapultepec, códigos como o da ANJ, princípios como os da RBS e encontros internacionais de jornais apontem, ainda que retórica e cinicamente, em direção oposta.

Ao falar de uma ética mínima, Cortina considera que "o pluralismo é possível em uma sociedade quando seus membros, apesar de terem ideais morais distintos, têm também em comum alguns mínimos preceitos morais que lhes parecem inegociáveis e são compartilhados não porque algum grupo os impôs pela força aos restantes, [...] mas porque existe a convicção de que são valores e normas aos quais a sociedade não pode renunciar sem abrir mão de sua humanidade"[61]. Da perspectiva de Habermas, Cortina considera, portanto, que a ética da empresa seria uma *ética cívica*, uma "ética da responsabilidade convencida"[62].

As palavras podem apontar para tal direção; os bastidores, não. E muitas vezes os bastidores transparecem no editorial e na cobertura jornalística como interesse geral da sociedade em privatizar o Banco do Brasil, enquanto escondem, na retórica e no cinismo, a intenção não-declarada de privatizá-lo para que o setor privado aumente ainda mais suas margens de lucro e não tenha, no BB, um concorrente destinado a finalidades sociais.

Por isso, a *Folha de S.Paulo* (signatária do Código de Ética da Associação Nacional de Jornais), que seguidamente dá espaço para diferentes correntes de opinião e se aproxima do jornalismo correto, deixou escapar no editorial "Coragem para mudar", diante da crise que no início de 1999 fez ir por água abaixo a moeda brasileira, aspectos notáveis de cinismo: "o governo não deve tampouco temer tabus na privatização. A Petrobras, o Banco do Brasil e a Caixa Econômica Federal podem e devem ser privatizados. Acelerar o enxugamento da máquina pública, em todos os níveis, é crucial. País algum progride se o seu orçamento é excessivamente comprometido por salários e pensões". O editorial, estampado na primeira página, também defende veementemente o ajuste das contas públicas, mas, ao mesmo tempo, defende a proteção a alguns setores econômicos e diz que "é hora de mudar de rumo, de abandonar a crença no dom dos mercados de organizar a economia, que não deve se submeter ao império da especulação"[63].

Ora, não foi por falta de analistas (pouco ouvidos) que o país chegou a tal crise. E se o ajuste das contas públicas deve ser feito, o primeiro passo é exigir que o setor privado pague o que deve ao setor público e que o "contribuinte" não assuma o ônus de pagar pela privatização da economia e do Estado, rumos sobre os quais parte significativa da população brasileira nem sequer foi chamada a se pronunciar, seja pelo governo, seja pelo setor privado, seja por empresários da mídia. Isso não está no editorial, apesar de ser fácil encontrar documentos que comprovam fartamente as desigualdades sociais e a concentração de renda no Brasil (também responsáveis centrais pela situação econômica nacional). Todavia, certas fontes são menos ouvidas e suas declarações, minimizadas, contrariando o que estipulam os códigos éticos e deontológicos.

Em 1990, por exemplo, a renda por habitante, no Brasil, era de três mil dólares por ano, superior à do México e à de todos os outros países vizinhos latino-americanos. No entanto, os 50% mais pobres, no Brasil, recebiam apenas 12% de todos os rendimentos do trabalho, enquanto os 50% mais ricos ficavam com 88%. Mais: 53% dos trabalhadores ganhavam, mensalmente, até dois salários mínimos. Ao mesmo tempo, 30% das crianças de até cinco anos apresentavam algum grau de desnutrição, a mortalidade infantil era de 58 em cada mil crianças nascidas vivas, 20% da população não sabia ler nem escrever e a infra-estrutura básica não chegava à maior parte dos lares mais pobres[64]. Tais dados eram e são fonte de pautas sistemáticas que cumprem o que dizem os códigos em favor do interesse público. Isto é, são fontes para colocar em ampla discussão pública questões como distribuição de emprego e renda e redução da injustiça, da miséria, da fome, da violência, da criminalidade, vinculando-as.

A existência de empresas estatais lucrativas, como o Banco do Brasil, a Petrobras e a Caixa Econômica Federal, contribui para a melhora da situação. A cobrança rigorosa de impostos do setor privado e o confisco de bens de empresários que sonegam impostos, que são costumeiramente inadimplentes e que acabam perdoados em suas dívidas com o Estado – e, portanto, com o "contribuinte" –, ajudariam o país a não ser o que é.

A Lei nº 8.620, de janeiro de 1993, concedeu um prazo de noventa e seis meses para as empresas privadas quitarem seus débitos com a Previdência Social. Das 400 mil empresas inadimplentes na época, 55% não honraram os compromissos, esperando nova legislação que concedesse maiores benefícios, como a da Lei nº 100, de 1995, que reduziu em 50% o valor das multas a serem pagas, entre outras coisas.

Relatório de 1994 do Tribunal de Contas da União mostrou que as empresas não pagam espontaneamente seus débitos. Dados da Anfip também comprovam que das cento e quarenta mil empresas fiscalizadas em 1994, 75 mil receberam notificações de débito. Isto é, uma de cada duas empresas privadas fiscalizadas devia à Previdência Social[65]. Documentos reproduzidos em informativos também revelam que 40% da arrecadação da Previdência Social eram sonegados em 1994.

O total de desvios, rombos, inadimplências e sonegações fez do Brasil, na década de 1990, o país com maior índice de evasão fiscal do mundo[66]. A concentração de renda no Brasil contribui sobremaneira para essa situação. Enquanto a relação entre a receita previdenciária e o produto interno bruto é de 29,4 % na Holanda e de 7,3% na Argentina, o Brasil arrecadava, em 1992, conforme o Banco Mundial, somente 4,5% de seu PIB para a Previdência[67].

Os editoriais e as matérias jornalísticas deveriam assumir o compromisso da "coragem para mudar", a fim de cumprirem o que as empresas que os publicam subscrevem como princípios éticos. Do contrário, as estratégias retóricas e o componente cínico continuarão a permear o discurso jornalístico, embora ele não se esgote nisso. Documentos como os da Anfip, do Dieese ou relatórios da ONU sobre a situação dos países (entre eles, o Brasil) contribuem para compreender a situação e intervir.

No mesmo domingo em que a *Folha* publicou na primeira página o editorial "Coragem para mudar", o *Jornal do Brasil* trouxe matéria de página inteira, assinada por Claudia Safatdle, com o título "Quase um PIB escapa do Fisco". O subtítulo é esclarecedor: "Cerca de R$ 825 bilhões de renda tributável no país estão fora do alcance da Receita Federal. Quem mais sonega são as empresas"[68]. A matéria enfatizava que o montante das dívidas (nem todas ilegais, já que muitas se deviam a brechas deixadas pelo sistema tributário nacional) equivalia a quase um PIB, hoje superior a 900 bilhões de reais. Os dados foram fornecidos pela Receita Federal, que chegou a um cálculo preciso por meio da cobrança da Contribuição Provisória sobre Movimentação Financeira (CPMF). Dos 825 bilhões de reais de dívida, segundo a Receita, 750 bilhões eram de pessoas jurídicas e 75 bilhões de pessoas físicas. (A título de ilustração, os 825 bilhões de reais eram mais de quatro vezes o valor do orçamento da União para o ano de 1999[69].)

A matéria afirmava que somente a incidência de 3% da Cofins (contribuição para a seguridade social) sobre aqueles 750 bilhões de reais seriam suficientes para aumentar a arrecadação em 23 bilhões ao ano. A Receita revelou também que, das cem maiores contribuintes da CPMF, 48 delas nunca haviam declarado imposto de renda.

A matéria do *JB* revelava ainda que, "das 530 maiores empresas não financeiras do país, metade pagou zero de imposto de renda no ano passado". Conforme o então secretário da Receita Federal, Everardo Maciel, as oito maiores montadoras de automóveis instaladas no Brasil haviam faturado, em 1998, 20,93 bilhões de reais, mas recolheram apenas 31,74 milhões de imposto de renda, equivalentes a 0,15% do faturamento. A indústria da construção civil pagou de IR somente 0,45% de seu faturamento de cinco bilhões de reais em 1998, enquanto a farmacêutica pagou 2,51% de IR de um faturamento de 4,97 bilhões de reais.

A parca repercussão da entrevista do JB com o secretário da Receita Federal é sintomática, em comparação com as recorrentes pautas sobre o problema do setor público, como as matérias publicadas por vários veículos em março e abril de 1999. Entre tais matérias, encontram-se as publicadas pela *Folha de S.Paulo*, como "Dívida Pública do país ultrapassa 50% do PIB"[70], e por *Zero Hora*, "Dívida pública chega a R$ 500 bi"[71]. A dívida pública, para um jornalismo ético, competente e sério, seria apenas a metade da dívida do setor privado com os cofres públicos, que chega a um PIB inteiro.

Diante da gravidade da crise nacional, diante do que estipulam os códigos éticos e manuais de jornalismo, matérias como de Claudia Safatdle no JB realçam a relevância da atividade informativa de interesse público, que é ou deveria ser permanentemente a do jornalismo. E a repercussão da matéria do JB? O secretário Maciel garantiu que o governo, apesar das estratégias dos sonegadores de enviar receitas para fora do país, tentaria cobrar dos devedores. A mídia, que eventualmente traz um problema desses ao conhecimento do público, pautaria tal tema permanentemente? E, nesse caso, se disporia a tratar a si mesma como devedora do INSS, atendendo assim ao interesse público, atendendo às diversas correntes de opinião da sociedade? E proporia o confisco dos bens dos devedores, tal como se opõe permanentemente à ocupação de propriedades, inclusive de devedores, como os das terras ocupadas pelo MST?

Diante de tais dados, são despropositadas as conclusões dos editoriais e das declarações da mídia – como a de que o grande problema do Brasil chama-se *previdência pública* ou *déficit público* –, especialmente quando se trata de ampliar a contribuição de servidores públicos ou instituí-la para aposentados públicos, o que exige um pacote fiscal.

Assim, é indício de cinismo o editorial "O dilema da Previdência"[72], do *Diário Catarinense*, quando lembrava que a solução do déficit público passa pela contribuição dos funcionários públicos federais, referindo-se à proposta do governo de aumento na contribuição da alíquota de seguridade social de ativos e da instituição para inativos do serviço público federal. O editorial pedia ampla divulgação da proposta e dizia que "as medidas são impopulares, mas necessárias". Referindo-se à categoria dos servidores, observava que "ninguém, por qualquer interesse corporativo, tem o direito de perpetuar essa situação".

Antes ainda, ficara clara a opinião do *Diário Catarinense*, que, por ser da mesma empresa que o *Zero Hora*, não raro reproduz os mesmos editoriais e matérias jornalísticas em suas páginas. No editorial "A ressurreição da ética", o jornal denunciara os "marajás" da Previdência Social, que com seus altos salários contribuíam para os prejuízos do setor. Adiante, dizia que "pela força da repetição de escândalos, de negociatas, de jeitinhos e negócios ilícitos, boa parte deles envolvendo recursos públicos, e pela permanente impunidade que cerca usualmente todo o tipo de falcatruas importantes e negociatas de altas esferas, a cidadania brasileira ficou sedada a tal ponto que inverteu os seus próprios valores". E acrescentava: "Não se pode imaginar um Brasil moderno, desenvolvido e justo sem que se ponha fim a essa iniquidade comportamental. É indispensável que a sociedade se empenhe, coletivamente, no renascimento da ética dos indivíduos e na ressurreição da moralidade pública"[73].

O Estado de S. Paulo sempre costumou adotar essa mesma linha, clara no editorial "A desigualdade mais escandalosa"[74], que acusava as aposentadorias do setor público de desequilibrarem as contas públicas e serem "privilégios", pelo fato, por exemplo, de os servidores receberem integralmente os proventos quando deixam a ativa.

Não se via, no entanto, sequer um comentário sobre as constantes sonegações e sobre a dívida do setor privado com a Previdência Social. O *Estadão* defendia a proposta do governo de reduzir o orçamento de 1999 em 28 bilhões de reais[75] (3,08% do produto interno bruto) a fim de diminuir o déficit público, enquanto silenciava sobre a dívida privada, que tira do "contribuinte" para concentrar riqueza particular. Nos meses seguintes, adotaram a mesma posição diversos editoriais do *Zero Hora*, entre eles "O ajuste de todos", "Amargas, mas necessárias" e "Privilégios inadmissíveis"[76].

O *Zero Hora* publicou a notícia[77] de que a dívida pública brasileira (incluindo a União, os Estados e os municípios), divulgada pelo Departamento Econômico do Banco Central (Depec), era de 358,9 bilhões de reais em setembro de 1998. A dívida pública era enorme, pois equivalia a quase 40% do PIB, conforme o jornal, mas se tornaria menos assustadora se comparada com a dívida privada com o INSS: a primeira não chega à metade do que empresas privadas deviam em impostos. Mais, muito mais do que os proventos e aposentadorias no serviço público, os juros pagos à especulação financeira contribuíram e contribuem para o déficit público e para a situação danosa da Previdência Social brasileira[78].

Para Serge Halimi, "o diretor de uma publicação que goste de bajuladores e troque favores decide diariamente introduzir, por contrabando, falsa moeda no debate de idéias. Eis aí um assunto a ser tratado pelos jornalistas que ainda acreditam nas cartas de deontologia da profissão"[79].

O filósofo Peter Sloterdijk também tem uma posição bastante clara sobre isso. Observa que, quando os poderosos "conhecem a verdade sobre si mesmos e, apesar disso, 'continuam' atuando do mesmo modo, completam de maneira perfeita a definição moderna de cinismo"[80].

Tal comportamento, reiterado, ajuda a constituir uma *cultura da violência*, originada pela *razão cínica*, aquela que "confessa conhecer os fundamentos violentos das aparências ideais do social, mas mesmo assim defende a validade destes fundamentos, a pretexto de que são 'verdadeiros', posto que inevitáveis". Em tal cultura da violência, a solução torna-se a *fruição imediata do presente*, em que impera a "submissão ao 'status quo' e a oposição sistemática e metódica a qualquer projeto de mudança que implique cooperação social e negociação não violenta de interesses particulares"[81]. A violência expressa-se aí de diferentes formas. A violência simbólica é uma de suas vertentes. E o jogo de um pensamento uniforme capenga com controvérsias, polêmicas e atores (fontes) divergentes, empurra a livre escolha e as opções da sociedade para a retórica unilinear, com a qual os editoriais jornalísticos representam bem tal simbolismo.

Em ampla matéria na *Gazeta Mercantil*, a jornalista Maria Christina Carvalho mostra as grandes vantagens do setor privado ao comprar bancos estatais. "Créditos tributários e o perdão temporário dos recolhimentos compulsórios e das aplicações obrigatórias no setor imobiliário tornam um verdadeiro negócio da China a compra dos bancos estatais que estão sendo privatizados"[82]. Referia-se a bancos estaduais como o de Pernambuco (Bandepe), o do Rio de Janeiro (Banerj), o de Minas (Bemge) e o gaúcho Meridional. Para ilustrar, no caso do Bandepe, o comprador teria direito a um crédito tributário de 166 milhões de reais, próximo do preço mínimo do banco estatal, de 182,9 milhões. O crédito cobria os prejuízos anteriores do banco estatal e, durante os seis primeiros meses, o comprador não precisaria pagar os 75% de depósito compulsório sobre os depósitos à vista do Bandepe. O estatal gaúcho Meridional foi vendido por 276 milhões de reais, mas o comprador, Banco Bozano, Simonsen, obteve um crédito tributário no valor de 230 milhões de reais. Conforme a matéria, o Itaú, que comprou o Banerj por 311 milhões de reais, lucraria, em cinco anos, 900 milhões de reais apenas com o tratamento privilegiado dos compulsórios. Isto é, o Estado do Rio de Janeiro, que buscava aumentar a contribuição previdenciária de servidores públicos e instituí-la para os aposentados, financiava o aumento da lucratividade do setor privado, reforçando o enfraquecimento de si mesmo, privatizando-se, auxiliando sobremaneira o crescimento das desigualdades sociais e o aumento da concentração de renda. As conseqüências disso são visíveis nas ruas e nos campos do país. A *Gazeta Mercantil* trazia seguidamente matérias com esse teor. Mas a falta de repercussão desses fatos na mídia, mesmo na impressa, tornou desproporcional o destaque dado aos méritos do setor privado.

As pautas são bastante tímidas e duram pouco, a não ser quando se consegue quebrar, até mesmo por interesses particulares e disputas de poder internas aos partidos, a lógica da agenda temática imposta pela mídia. É o caso das seguidas tentativas de investigar o sistema financeiro privado. Por exemplo, com a desvalorização do real, em janeiro de 1999, os bancos privados lucraram 3,3 bilhões de reais, o dobro do que obtiveram em todo o ano de 1998. Um dos principais autores da denúncia, o então deputado federal Aloizio Mercadante (hoje senador), do PT de São Paulo, teve de vencer muitas resistências para colocar na pauta do Congresso a discussão sobre os bancos privados e os lucros escusos. O PMDB aderiu parcialmente, forçando a realização de uma CPI do sistema financeiro, aproveitando o *gancho* da CPI proposta para investigar o Poder Judiciário. Somente um mês e meio depois da denúncia de Mercadante, com a publicação dos balanços do Banco Central pela *Gazeta Mercantil*, é que a mídia foi levada a repercutir fatos relevantes contra a própria vontade, já que alguns meios os haviam divulgado. Entre os bancos que mais lucraram estavam o Chase Manhattan, o Unibanco, o Matriz e o Bradesco[83].

De tempos em tempos aparece alguma denúncia a respeito dos bancos privados em jornais e revistas de porte. A revista *Veja*, por exemplo, mostrou as relações do ex-dono do Banco Marka, Salvatore Cacciola, com o Banco Central e os benefícios recebidos pela instituição privada[84]. Algumas denúncias isoladas, como as da *Veja*, acabam por incluir a corrupção do setor privado na agenda temática social, da mídia e do governo. No entanto, as pautas jornalísticas não questionam, em geral, a própria essência da empresa privada e do fundamentalismo de mercado, preferindo atacar o setor público com mais firmeza, insistência e perenidade.

Quatro meses depois da entrevista com o secretário da Receita Federal feita pela repórter do *JB* sobre a sonegação de impostos no setor privado, o próprio Everardo Maciel compareceu, em 20 de maio de 1999, à CPI que investigava o sistema financeiro nacional. No seu depoimento, ele desmitificou a idéia da produtividade do setor privado, da geração de empregos pelas privatizações ocorridas e reiterou a responsabilidade desse setor na crise econômica brasileira. Diante da sucessão dos problemas nas privatizações (como a do sistema Telebrás) e do quadro caótico da situação brasileira, especialmente os jornais[85] deram ampla repercussão ao depoimento de Maciel. Dessa vez não foi possível esconder a força dos dados revelados pelo secretário ao *JB*. Houve, assim, um reagendamento da mídia, que incluiu na pauta de discussões um tema que só uma retórica da razão cínica poderia ter ocultado. Mesmo assim, nas semanas seguintes, as graves revelações de Maciel, apesar da relevância que exigiam, não tiveram a mesma repercussão e durabilidade na mídia – fosse na televisão, fosse na imprensa – que as reiteradas pautas que embalavam teses em favor da reforma da Previdência. O assunto gradativamente caiu no esquecimento ou foi menosprezado.

A razão cínica insiste em impedir que a mídia paute a si mesma, em razão dos favores que recebe e do "sugamento" do setor público que executa. Merece defesa o jornalismo realizado pela revista *Carta Capital*, que seguidamente traz à tona temas de grande interesse social, mostrando seus bastidores e conseqüências. Com o título de "Quem pode pode", a revista revelou, em ampla e competente matéria assinada por Amália Safatle[86], o que chamou de "Proer" da mídia. Por causa da crise financeira de empresas da mídia, agravada pela desvalorização do real, o Banco Nacional de Desenvolvimento Econômico e Social (BNDES) lançou um programa de refinanciamento das dívidas que beneficiava empresas como Globo, Abril, *O Estado de S. Paulo*, RBS e Bandeirantes. Todas receberiam do governo socorro para sua crise.

Antes disso, tais empresas se haviam envolvido em diferentes mercados, disputando e adquirindo empresas de telefonia e de TV por assinatura. Mais: tinham criticado o Estado e as empresas públicas de não-rentáveis, ineficientes, preguiçosas, corporativas. Agora, *sugavam* o Estado até a alma, comprometendo verbas sociais, em nome do salvamento privado. O socorro de US$ 2,3 bilhões (correspondentes, na época, a quatro bilhões de reais) só se voltava, conforme a revista, para o setor da mídia. Era o coroamento da razão cínica, que vê a eventual privatização futura do Banco do Brasil, da Caixa Econômica Federal e da Petrobras menos como solução dos problemas do país e mais como novo nicho de mercado para preservar interesses particulares – mesmo que todos os códigos subscritos digam, explícita ou implicitamente, que tais interesses não podem, nunca, superar os *públicos*, o que seria objeto permanente do jornalismo.

Ética empresarial jornalística: mídia e privatização do Estado

Em dezembro de 1996, *O Estado de S. Paulo* publicou, no caderno Economia, reportagem com o título "INSS vai receber R$ 760 milhões do Tesouro"[87] – ou seja, dinheiro que sairia dos cofres públicos para socorrer a Previdência, que por sua vez paga aposentados e pensionistas. Conforme a matéria assinada por Soraya de Alencar e Vânia Cristino, a quantia correspondia à quitação da dívida que a Rede Ferroviária Federal S. A. tinha com o INSS. A dívida da RFFSA foi assumida pela União, que, para saldá-la, tomou empréstimos no Banco do Brasil por meio da própria Previdência.

Isso é assunto jornalístico; atende ao interesse público, já que repercute no setor público. Mas também repercute no setor a enorme dívida das empresas privadas, que minimizam ou escondem informações de interesse público, com grandes conseqüências sociais, como a falta de dinheiro para melhorar os serviços de saúde, educação, habitação, transportes e a alimentação.

Na mesma edição do *Estadão* e na mesma página, foi publicada a lista dos cinqüenta maiores devedores da Previdência Social inscritos na dívida ativa. Em décimo sexto lugar aparecia o *Jornal do Brasil*, com dívida acumulada superior a 47 milhões de reais (então equivalentes a mais de 30 milhões de dólares). Em segundo lugar vinha a Vasp; em quarto, a Construtora Mendes Júnior; e, em sexto, a Transbrasil, empresas contumazes na utilização de empréstimos do Banco do Brasil, bastante acusado pela iniciativa privada. A dívida total dos primeiros cinqüenta devedores da Previdência Social – cuja esmagadora maioria se compunha de empresas privadas – situava-se ao redor dos R$ 2,35 bilhões (ou quase dois bilhões de dólares naquele momento).

Nas páginas do JB, não houve uma única linha sobre esses dados – fato da maior relevância mas de certa forma obscurecido, no corpo da matéria do *Estadão*, por outro fato aparentemente mais significativo, a saída de verbas do Tesouro para socorrer aposentados e pensionistas do INSS. No JB, contudo, nem isso apareceu. Faltaram linhas para tratar do assunto, mas sobraram muitas outras. Para quê?

Referindo-se à criação de uma força-tarefa do governo para examinar as contas do Ministério da Saúde, em precária situação, o JB, no editorial "Saúde perdulária", estampou que o jornal "desde a primeira hora se bateu em favor de métodos severos para fazer a completa reorganização da Saúde. O princípio da austeridade recomenda o controle absoluto das despesas, antes de recorrer à criação de impostos". O jornal referia-se à criação da Contribuição Provisória sobre Movimentação Financeira (CPMF). Dizia mais: "Em função da falta de controle dos gastos atribuídos às internações hospitalares tanto por parte da União como dos estados e prefeituras, que são elos fundamentais na execução do SUS, a Saúde é a única a inflar indefinidamente seus orçamentos, mesmo depois que a inflação caiu para menos de um por cento ao mês"[88]. Empresas privadas da mídia, como o *Jornal do Brasil*, haviam ajudado a compor o grave quadro inflacionário e a crescente dívida previdenciária.

Dois anos depois, três mil dos treze mil maiores contribuintes da Previdência Social sonegavam suas contribuições a ela. Pressionado pela crise econômica internacional do final de 1998, o então ministro da Previdência Social, Waldeck Ornelas, havia mandado fazer um rastreamento que seis meses depois, conforme a fiscalização e a cobrança, recolheria para o INSS, mensalmente, mais 260 milhões de reais[89]. Na matéria do *Estadão*, pequena para a relevância do tema, evidenciou-se mais uma vez que a grande maioria dos devedores consistia em empresas privadas, especialmente da construção civil, mineradoras, de transportes, têxteis e de serviços.

No entanto, a mídia também ainda devia (e deve) muito. As dívidas, por exemplo, da Rede Manchete, do *Jornal do Brasil* e da RBS acentuavam o déficit público. Conforme dados da *Gazeta Mercantil* coletados pelo boletim eletrônico do Epcom (Instituto de Estudos e Pesquisas em Comunicação), as dívidas totais da RBS chegavam, em outubro de 1998, à casa dos 500 milhões de reais, sendo 400 milhões de longo prazo e 100 milhões imediatos[90]. Conforme o Epcom, a fonte da *Gazeta Mercantil* fora o Chase Manhattan, contratado pelo grupo RBS para auxiliar nas negociações com a Telefónica de España. Já àquela altura, o grupo gaúcho estudava a venda de sua participação na Companhia Rio-Grandense de Telecomunicações (CRT), privatizada alguns meses antes e controlada pelo grupo espanhol (posteriormente, chamou-se Telefónica Celular). A venda ajudaria a pagar dívidas, entre elas eurobônus emitidos em 1995, no valor de 40,5 milhões de dólares. Por 25 milhões de dólares, a empresa já havia vendido sua participação de 16% no Shopping Praia de Belas, em Porto Alegre. De acordo com o mesmo informativo do Epcom, com base na *Gazeta Mercantil*, ainda nos meses de setembro e outubro de 1998 a RBS demitira duzentos e setenta e cinco funcionários.

Os dados são confirmados por várias fontes. Em setembro de 1998, o boletim dos Trabalhadores em Comunicação do Estado do Rio Grande do Sul já denunciava a demissão em massa feita pela RBS, acentuando que se devia à recente compra da CRT e da Telesp (em parceria com o grupo Telefónica). O boletim destacava que a CRT, principal empresa pública gaúcha, "financeiramente saudável e com elevados patamares tecnológicos, foi estranhamente arrematada por um grupo empresarial que, quatro meses depois, simplesmente, não mostra condições de honrar os empréstimos assumidos para fazer a compra"[91]. O boletim afirmava ainda que, já em setembro, a dívida da RBS cresceria com a provável desvalorização do real, prevista para depois da reeleição de Fernando Henrique Cardoso. Em janeiro de 1999, três meses após a eleição, a queda do real efetivamente ocorreu, e, com ela, o agravamento da crise financeira do grupo gaúcho.

Entretanto, a própria RBS, por meio do seu *Diário Catarinense*, naquele mesmo setembro, sustentava no editorial "Previdência: reforma já" que tal reforma era premente e que haveria economia de 2,4 bilhões de reais, "resultado do corte de gastos com aposentadorias e da redução de custos administrativos"[92]. O editorial também conclamava o governo federal a tomar medidas contra Estados e municípios, que deviam 42 bilhões de reais, quantia próxima das reservas cambiais do Brasil. Embora a dívida fosse gigantesca, o editorial defendia em menos de uma linha a redução da sonegação das contribuições e o aumento do universo dos contribuintes. Preferiu enfatizar os ataques à administração pública federal, estadual e municipal.

No campo da retórica contemporânea, Perelman e Olbrechts-Tyteca chamam de "argumento pragmático aquele que permite apreciar um ato ou acontecimento consoante suas conseqüências favoráveis ou desfavoráveis. [...] Para apreciar um acontecimento, cumpre reportar-se a seus efeitos"[93].

O discurso jornalístico presente em editoriais, que se fundam em opiniões e relatos que representam a "linha do jornal", compromete muitas vezes o exercício ético do jornalismo e desmente os princípios abraçados em diversas ocasiões. Nesse caso, dão-se as conseqüências, mas se esquecem ou se omitem fatos, reforçando determinadas concepções e desembocando na mesma ideologia.

Voltando à edição em que o *JB* atacava a "Saúde perdulária", matéria assinada por Israel Tabak, com o título de "Brasil se recupera de doença da fraude", revela que, graças à investigação do Ministério Público Federal na área da saúde, "gastou-se R$ 1,3 bilhão a menos em internações do que nos 12 meses anteriores"[94] (período de agosto de 1995 a julho de 1996). Tal fiscalização, necessária para o combate de fraudes em hospitais, também serve para preservar a empresa privada devedora da Previdência, ao não mexer com a reestruturação de tal empresa e sua investigação pelo Poder Público. Do ponto de vista ético, a fiscalização é de extremo interesse social, subsumido na apuração noticiosa, na edição e em sua provável repercussão pública. Não seria muito difícil calcular o que o montante devido pelo *JB* representa em benefício público, em atendimento médico, enfim, no salvamento de vidas. O mesmo vale para as demais empresas privadas, entre elas outras de comunicação. *Deveriam ser todas estatizadas por ineficiência administrativa ou por desvio de verbas sociais em proveito próprio?* Os mesmos argumentos, aliás, são usados contra o Estado, com a intenção de privatizá-lo.

Mais que isso, o *Jornal do Brasil* tinha, em 1994, uma dívida estrutural equivalente a 120 milhões de dólares com três bancos, o Banco do Brasil, o Banerj e o Banco Econômico. Com o objetivo de se recuperar financeiramente, começou um processo de negociação da dívida[95].

Na estratégia retórica dos editoriais (e de muitas matérias), veículos como o *JB* e os pertencentes ao grupo RBS buscaram destacar o melhor ângulo para o convencimento social, a fim de "minimizar os conflitos, críticas ou sanções que prejudicariam a legitimidade (isto é, a aceitação) de suas atividades"[96].

Para Bertrand, um dos principais problemas dos códigos deontológicos da mídia é não se comprometerem, nos princípios, a informar também sobre os negócios, interesses e controvérsias em que a mídia esteja envolvida. Segundo o especialista francês, somente em casos muito excepcionais, envolvendo um grande escândalo, a mídia trata de seus próprios negócios[97].

Noam Chomsky lembra que um dos principais motivos da atual catástrofe do capitalismo de Estado, "que deixou uma terça parte da população mundial virtualmente sem meios de subsistência, é a grande explosão do capital financeiro não regulado". E a mídia que Chomsky chama de "empresarial" está constantemente advertindo os privilegiados trabalhadores ocidentais de que precisam abandonar sua vida luxuosa e a rigidez do mercado, deixando de lado coisas como "pensões, saúde e segurança trabalhista"[98], entre outros aspectos. Enfim, vida e qualidade de vida individual parecem não ter nada que ver com a livre atuação do mercado, que promete um futuro sempre adiado e apropriado particularmente pelo usufruto e pelo discurso privado.

O futuro, socializado no discurso e particularizado no concreto, caberá apenas a alguns – a maioria ficará de fora. É o surgimento de uma civilização do livre mercado cuja lógica impulsiona seu naufrágio[99], livre mercado que devasta a vida de bilhões de pessoas. O desemprego de bilhões de pessoas em todo o mundo, a desregulamentação da atuação do Estado na iniciativa privada, as fusões de empresas da mídia e delas com outros ramos comprometem o jornalismo e, em conseqüência, a meu ver, aquilo que um dia se vislumbrou como cidadania e democracia.

Conforme Sloterdijk, "a série de formas de falsa consciência que teve lugar até agora – mentira, erro, ideologia – está incompleta. A mentalidade atual obriga a acrescentar uma quarta estrutura: o fenômeno do cinismo"[100].

O desemprego de 1998 e 1999 no Brasil foi um indício de que novos fatos, extremamente graves, colocariam em risco a "ordenação social". Com eles, surgiria a possibilidade de cobertura jornalística reveladora da realidade brasileira, em sua concentração de riqueza, em sua privatização do Estado, na ineficiência das empresas privadas e assim por diante. O índice de desemprego em 1998, segundo o economista Antônio Corrêa de Lacerda, da PUC de São Paulo, situou-se em torno de 11% a 12% da população economicamente ativa, o que significa que equivalia a mais de nove milhões de pessoas[101]. E dados do IBGE mostraram que o índice de desemprego no Brasil, em janeiro de 1999, chegou a 7,73%, o maior já apurado até então no primeiro mês de um ano desde 1983, quando também pela primeira vez se realizou a pesquisa.

O IBGE também revelou que a indústria brasileira havia fechado mais de 9% das vagas em 1998[102]. Multiplicando-se o número de brasileiros ativos desempregados pelos componentes familiares, pode-se perceber que algumas dezenas de milhões de cidadãos terão de recorrer a outras fontes, fora do emprego, para sobreviver, como o narcotráfico, os assaltos, os seqüestros, a prostituição adulta e infantil, o trabalho escravo. São fatos suficientes para tomarem conta da mídia, em pautas sistemáticas e duradoras para que se solucionem os problemas, ou seja, acabar com a sonegação de impostos, com os desvios de verbas para o exterior, com a concentração desmedida de riqueza, com as desigualdades sociais. Isto é, as campanhas da mídia deveriam fazer o Estado intervir, justamente o contrário do que se verificou.

Por isso, Forrester observou que "correr o risco de ser preciso, de verificar a realidade, ainda que provoque certo desespero, é o único gesto lúcido no presente que preserva o futuro"[103]. A sucessão de fatos cobertos intensamente pelo jornalismo, entre eles as tragédias sociais e pessoais, poderia transformar-se em germes de mudança para a liberdade e a justiça. No entanto, a proposta das matérias sempre contém em si outro germe, o do conservadorismo nas soluções finais. A bola pula na área, mas o jornalismo a põe para fora, às vezes por *ruindade*, às vezes porque os jogadores têm seu preço, em outras ocasiões porque, apesar dos gols, a previsão do resultado final antecipa a derrota jornalística. Particularmente no Brasil, conforme Bernardo Kucinski, existe uma *mídia da exclusão*, na qual a atuação do jornalista "é constrangida por um modo autoritário de controle de sua produção, falta de garantias à liberdade de expressão jornalística e dimensões restritas do mercado de trabalho. Enquanto nas democracias liberais a busca objetiva da informação e da verdade a serviço do interesse público se constitui na ideologia da atividade jornalística, no Brasil predominam entre os jornalistas a autocensura, a descrença na democracia e uma visão instrumentalizadora do que seja o interesse público"[104].

Os exemplos anteriores do JB e da RBS ilustram a privatização do espaço público e certa retórica de um cinismo crescente.

Há alguns *paradigmas argumentativos*, conforme Irene Vasilachis, autora argentina que os define como "marcos que delimitam as diferentes formas em que os falantes representam discursivamente a realidade". Discorrendo sobre a cobertura da imprensa argentina de temas como privatização, ordenamento jurídico-trabalhista, trabalhadores e governo, Vasilachis encontrou palavras que reiteram a estratégia retórica, o ordenamento argumentativo. Em relação ao governo, observou palavras como "negociação", "diálogo", "acordo". Nas relações de trabalho disciplinadas pela Justiça, a mídia usa palavras como "obsoleto", "inadequado". No que diz respeito às mudanças internacionais, as representações da mídia incluem reiteradamente palavras como "modernização" e "modernidade". Essa rede semântica presente nos textos da imprensa, explica Vasilachis, tem significativo impacto na atitude, no conhecimento e na ideologia dos indivíduos. Com tais discursos, os indivíduos lançam mão de marcos interpretativos para compreender os acontecimentos sociais, políticos, econômicos e culturais. Esses marcos, prossegue a autora, valendo-se de estudos de Van Dijk, influem na definição da identidade e da capacidade de ação histórica dos indivíduos[105].

A noção de objetividade é válida para preservar o jornalismo que busca imparcialidade. No entanto, parte significativa da compreensão dos fatos está não apenas em seu relato, mas na seleção das fontes, dos porta-vozes, na escolha de parte das declarações sobre um acontecimento. É assim que a retórica jornalística está indissoluvelmente ligada à semântica e à ideologia[106]. A objetividade, que realmente existe, é subsidiada pela intervenção subjetiva, seja na cobertura do fato, seja na versão do acontecimento.

Nos editoriais, verifica-se a insistência repetitiva em idéias principais, como "modernidade", "déficit público", "privatização". Tal insistência vem acompanhada de uma interpretação e, conforme Garavelli, torna-se uma *figura de pensamento por adição*, chamando-se, na retórica, de *comoração*, que "consiste em unir enunciados equivalentes com a finalidade de esclarecer ou enriquecer uma idéia que já se expressou"[107].

A tendência dos editoriais, no tema das *privatizações*, depõe contra a liberdade de escolha e atenta contra a formação de uma cultura de participação e afirmação de valores como *liberdade*, *democracia* e *pluralidade*, a não ser em sua face particularizada. Compromete-se a ligação entre *informação* e *cultura*. Conforme Lotman, "a cultura, como mecanismo de incremento da informação, aumenta o número de alternativas e reduz o terreno da redundância. Aumenta o peso específico dos fatores de flutuação histórica. [...] Isso introduz no processo histórico fatores como responsabilidade pessoal e conduta moral dos participantes nele". E acrescenta: "A existência histórica se aproxima, de um lado, do mundo da criação; de outro, dos conceitos de moralidade, inseparáveis da liberdade de escolha"[108]. As pertinentes observações de Lotman esclarecem a relação ontológica da informação imediata jornalística com a constituição e a aplicação de princípios contidos em códigos deontológicos/éticos profissionais. Os princípios são essenciais à compreensão da importância da informação como possibilidade da liberdade de escolha. Por isso, nada mais distante deles do que a apropriação privada do espaço em que ocorrem fatos, produzidos por sujeitos que vivem a história, que a produzem. A apropriação particular do mundo moral gera a descrença nas possibilidades coletivas da própria moralidade e transforma o discurso jornalístico de apenas uma direção em um discurso radicalmente cínico.

O leilão da Telebrás

Em 30 de julho de 1998, dia seguinte ao da privatização do sistema Telebrás, o *Jornal do Brasil* publicou o editorial "Discagem direta". Nele, depois de assegurar que o leilão "superou as melhores expectativas" e que o consumidor foi o "grande vencedor", lembrou que "com esse dinheiro o governo poderá abater parte da dívida pública, mas sobretudo acelerar a queda da taxa de juros". E prosseguia: "Juros mais baixos, além de aliviar as finanças do endividado setor público, cujos encargos financeiros aumentam como bola de neve, abrem maior espaço para o setor privado, mediante retomada do consumo e dos investimentos, especialmente no próprio esforço de modernização"[109].

É interessante, no entanto, verificar os antecedentes e os acontecimentos posteriores à venda de ações do sistema Telebrás a grupos privados. Duas empresas da mídia, entre outras, disputaram ardorosamente o controle acionário e a compra das diversas empresas estatais que compunham a Telebrás: as Organizações Globo, por intermédio da Globopar, e o grupo RBS.

Tanto o jornal *O Globo* (Organizações Globo) como os jornais *Zero Hora* e *Diário Catarinense* (pertencentes à RBS) são afiliados à Associação Nacional de Jornais (ANJ) e à Sociedade Interamericana de Imprensa (SIP). Os três jornais subscrevem, portanto, a Declaração de Chapultepec e o Código de Ética dos jornais brasileiros.

Ao observarmos os editoriais dos jornais e a própria cobertura jornalística, constatamos que o interesse das empresas refletiu-se na informação jornalística, contrariando os princípios éticos dos documentos.

No dia do leilão da Telebrás, o jornal *Diário Catarinense*, no editorial "Um leilão histórico", depois de ressaltar a incapacidade financeira e operacional do sistema e criticar a resistência dos opositores à venda da estatal – que chegaram a realizar atos de sabotagem e a ocupar prédios públicos –, asseverou: "A roda da História ignorará esses episódios pequenos para ressaltar a grande virada do Estado brasileiro, que optou por se dedicar ao que lhe é essencial e por delegar, mediante concessão, à iniciativa privada a tarefa de operar alguns serviços essenciais. Essa virada não responde apenas a uma nova tendência mundial, ela significa de fato dar a áreas fundamentais como a das telecomunicações a possibilidade de conquistar investimentos, modernização e competitividade"[110].

Vale ilustrar o episódio da privatização com o que ocorreu em cidade do interior de Santa Catarina. Em novembro de 1998, quatro meses depois da privatização do sistema Telebrás, a Associação Comercial de Dionísio Cerqueira realizou manifestação contra o fechamento da agência comercial da Telecomunicações de Santa Catarina S. A. (Telesc), concessionária da *holding* privada Tele Centro Sul, previsto para o dia 30 daquele mês. O superintendente regional da Telesc, Kurt Antônio Junior, confirmou o fechamento, justificando que a Tele Centro Sul desativaria mais de 50% das agências com o objetivo de reduzir os custos operacionais, já que elas apresentavam déficit[111]. Onde estão a modernidade, o desenvolvimento e a melhoria dos serviços, tão apregoados na campanha pró-privatização? Onde está a repercussão do fato, escondido em uma pequena notícia de dois parágrafos? De fato, o Estado privatizado não consegue exercer suas funções de Estado do bem-estar diante do mercado.

O Código de Ética da Associação Nacional de Jornais estipula, em seu artigo 5º, que os jornais afiliados à ANJ devem, como destaquei antes, "assegurar o acesso de seus leitores às diferentes versões dos fatos e às diversas tendências de opinião da sociedade", enquanto o artigo 6º da Declaração de Chapultepec observa que "os meios de comunicação e os jornalistas não devem ser objeto de discriminações ou favores em função do que escrevam ou digam".

Além disso, o *Manual de ética, redação e estilo* do *Zero Hora* estipula que seus profissionais "estão impedidos de participar de qualquer atividade político-partidária que possa comprometer sua credibilidade jornalística ou a credibilidade do próprio jornal. Nenhum jornalista pode manifestar publicamente sua preferência partidária ou inclinação ideológica"[112]. Os proprietários podem? E, fora do espaço cotidiano do exercício profissional, o jornalista não pode participar de atividades que digam respeito à cidadania, como conviver em âmbito público, expondo idéias? Há, nesse caso, uma tentativa evidente de excluir os profissionais do patrimônio social acumulado pela humanidade. Aí, a cidadania passa longe. Mas alguns empresários arvoram-se em representantes dela, tanto nos editoriais como no viés e na duração de determinadas pautas, como as que pediram e pedem a privatização de empresas como os bancos estatais ou empresas lucrativas como a Telebrás.

Em entrevista à *Carta Capital* nº 74, de maio de 1998, transcrita pelo jornal *Falando Sério*, do Movimento pela Unidade dos Trabalhadores em Comunicação do Rio Grande do Sul, o presidente do grupo RBS, Nelson Sirotsky, deixou clara a contradição. Para ele, "os veículos de comunicação vivem um dilema: ou tentam o exercício puro da atividade única, independente, o compromisso só com aquela informação, sem vinculações políticas, econômicas, ou partem para um projeto empresarial". Ressaltou que a globalização no setor não permite o isolamento e alertou para o fato de que a falta daqueles vínculos podia levar à não-sobrevivência das empresas. E dizia mais: "Concordo que, do ponto de vista da *utopia do jornalismo* [grifo meu], que é muito bonita, a idéia é uma atitude isolada, fechada, sem conexões; é a idéia a ser seguida. Por outro lado, tem a realidade empresarial. O nosso mundo vai ser de concentração, de poucos *players*. Acho que a tecnologia, na frente até da questão da lei, já está determinando isso"[113].

A ausência de informações, o cinismo implícito e o tom eufórico marcaram a cobertura, em parte significativa da mídia brasileira, do processo de privatização do sistema Telebrás. Com sonegação de informações confiáveis, antes e durante o processo, a população brasileira e o direito do público em saber foram substituídos por dados parciais. Os integrais vieram parcialmente – e depois, como se verá mais adiante.

Para explicar a privatização da Telebrás, é interessante ressaltar que o sistema foi dividido, então, em doze empresas: quatro no Bloco A, de telefonia fixa (Telesp, Tele Norte Leste, Tele Centro Sul e Embratel); quatro no Bloco B, de telefonia celular (Telesp Celular, Telemig Celular, Tele Celular Sul e Tele Sudeste Celular); e quatro no Bloco C, também de telefonia celular (Tele Leste Celular, Tele Norte Celular, Tele Centro-Oeste Celular e Tele Nordeste Celular). As empresas foram distribuídas conforme a relevância, sendo o Bloco A o mais valorizado e o C o de menor valor.

O *Diário Catarinense*, o *Zero Hora* e *O Globo*, por exemplo, em diversos momentos assumiram a defesa da privatização no próprio texto da cobertura, fosse por imposição editorial, fosse por incorporação profissional da lógica empresarial. O tom eufórico da privatização e da arrecadação de dinheiro para os cofres públicos (em grande parte para pagar dívidas e reduzir o déficit público) ocupou espaço significativo da cobertura. O *Diário Catarinense*, sob o título "Governo vence barreiras e prepara leilão de teles", abriu a matéria: "O governo venceu ontem à noite mais um *round*, em instância superior, na guerra de liminares contra o leilão de privatização da Telebrás, marcada para começar às 10h da manhã na Bolsa de Valores do Rio"[114]. Já o *Zero Hora* estampou o título "Gigantes brigam pelo Sistema Telebrás" para destacar os grandes grupos internacionais e nacionais que disputariam a aquisição das empresas, afirmando: "Quando o leiloeiro anunciar a primeira oferta para a compra da Telesp, hoje, a partir das 10h, na Bolsa do Rio, estará começando o maior leilão de privatização do mundo nos últimos anos. [...] Mais do que abocanhar parte do quinto sistema de telecomunicações mais lucrativo do mundo, com lucro líquido de US$ 2,7 bilhões em 1996, as empresas que participam do leilão querem consolidar expansão para além de seus territórios e domínio de mercado, cada vez mais globalizado"[115].

Veio o dia seguinte e, com ele, o resultado jornalístico da privatização da Telebrás. Para Miriam Leitão, colunista de economia de *O Globo*, "o leilão da Telebrás foi um absoluto sucesso. Não foi apenas a maior privatização do Brasil. *Foi o início da mais profunda mudança no cotidiano dos brasileiros*"[116]. Matéria assinada no mesmo jornal por Marcelo Aguiar observou: "O mais otimista dos técnicos do Governo não poderia esperar um sucesso tão grande. O Governo conseguiu vender todas as 12 holdings criadas após a cisão do sistema Telebrás em apenas quatro horas e quatro minutos, sem interrupções, e obteve um ágio de 63,74% sobre o preço mínimo. As 12 empresas, somadas, saíram por R$ 22,057 bilhões, superando em R$ 6 bilhões a previsão do ministro das Comunicações"[117].

Em 20 de março de 1994, pouco depois da assinatura, no México, da Declaração de Chapultepec, o jornal *O Globo* publicou em três páginas no primeiro caderno a carta de "Objetivos, princípios e valores do *Globo*", manual a ser seguido por todos os setores do jornal. Entre os itens, o documento enfatiza que *"O Globo* considera de seu dever a vigilância permanente contra a injustiça, a corrupção, a violência, a arbitrariedade e a incompetência no trato de assuntos públicos". Mas nada disso se viu quando veio à tona o escândalo do Programa de Estímulo à Reestruturação e ao Fortalecimento do Sistema Financeiro Nacional (Proer) e o socorro aos bancos privados devedores dos cofres públicos, denunciado pela revista *IstoÉ*, um dos poucos veículos a tratar o assunto com abrangência.

O Globo diz que se deve separar a opinião do noticiário. O manual observa que *"O Globo* se dispõe a apoiar em editoriais candidatos a cargos eletivos, sempre que a tomada de posição servir ao interesse público, preservando-se a isenção do noticiário". Também diz que as "práticas comerciais" da empresa "de forma alguma interferem em seu comportamento editorial". E ressalta: "é vedado o uso de argumento dúbio ou fora de contexto, assim como a manipulação maliciosa de números e outros dados de pesquisas"[118]. Os processos de privatização desmentem isso. Os editoriais servem menos ao interesse público do que à lógica particularizada de desenvolvimento social a que a empresa julga que o país dever seguir. Às vezes, o jornalismo é excelente; outras vezes, há uma continuada "marquetização" do noticiário, que reflete o comportamento da linha editorial expressa pela empresa e seus interesses privados, não públicos. Mesmo assim, o editor de *O Globo* Luiz Garcia assegurava, em maio de 1996, que a principal preocupação dos jornais devia ser com a ética, pois "o leitor não aceita mais as informações defeituosas"[119]. Isso diz respeito a erros ortográficos ou a matérias factuais, cuja distribuição no texto obscurece alguns fatos e declarações e ressalta outros, não conforme os princípios éticos em favor do interesse público, mas de acordo com o interesse na aquisição de ação de estatais?

Já há estudos suficientes sobre a relação entre ideologia e opinião, as quais ajudam a formar nos editoriais critérios de juízo e pautar, no noticiário, a agenda contemporânea. A eficácia retórica também se fundamenta em critérios de verdade, que utiliza efetivamente acontecimentos ocorridos e valores reconhecidos socialmente (e feridos por fatos), como bem-estar, justiça e igualdade.

Conforme Van Dijk, se as observações e as deduções se valem também da comprovação de um fato ou de pesquisas que revelem um problema, a crença num valor passa a se objetivar e incorporar-se socialmente como verdadeira. Ressalva, no entanto, que os juízos podem ser relativos, tanto social como histórica e culturalmente. Explica que o critério de verdade pode variar de acordo com períodos e grupos diferentes. Mas o pesquisador belga vai no ponto: "Para que as crenças sejam objetivas (verdadeiras ou falsas) só é preciso que, em cada cultura ou grupo, se apliquem os critérios aceitos de conhecimento. E, quando esses tendem para um grupo em particular, todo o sistema de conhecimento e os critérios de verdade podem ter fundamento ideológico"[120].

Os juízos de valor dos editoriais baseiam-se em fatos sociais provocados pela situação da qual se quer fugir, como a do ineficiente e letárgico Estado que não cumpriu suas funções sociais de atender a população em áreas como saúde, educação, moradia ou transporte. A situação não é inventada, não é falsa, mas o juízo valorativo que conduz à verdade de uma situação, fundada em fatos evidentes, tem base ideológica real. Assim, os princípios subscritos por empresários não desideologizam nem o editorial nem o noticiário, tampouco globalmente o jornalismo, mas os transformam, seguidamente, em *marketing* competente, retórica e ideologicamente eficaz, vendendo um futuro rentável e feliz, solidário e justo. Mesmo que a apropriação de tal futuro esteja já particularizada, mesmo que ele seja um momento de renovado adiamento – e, a cada novo adiamento, expõem-se novas razões para renovadas ações empresariais –, sucedem-se novos produtos e novidades, da tecnologia atualizada à eficiência produtiva, do "planejamento estratégico" à "qualidade total", da transparência pública a visibilidade social, palavras e conceitos tão utilizados quanto vagos.

Aliás, voltando ao apoio às candidaturas mencionado no manual de *O Globo*, é recorrente a idéia de que o editorial pode apoiá-las, mas o noticiário não. Assim, ainda na campanha eleitoral de 1998, referindo-se às eleições para governador no Rio Grande do Sul, o jornal *Zero Hora* lembrou em editorial que "é função da imprensa facilitar o esclarecimento popular sem comprometer-se com facções políticas"[121]. (Lembro-me aqui do prêmio dado em 1994 pela Sociedade Interamericana de Imprensa ao jornal *Zero Hora*. O prêmio, o primeiro da categoria Opinião conferido a um jornal brasileiro, referia-se a uma série de editoriais publicados no *Zero Hora* sobre "a corrupção no país e o resgate dos valores éticos"[122].)

Retomando o caso Telebrás, o *Diário Catarinense*, com o mesmo editorial do *Zero Hora*, intitulado "Nova era nas comunicações", declarou: "O grande vencedor do megaleilão que atraiu ontem à Bolsa de Valores do Rio de Janeiro cerca de 40 pesos-pesados das finanças e das comunicações, que disputavam o controle acionário das 12 *holdings* do sistema Telebrás, foi o consumidor brasileiro"[123]. Matéria sobre a venda da Telebrás destacou que, com o leilão, o Brasil era o país que recebera mais investimento estrangeiro em todo o mundo em 1998, e que a privatização do sistema atrairia muitas outras empresas fornecedoras de equipamentos telefônicos[124]. Na mesma edição, sucederam-se notícias com títulos como "Telebrás põe país no topo do investimento mundial" (p. 4), "Governo é vencedor no maior leilão do Brasil" (p.14), "Consumidor vai sair ganhando" (p. 19), "Santa Catarina ganhará mais linhas" (p. 21).

Para Van Dijk, mesmo com variação de pessoas e contexto, "as opiniões sobre fatos presumivelmente expressam esquemas ideológicos subjacentes que também controlam as práticas sociais e, portanto, o discurso de maneira estratégica e com interesse próprio"[125]. De acordo com Lasch, "se considerarmos as relações públicas como outra forma de anúncio, o que dificilmente estaria fora da realidade, visto que os empreendimentos privados de inspiração comercial alimentam a ambos, temos agora que nos acostumar à idéia de que grande parte das 'notícias' é anúncio também"[126].

Mas qual a relação de *O Globo*, o *Diário Catarinense* e *Zero Hora* com isso? Como expliquei, o primeiro integra o conglomerado das Organizações Globo; os outros dois são do grupo RBS. A Telesp fixa foi comprada pelo consórcio formado pela Telefónica de Espanha, majoritariamente, com a RBS, o Banco Bilbao Vizcaya e a Iberdrola. Os dois primeiros grupos já controlavam a CRT (ex-telefônica estatal do Rio Grande do Sul). O lance para a compra da Telesp fixa, a mais ambicionada de todas as *holdings* do sistema Telebrás, foi superior ao apresentado pelo outro consórcio, formado pela Globopar (*holding* das Organizações Globo), pelo Bradesco e pela Telecom Itália. A Tele Celular Sul e a Tele Nordeste Celular foram adquiridas pelo consórcio formado pela Telecom Itália e pela União Globo-Bradesco (UGB)[127].

Agora, alguns dados. A *Folha de S.Paulo*, no dia seguinte ao leilão, trouxe algumas informações bastante interessantes. O BNDES financiaria 50% da entrada que os compradores pagariam, o que representava, segundo a *Folha*, 40% do valor da compra se aplicava às empresas nacionais que adquirissem empresas do sistema Telebrás[128]. E mais: o governo, conforme noticiado amplamente, pretendia utilizar o montante arrecadado para pagar a dívida do Estado, a dívida pública, enfim, para reduzir o déficit público[129].

Dados revelados pelo Epcom também mostram que o BNDES financiaria até 70% dos investimentos feitos pelas empresas privadas na banda B e até 40% dos empréstimos a empresas privadas do total de investimentos na compra e nos projetos de telefonia fixa e móvel. A meta, conforme a nota, era liberar dois bilhões de dólares anuais para o setor de telecomunicações. A economia que o governo faz com o desconto previdenciário de ativos e inativos do setor público, anualmente, equivale ao que um banco estatal cede por ano, como empréstimo facilitado, ao setor privado que se aventurou no ramo das telecomunicações[130].

É interessante ressaltar, brevemente, o que, na mesma época, dizia o editorial "A transparência necessária", do *Zero Hora*: "É tarefa do governo [...] zelar pelo equilíbrio de suas contas, evitando que o déficit público atinja níveis como os que inviabilizaram planos anteriores"[131]. O editorial referia-se ao relatório do Banco Central sobre o desempenho das finanças governamentais nos doze meses de julho de 1997 a junho de 1998. Em outro editorial, "As condições para crescer", o *Zero Hora* explicava: "Mesmo o maior negócio dos últimos anos com a privatização das telecomunicações no mundo, porém, com um resultado de R$ 22 bilhões, acaba se tornando pequeno diante das dimensões da dívida pública brasileira, que precisa ser equacionada. Ao final do ano passado, os gastos ultrapassaram as receitas em R$ 54,4 bilhões. É esse descompasso que precisa ser resolvido de imediato, para que o Estado possa cumprir compromissos em áreas como educação, saúde e segurança, que lhes competem de fato"[132].

Pode-se observar, portanto, que o governo, comprometendo mais os cofres públicos e a dívida pública, ainda financiaria empresas na compra de todo o sistema Telebrás por um valor inferior ao que o Estado investira nele (25 bilhões de reais) de janeiro de 1995 a junho de 1998. Um jornalismo ético, ou apenas um jornalismo que não seja submisso, teria farto material de denúncia por muito tempo, revelando dados e fatos resultantes da lógica setor privado–setor estatal. As conseqüências sociais de tal política são visíveis e se refletem nas áreas da educação, da saúde e outras.

As informações se confirmaram e foram exploradas posteriormente, já com o país apertando o passo em direção à crise econômica. O tom ufanista dos comentaristas econômicos, das matérias e dos editoriais foi envergonhado e gradativamente desmentido com a revelação de fatos e versões que não tardaram a chegar – como a precariedade da Telefónica Celular em São Paulo, com milhares de denúncias de mau atendimento na rede, serviços incompletos, informações sofríveis e desencontradas[133].

Cerca de quatro meses após a privatização da Telebrás, a *Folha de S.Paulo*, por exemplo, em matéria assinada por Elvira Lobato, revelou que as empresas compradoras disputavam o controle acionário e enfrentavam dificuldades para tocar o empreendimento[134]. Nos meses seguintes à aquisição de empresas de telefonia, o grupo RBS e a Globopar negociaram a revenda da sua participação em algumas das empresas adquiridas. A RBS, sócia dos majoritários Banco Safra e BellSouth no consórcio BCP, vendeu a eles seus 7%[135], preferindo concentrar-se na região Sul, onde também não teve condições de manter a CRT (hoje Telefónica Celular).

Enquanto isso, o consórcio UGB, que comprara metade das ações da Tele Celular Sul e da Tele Nordeste Celular no leilão de julho de 1998, vendeu sua participação nas duas empresas para o grupo Telecom Itália[136]. O comunicado da Globopar (*holding* das Organizações Globo) não informou as razões da venda. No entanto, a pequena matéria do *Zero Hora* revela que a Globopar tinha, em dezembro de 1998, dívida de 1,5 bilhão de dólares no mercado internacional, 500 milhões dos quais venceriam até o final de 1999.

Em fevereiro de 1999, novos dados divulgados pela agência de notícias financeiras Bloomberg e reproduzidos pelo Epcom indicavam que a dívida das Organizações Globo, agravada pela crise brasileira, chegava a dois bilhões de dólares, metade dos quais venceriam no mesmo ano. O endividamento, segundo o informe, devia-se especialmente aos investimentos da Globo em setores das telecomunicações, principalmente transmissões por satélite, televisão a cabo e internet. Em carta à Bloomberg, datada de 4 de fevereiro de 1999, a Globo contestou parcialmente os dados. Afirmou, no entanto, que os valores que venceriam nos meses seguintes representavam um terço da dívida bruta de 3,6 bilhões de dólares. A dívida líquida, informou a Bloomberg, chegava a 2,4 bilhões de dólares. De acordo com o Epcom, inaugurava-se, em janeiro de 1999, o novo parque gráfico do jornal *O Globo*, que custara 150 milhões de dólares, além dos novos estúdios da TV Globo em São Paulo[137]. O presidente da República esteve presente à inauguração da gráfica, conforme ampla repercussão nos veículos das Organizações Globo. O Estado ajudou a financiar o parque gráfico da Globo? Quanto deviam as Organizações Globo ao INSS? São perguntas a serem respondidas ao "contribuinte", à cidadania e à democracia pelo governo e pela fiscalização.

Vê-se que a posterior redefinição dos quadros societários dos adquirentes do sistema Telebrás, o socorro do Estado aos compradores, os serviços deficientes, desmentiram tanto os discursos sobre a *mais profunda mudança no cotidiano dos brasileiros*, a *nova fase do país*, a *eficiência e capacidade gerencial do setor privado* e a *revolução nas telecomunicações*. Isso não custou pouco, e o desemprego ampliado e o aumento do déficit público foram aspectos cada vez mais aparentes do processo das privatizações. As melhorias, o barateamento e a prestação eficiente dos serviços à população também poderiam ser propostos e implantados pelo Estado, que, administrado de forma eficiente, arrecadaria mais para investir em setores carentes da sociedade brasileira.

É interessante que o discurso empresarial, especialmente nos editoriais, recorre ao que Tereza Halliday chama de grandes temas legitimadores, referindo-se, em estudo específico, às multinacionais que tentam mostrar a competência da empresa, sua capacidade de ajudar os outros, identificar-se com o local em que atua e perseguir grandes ideais. Segundo Halliday, "a ação retórica ajuda a garantir a legitimidade, ao definir o poder de controlar todos os outros recursos de acordo com os melhores interesses e ideais dos interlocutores das empresas. Quando a expansão simbólica das fronteiras organizacionais consegue tornar esta definição a definição dominante no ambiente simbólico, as multinacionais podem, legitimamente, expandir/contrair todas as outras fronteiras em benefício próprio"[138].

Cabe mencionar aqui o que o jornalista e professor espanhol Sánchez Noriega chama de *fabricação da realidade mediada*. Referindo-se à abordagem da realidade feita pelo trabalho jornalístico, o escritor espanhol lembra que "ocultar dados, silenciar atividades de grupos ou pessoas, não informar sobre fatos, declarações de personagens públicos, investigações de organismos etc., é o primeiro mecanismo de desinformação"[139].

Essa desinformação em nada contribui para uma palavra que se tornou moda: *interatividade*. Ela significaria, idealmente, a participação e a reciprocidade do público com os meios de comunicação, estabelecendo um convívio compartilhado em debates acerca de um tema, em debates sobre idéias e opiniões solidificadas por meio deles. Tal interatividade, como afirma Dantas, "longe de vir a ser uma prática real de democracia, não passará de um ato de escolha plebiscitária entre as opções oferecidas pelo 'mercado', ou seja, valorizadas pelo capital". Com isso, surge um "mercado de idéias", não mais no sentido da afirmação de sujeitos capazes de intervir conscientemente em seu mundo, mas no sentido de produtos "que se compram e vendem em função das estratégias de acumulação dos produtores culturais, sejam estes industriais do cinema ou do disco, produtores de programas de computador, ou projetistas e fabricantes de automóveis, peças de vestuário, etc."[140] Entra, nesse caso, o mundo futuro "vendido" ou "marquetizado" pela privatização.

Voltemos especificamente à privatização da Telebrás. Na semana anterior a ela, a *IstoÉ* lembrou: "uma equipe de 400 advogados da União vai estar a postos para derrubar as cerca de 200 ações que deverão ingressar nos tribunais em todo o País constestando a validade da privatização. É uma verdadeira engenharia montada para que, no final, se conheçam os novos barões das telecomunicações no Brasil – um setor cujo faturamento superou nos últimos dois anos a receita alcançada pelas empresas de petróleo, até então o negócio mais lucrativo do século XX"[141].

Por isso, tornam-se sem sentido, a não ser o de uma retórica esvaziada ou o de certo cinismo, as palavras do editorial "Aceleração das privatizações", de 10 de fevereiro de 1997: "Indispensáveis ao ajuste das contas públicas, ao desenvolvimento econômico e à sustentação do Plano Real, as privatizações e as concessões devem assumir posição prioritária nestes dois anos finais do governo Fernando Henrique Cardoso"[142].

O relatório da revista *Exame* sobre as "melhores e maiores" empresas de 1997 mostra que as cinco que obtiveram *maior lucro líquido* eram estatais. Em segundo e quinto lugar apareceram, respectivamente, a Telesp e a Embratel, duas das *holdings* privatizadas no sistema Telebrás. A Telesp obteve o lucro líquido ajustado de 1,086 bilhão de dólares, enquanto a Embratel chegou a 479 milhões de dólares. A primeira empresa privada da lista, a Brahma, aparece em sexto lugar, com 420 milhões de dólares. A Telesp também figurava na lista das empresas "maiores por venda", em oitavo lugar, sendo que, neste item, as duas primeiras eram estatais, a Petrobras e a Petrobras Distribuidora. No item "maiores por patrimônio", a Telesp ocupava o sexto lugar, a Embratel, o décimo terceiro lugar, e a Telerj, o décimo sexto[143].

Das vinte empresas mais endividadas, todas, conforme a *Exame*, eram privadas. A TVA (segundo lugar) e a Editora Globo (quinto lugar) atuam diretamente na mídia[144]. Trata-se de má administração e devem ser estatizadas para ter mais eficiência e lucratividade? E eu nem sequer mencionei a diferença de finalidades sociais da empresa estatal ou pública e da empresa privada, já que todo o lucro das primeiras não cabe a particulares, a não ser em casos ilícitos. A inversão social, pública, perde terreno para a apropriação particular dos destinos administrativos da sociedade. A dívida da Editora Globo, por exemplo, chegou, em 1997, a 117 milhões de dólares. Quanto desse total era devido aos cofres públicos?

Vejamos o que a revista *Época*, da própria Editora Globo, publicou em 27 de julho de 1998, semana da privatização da Telebrás. Com a chamada de capa "Que venham os telefones", a matéria principal destaca que "os recursos arrecadados [com a venda] serão integralmente utilizados no abatimento da dívida pública. É uma boa ajuda no controle do déficit público, considerado o calcanhar-de-aquiles do Plano Real"[145]. Quem sabe não seria o caso de pautas generosas sobre a dívida privada, talvez o calcanhar-de-aquiles das desigualdades sociais, das injustiças no país, das mortes por falta de saúde e da carência financeira da maioria da população brasileira?

O capítulo sobre "Questões éticas" do *Manual de redação e estilo* de O Globo assevera: "é inaceitável que o processamento da informação seja posto a serviço de fins políticos, ideológicos e pessoais. [...] Mesmo sabendo que a isenção total é impossível, o jornalista tem que tentar, permanentemente, ser tão isento quanto possível"[146]. Vários jornalistas tentam e conseguem ser isentos inúmeras vezes; em outras ocasiões, a edição, o ângulo da abordagem e a proposição de pautas levam os ideais para uma lógica particularizada, como foi a da privatização do sistema Telebrás. Diz ainda o manual: "As exigências éticas não prejudicam a prática do jornalismo; ao contrário, elevam a qualidade da informação. [...] O que ela [a decisão de não publicar] jamais pode refletir é covardia ou interesse subalterno que se disfarça de norma ética para fugir ao dever de publicar"[147].

Isso não é novidade. Entre os cinco itens da "arte de dizer" incluídos na *Rethorica ad Herennium*, de Cornifício (retórica do período romano), estão:

> A invenção (*inventio*) é a capacidade de encontrar argumentos verdadeiros ou verossímeis que tornem a causa convincente; a disposição (*dispositio*) é a ordenação e a distribuição dos argumentos; [...] a elocução (*elocutio*) é o uso de palavras e de frases oportunas de maneira que se adaptem à invenção; a memória (*memoria*) é a presença duradoura dos argumentos na mente, assim como de palavras e de sua disposição [...][148].

Quando estourou o escândalo do então Banco Econômico, sem condições para se autogerir como empresa privada, e diante das ameaças do senador baiano Antônio Carlos Magalhães (com muitos negócios com o banco falido), o presidente Fernando Henrique Cardoso garantiu que "nenhum tostão do Tesouro Nacional" seria "usado para tapar buracos"[149], referindo-se à má gestão da iniciativa privada, especialmente, no caso, do Banco Econômico. Tirou do Tesouro e deu não só ao Econômico, mas também a uma série de outros bancos privados que deram enormes prejuízos ao Estado e, portanto, à sociedade. Parte do dinheiro, financiado pelo Proer, criado pelo Banco Central, não voltou, e quem arcou com as despesas foi "o contribuinte". É dinheiro que salvou muitos empresários e preservou a iniciativa privada.

De acordo com a *IstoÉ*, com base nos documentos apurados pelo Ministério Público Federal, o ex-Banco Nacional deixou de pagar R$ 4,98 bilhões de reais (vencimento em 13 de novembro de 1996), enquanto o ex-Bamerindus devia, em julho de 1998, outros três bilhões de reais, vencidos em 16 de março daquele ano. Enquanto isso, o primeiro grande banco privado a quebrar, à época, o Nacional, socorrido pelo Proer em agosto de 1995, devia, três anos depois, 2,9 bilhões de reais[150].

Nos documentos do Ministério Público Federal, também há investigação sobre o tratamento diferenciado entre a atenção ao Banco do Brasil e aos bancos privados. O Banco Nacional, por exemplo, arrancou 4,7 bilhões de reais do Banco do Brasil três meses antes de sofrer intervenção do Banco Central, em novembro de 1995. O resultado se refletiu no desempenho do BB no ano seguinte, a partir do qual a mídia desferiu uma série de ataques à instituição que mais emprestava dinheiro, junto com a Caixa Econômica Federal, ao setor privado brasileiro.

Caberia à mídia repercutir a investigação do Ministério Público Federal com a mesma intensidade com que os prejuízos sociais causados pelo Estado privatizado atingem a população: desemprego, mau atendimento de saúde, aumento de doenças, ensino inexistente ou ruim, falta de moradia, aumento do índice de criminalidade.

Quase nada saiu na imprensa a respeito da investigação – apenas concisos comunicados da grande mídia, inclusive das empresas favorecidas pela má situação da administração pública. O jornal *Zero Hora* ressaltou que "o governo federal não vai prestar contas ao Congresso sobre o impacto das operações de socorro aos bancos no âmbito do Programa de Estímulo à Reestruturação e ao Fortalecimento do Sistema Financeiro Nacional (Proer). A decisão está em um dos 14 vetos feitos pelo presidente Fernando Henrique Cardoso à Lei de Diretrizes

Orçamentárias (LDO) de 1999, aprovada pelo Legislativo antes do recesso"[151]. Na *Folha de S.Paulo*, a notícia, bastante curta, informa que o presidente havia vetado o artigo da LDO para o próximo ano que obrigava o governo a informar o impacto das operações do Proer nos resultados do Banco Central de 1997 a 1999. Segundo a matéria, a justificativa do presidente para o veto era "evitar o acesso a informações que fogem ao Orçamento, como saldos registrados em reservas bancárias e *empréstimos concedidos ao sistema financeiro nacional*"[152].

O assunto merecia investigação jornalística com durabilidade comparável à do "maníaco do parque" de São Paulo ou da própria campanha em favor da privatização de empresas como a Telebrás, a Companhia Siderúrgica Nacional ou a Vale do Rio Doce. A mídia não usou a palavra *calote* no caso do Proer, onde cairia bem, mas sim nas matérias de jornal e nos noticiários contra os governadores que, no início de 1999, queriam renegociar com o governo federal as dívidas estaduais e propunham um novo pacto federativo.

É muito apropriado voltar a citar o editorial "A ressurreição da ética", do *Diário Catarinense*, embora bem anterior: "Se os modelos de uma sociedade começam de baixo para cima no desenho de uma pirâmide, e se à parte das elites é dada a possibilidade de ilícito enriquecimento sem que haja qualquer cobrança pelo delito praticado, naturalmente as camadas economicamente inferiores acham-se livres e estimuladas para seguir o exemplo"[153]. O lastimável foi que a ausência de investigação jornalística duradoura e consistente sobre os verdadeiros responsáveis pelos desvios do dinheiro público acabou "comprometendo" os "suspeitos" de sempre – os funcionários públicos, os "altos salários" pagos pelo Estado, a "má administração e ineficácia" do Estado.

Para Norval Baitello Junior, "a representação icônica da simultaneidade – e portanto do presente – é a colagem. Seus principais procedimentos são ocultamento, corte e intersecção. Portanto procedimentos de essência negativa". O professor lembra que os símbolos necessitam ser afirmados reiteradamente para que sejam eficazes e, quando se tornam desgastantes e cansados, são substituídos por novos suportes[154].

Quando, logo após a privatização do sistema Telebrás, estourou a crise na Rússia, que fez despencar as bolsas em todo o mundo, atingindo o Brasil, parte da mídia utilizou uma nova expressão, "o dever de casa". Faltava, ao Brasil, fazer *o dever de casa*. Aí sim, tudo se resolveria. Qual era o dever de casa? Já que o processo de privatização anterior não mostrava os resultados desejados, faltavam então a reforma da Previdência e o corte ainda maior dos gastos públicos. Assim, o déficit público, responsável pela evasão das reservas do país, entre outros, seria reduzido ou resolvido.

Contudo, o corte e a sonegação de informações foi mais gritante. Não houve pautas duradouras (com honrosas exceções de comentaristas ou colunistas) que tratassem da gigantesca dívida das empresas privadas, as da mídia inclusive, com a própria Previdência, com os bancos estatais. Elas eram, portanto, grandes contribuintes do aumento do déficit público. E sugadoras de dinheiro, em áreas como saúde e educação, e de salários mais razoáveis. Nesse aspecto, de fato a mídia executa a função de sincronizadora do calendário público e da ordenação social, adequando novos argumentos, expressões, suportes de um projeto particularizado, embora o debate ocorra no que idealmente seria o "espaço público". A dessincronia social ocorre com a emergência de eventos surpreendentes, como a crise na Rússia ou um atentado à bomba, que desestruturam as relações sociais e o discurso inicial da mídia. Isso tem conseqüência no comportamento individual, que, imerso na ansiedade de solucionar a vida, a vê esfumar-se no horizonte de um futuro sempre adiado.

Foi exatamente com o editorial "O dever de casa"[155] que o *Zero Hora* assegurou que o ajuste fiscal rigoroso no país era o ponto central para reduzir "a necessidade de capital externo para financiar" as contas públicas brasileiras. O jornal apoiava integralmente o presidente reeleito Fernando Henrique Cardoso, que pretendia adequar o Brasil ao tamanho de sua receita, "cortando gastos, evitando endividamento e promovendo a poupança doméstica". Ora, quem sabe o aumento da arrecadação, com a cobrança também rigorosa da dívida do setor privado com o setor público, reduzisse a necessidade de um ajuste fiscal que prejudicasse grande parte do Estado em seus compromissos com as áreas sociais. Combater a sonegação privada da Previdência, evitar a destinação de verbas do Estado para subsidiar a compra de estatais e suspender o perdão à dívida privada com bancos estatais também auxiliariam o equilíbrio econômico nacional, a elevação da competitividade e o reconhecimento do Estado internacionalmente. Tudo isso contribuiria para diminuir a injustiça social, em que desemprego não combina com consumo, violência é refém de empobrecimento e sonegação é sinônimo de criminalidade.

Ao final de 1998, caiu o ministro das Comunicações do governo Fernando Henrique Cardoso. O grampo no telefone do então ministro Luiz Carlos Mendonça de Barros comprovou seus vínculos com algumas empresas interessadas em participar de compras de telefônicas no processo de privatização do sistema Telebrás[156]. Alguns consórcios teriam sido beneficiados, o que despertou a irritação de outros. Com a renúncia do ministro, não seguiu adiante a CPI que germinava, o que levou ao fim do debate público sobre o tema e ao fim do conhecimento de todas as implicações, responsabilidades, desvios e irregularidades no caso. Mesmo com todas as denúncias contra a postura ética de Mendonça de Barros, a reação imediata do governo, seguida por parte da mídia, foi de investigar não as denúncias, mas procurar o responsável pelo grampo. Embora a escuta fosse ilegal, era imprescindível, do ponto de vista do interesse público, investigar o conteúdo das conversas e todas as suas implicações. Só o fizeram jornais sindicais, poucos veículos de grande circulação (muito esporadicamente), alguns colunistas (como Jânio de Freitas, da *Folha de S.Paulo*), a *Carta Capital* e jornais como *Tribuna da Imprensa*[157].

Advertindo que a sociedade brasileira pode chegar a um perigoso *ponto de não-retorno*, Freire Costa observa que o comportamento social talvez esteja tomado por um quarteto formado por *violência, cinismo, narcisismo* e *delinqüência*. Em que contribui o discurso sofístico, próximo do cinismo, para isso? Diz o psicanalista que

> Se não há mais como recorrer a regras supra-individuais, historicamente estabelecidas pela negociação e pelo consenso, para dirimir direitos e deveres privados, tudo passa a ser uma questão de força, de deliberação ou decisão, em função de interesses particulares. Donde o recurso sistemático à violência, à delinqüência, à mentira, à escroqueria, ao banditismo "legalizado" e à demissão de responsabilidade, que caracterizam a 'cultura cínico-narcísica' dos dias de hoje[158].

Para entender um pouco o déficit público, pelo qual o setor privado (empresas da mídia inclusive) é grande responsável, destaco reportagem sobre o Proer na *IstoÉ* de 29 de julho de 1998[159], data da privatização da Telebrás. Na capa, *IstoÉ* estampa o título "Bancos dão calote de R$ 10 bilhões", denúncia significativa, esquecida ou amenizada em jornais como *O Globo*, *Zero Hora* ou *Diário Catarinense* ou revistas como *Veja*.

A dimensão das conseqüências sociais do fato exigia uma cobertura muito mais ampla e minuciosa. E o grau da denúncia dos bancos "caloteiros" poderia ter-se aproximado do que a mídia revela quando se trata de empresas públicas/estatais. A *IstoÉ*, no caso, revelou o jornalismo qualificado.

Nos três anos de agosto de 1995 a julho de 1998, o Proer "socorreu oito bancos privados e cobriu prejuízos superiores a R$ 20 bilhões" (p. 108), valor próximo do total do obtido com a venda do sistema Telebrás, que seria usado em sua maioria para abater a dívida pública. O calote do total dos 20 bilhões de reais investidos nos bancos privados atingiu, em julho de 1998, mais da metade, isto é, mais de 10 bilhões de reais. Os principais "caloteiros", segundo a revista, eram precisamente os então Econômico, Nacional e Bamerindus.

O valor destinado ao socorro dos bancos privados, segundo dados do Dieese, equivalia em 1996 a mais de 50% de toda a folha de pagamento do governo federal. Além disso, foi cinco vezes superior, naquele ano, ao destinado pelo governo federal para os setores de habitação e saneamento[160].

Tais dados mereciam pautas sistemáticas e duradouras, mostrando os prejuízos sofridos pelo setor público em decorrência de tal diretriz governamental. Realmente houve benefício privado gerado pelo setor público, que aumentou o próprio déficit ao salvar bancos privados, alguns deles com sócios também proprietários de emissoras de rádio, de televisão e de jornais. O interesse público, ideal da busca de informação isenta e precisa, esbarrou na privatização do espaço público. E desmentiu o que está escrito, por exemplo, no mencionado artigo 6º da Declaração de Chapultepec, que volto a enfatizar: "Os meios de comunicação e os jornalistas não devem ser objeto de discriminações ou favores em função do que escrevam ou digam".

No entanto, muitas vezes o espaço público mediado pelo jornalismo não participa desse projeto. Tal espaço público, propondo um debate plural sobre a vida, o presente e o futuro, é limitado pelo que tanto Pross como Irene Vasilachis chamam de *violência simbólica* exercida pela palavra. Isso acontece quando, segundo a autora argentina, a palavra, pela persistência e inserção em redes semânticas reiteradas, reproduz acontecimentos, tragédias, processos sociais "em um contexto em que não se apresentam modelos alternativos de interpretação da realidade e no qual a maior parte dos atores sociais não pode usar como arma suas pretensões de validade e participar consensual e cooperativamente da produção do mundo da vida, da criação das normas que regulam seu comportamento"[161].

A desvalorização do real e o lucro escuso dos bancos privados também são responsáveis pelo aumento do déficit. O dinheiro que o setor privado deve ao INSS ajudaria a pagar a dívida externa brasileira (em torno de 400 bilhões de reais em abril de 1999), quitar a dívida dos Estados com a União (ao redor de 300 bilhões de reais) e cobrir o próprio rombo previdenciário (26 bilhões de reais em abril de 1999). A *Veja* revelou os dados na matéria "Vai sair do seu bolso"[162], na qual afirmou que, se cada trabalhador pagasse 930 reais por mês, esses e outros problemas financeiros e econômicos do Brasil estariam resolvidos. No entanto, a dívida do setor privado, ao redor de 900 bilhões de reais, foi esquecida na estatística e na comparação. Vai sair do bolso do contribuinte, possivelmente, mas a estatização do setor privado, responsável financeiro pela crise brasileira, dificilmente ocupará a cena pública duradouramente, mobilizando a chamada opinião pública.

Os códigos éticos/deontológicos, que apontam para isso ao definir as finalidades do jornalismo, parecem esquecidos em alguma gaveta. Porém, são usados exemplarmente como ápice da razão cínica, quando *interesse público* é tido como privatizar empresas públicas lucrativas e minimizar os prejuízos sociais causados pela má administração, pelos rombos e pela corrupção de parte do setor privado (em parceria com alguns dos que ocupam cargos no governo), que assalta o Estado nacional diariamente.

Enfim, os modelos alternativos, consistentes e permanentes de interpretação da realidade foram sucateados no espaço público da mídia, em que a sociedade se enxerga, move-se e intervém. Esbarram em uma eficaz retórica e em um bem vestido e disfarçado cinismo ético.

O subsídio ao papel-jornal e a "liberdade de expressão"

A edição de novembro de 1993 do *Jornal* ANJ traz matéria com o título "Projeto apóia leitura de jornais". Diz ela: "Levar os jornais às salas de aula e, a partir daí, incentivar os estudantes ao hábito da leitura é o objetivo do projeto de lei apresentado à Mesa da Câmara, em novembro, pelo deputado federal Carlos Azambuja (PPR-RS)" – ex-prefeito da cidade de Bagé (RS) no depois PPB e hoje PP. O então deputado, para quem a informação era "urgente e vital à sociedade brasileira", assinalou que "o Programa de Leitura de Jornais junto às escolas públicas urbanas e rurais vem a ser uma atividade complementar dos currículos". Azambuja explicou que, "para que o acesso às informações diárias seja o mais amplo possível, as escolas deverão receber diariamente pelo menos um jornal local ou regional". O autor do projeto era, então, um dos donos do jornal *Correio do Sul*, da mesma cidade de Bagé, administrado por seu filho Luiz Olavo Azambuja.

Bem, mas... e os recursos? O projeto estabelece que os recursos "serão previstos no Orçamento do Ministério responsável pela educação, além da possibilidade de que se agreguem à idéia contribuições voluntárias de pessoas jurídicas, inclusive das próprias empresas jornalísticas, as quais terão esses *custos dedutíveis do imposto de renda*"[163]. É *louvável* o encaminhamento de projetos que façam a população ler e se informar mais. É *moralmente duvidoso* quando tais projetos favorecem, prioritária e imediatamente, os subscritores das propostas.

E esse é apenas o aperitivo para tratar do papel-jornal.

Um dos grandes temas desenvolvidos em editoriais da mídia brasileira é o de que a livre concorrência, a competitividade e uma menor ingerência do governo federal e do Estado nos assuntos privados são a base da democracia e do crescimento e desenvolvimento econômico-sociais.

As pautas são escolhas técnicas, mas também morais. Técnicas, por exemplo, ao considerar de interesse público fatos que tenham relevância e abrangência sociais. Mas na própria escolha técnica está contida também uma forma de relevância moral de determinado fato em detrimento de outro.

Quando temas ou fatos que se coadunam com esses princípios vêm à tona, eles ganham determinado destaque e tempo maior ou menor de cobertura. Outros, embora pareçam igualmente relevantes, pouco são tratados ou então são menosprezados.

A verdade é que em muitos deles existe envolvimento direto de empresas da mídia e, portanto, de seus interesses. Assim, como venho ressaltando, consecutivamente não passam de mera retórica ou mero cinismo algumas declarações e códigos éticos ou deontológicos cujos princípios, defendidos ardorosa e solenemente, não se sustentam no noticiário ou nos editoriais. Pode-se recordar o artigo 3º do Código de Ética da ANJ, em que os jornais brasileiros comprometem-se a "apurar e publicar a verdade dos fatos de interesse público, não admitindo que sobre eles prevaleçam quaisquer interesses". Pode-se recordar o artigo 2º da Carta de Princípios de Chapultepec, em que empresários filiados à Sociedade Interamericana de Imprensa asseguram que "toda pessoa tem direito de buscar e receber informação, expressar opiniões e divulgá-las livremente. Ninguém pode restringir ou negar esses direitos", ou ainda o artigo 6º, que estipula que "os meios de comunicação e os jornalistas não devem ser objeto de discriminações ou favores em função do que escrevam ou digam". Favores atendem por diversos nomes; um deles pode ser a utilização da representação pública, no Congresso, para beneficiar particulares por meio de projetos de lei.

O subsídio ao papel-jornal para as empresas jornalísticas, apesar de tema de interesse público, raramente é tratado com isenção. Suscitou mais comentários diante do possível fim da subvenção estatal (disfarçados de crítica ao cerceamento da livre circulação de idéias), mas não chegou, como polêmica ou contradição, às páginas dos noticiários, embora tenha estado na ordem do dia do Congresso Nacional.

A crise internacional da produção de papel-jornal, ocasionada pela falta de celulose no mercado mundial, apresentou um problema que a mídia praticamente ignorou. Os jornais brasileiros preferiam importar o papel-jornal, livre de impostos, uma vez que a compra do nacional paga imposto sobre circulação de mercadorias e serviços (ICMS). Ou seja, o Estado subsidia empresas jornalísticas. O Estado deixa de arrecadar impostos que poderia aplicar na área social para investir no crescimento e na diversidade de jornais, os quais, muitas vezes, criticam os subsídios governamentais a outros setores da produção.

Em abril de 1995, a crise do papel preocupou empresários do setor. A Associação Nacional dos Fabricantes de Papel e Celulose informava que o Brasil era auto-suficiente na fabricação de todos os tipos de papel, menos no utilizado na imprensa. O então diretor comercial da Pisa, Franco Porta, confirmou que o Brasil dependia da importação de papel de imprensa, porque "plantar e produzi-lo aqui" não era "bom negócio", e, por isso, descartou o aumento da produção brasileira[164].

O Brasil importava, então, 60% do papel de imprensa que consumia. Os outros 40% vinham das empresas Pisa e Klabin. Por esse motivo o então diretor do Comitê de Gestão de Jornais da Associação Nacional de Jornais, Ricardo Saboya, do *Diário Popular* de São Paulo, declarou que "o governo deveria rever sua posição em relação às taxas de juros, que continuam altas, inibindo a produção"[165].

O pedido de Saboya transformou-se, em 1997, em esperança para Franco Porta, em decorrência de nova lei complementar sobre ICMS aprovada no Congresso Nacional no final do ano anterior.

Pouco depois, o diretor superintendente da Klabin Fabricadora de Papel e Celulose S. A., Unidade Paraná, Josmar Verillo, explicou que "os produtores nacionais não querem subsídios, mas concorrer em uma situação equilibrada"[166]. Subsídio mudou de nome?

É certo que a crise internacional do papel-jornal pode prejudicar primeiro pequenos jornais e a expressão de idéias, fatos e versões de diferentes setores sociais com pequena capacidade financeira. Mas também é certo que empresários da mídia pedem o fim do subsídio do Estado a setores que consideram improdutivos ou que oneram os cofres públicos. Dois pesos e duas medidas?

No entanto, foi só o então deputado Eduardo Jorge, do Partido dos Trabalhadores, defender na Câmara dos Deputados o fim do subsídio governamental ao papel-jornal, argumentando, entre outras coisas, que a arrecadação de impostos correspondentes poderia ser investida em saúde, educação etc., que a mídia *jornal* alvoroçou-se, garantindo que a liberdade de expressão e, por conseguinte, a democracia estavam ameaçadas. Discursos com esse teor certamente sensibilizam as pessoas, e também se dá força a eles com enquetes e outras estratégias de *marketing*, que contaminam o noticiário e fazem o jornalismo viver, lamentavelmente, a "marquetização" informativa, não admitida em códigos deontológicos subscritos pelos mesmos empresários.

Ao mesmo tempo, as empresas brasileiras produtoras de papel-jornal, a Klabin e a Pisa, não investiam em maior produção ou renovação tecnológica exatamente porque os jornais não se comprometiam a comprar mais no mercado interno: prefeririam que o governo, indiretamente, facilitasse sua vida no mercado internacional[167].

Em outubro de 1993, Eduardo Jorge apresentou proposta de emenda à Constituição, suprimindo as alíneas *b, c* e *d* do inciso VI do artigo 150 da Constituição Federal, promulgada cinco anos antes, em 1988. O inciso VI diz que é vedado à União, aos Estados, ao Distrito Federal e aos municípios a instituição de impostos sobre "b) templos de qualquer culto; c) patrimônio, renda ou serviços dos partidos políticos, inclusive suas fundações, das entidades sindicais dos trabalhadores, das instituições de educação e de assistência social, sem fins lucrativos, atendidos os requisitos da lei; d) livros, jornais, periódicos e o papel destinado a sua impressão".

No que diz respeito a livros e jornais, o deputado argumentou na justificativa da proposta: "A revogação da imunidade dos livros e jornais parece, à primeira vista, indefensável.

No entanto, a imunidade é criação nossa. Não é princípio constitucional alhures. Na França, por exemplo, os livros estão sujeitos ao IVA e são tributados pela alíquota de 5,5%"[168]. E afirmou, antecipando-se à resistência à proposta especialmente dos empresários donos de jornais e revistas: "A tributação de livros e jornais não fere a liberdade de imprensa, assim como a tributação do arroz e do feijão não fere o sagrado direito à vida. E tanto não fere que os lucros auferidos pelos editores estão sujeitos ao imposto sobre a renda, assim como os direitos autorais e salários dos jornalistas e demais empregados nessas indústrias". E, ao final da argumentação, lembra: "a revogação dessas imunidades fortalece a posição daqueles que, como nós, pensam que todas as camadas da sociedade devem contribuir para o fim comum, cada uma, é evidente, de acordo com suas possibilidades, que nossa Lei Magna chama da capacidade econômica".

Lembrando que tais artigos eram ainda originários da Constituição de 1946, o parlamentar observou que não se poderia prever "que medidas baixadas com a melhor das intenções fossem utilizadas anos mais tarde para promover a evasão fiscal, abrigando-se à sombra da Lei Maior uma série de contribuintes que nem de longe poderiam pleitear os benefícios tributários concedidos pela Constituição", referindo-se à divisão e apropriação de lucros e imóveis, por exemplo, pertencentes a templos e instituições educacionais privadas. No caso de entidades sindicais e partidos políticos, o parlamentar lembrava que tais imunidades decorriam do casuísmo e do corporativismo existentes na Constituinte de 1987-1988 e, portanto, deviam cair também.

A proposta não seguiu adiante, apesar da adesão de dezenas de parlamentares. A pressão mais forte partiu de empresários da mídia e seus representantes, que declaravam que a proposta carregava o germe da censura. Os princípios de códigos éticos empresariais no jornalismo foram incluídos na argumentação.

Os empresários, defensores tão ardorosos da livre iniciativa, da livre concorrência e da não-ingerência governamental, simplesmente continuaram defendendo o subsídio estatal ao papel-jornal, sob a forma de isenção tributária. Tira-se da saúde e da educação para rechear ainda mais o bolso empresarial, embora o déficit público aumente, o desemprego se acelere e o desespero e a violência sociais cresçam, em um país que está na ponta entre os que têm maiores desigualdades sociais e mais concentração de riqueza.

O principal argumento era o da defesa da liberdade de expressão, ameaçada pela suspensão do subsídio, que acarretaria prejuízos financeiros e a possibilidade do fechamento de muitos jornais e, com eles, o fim do direito do público de saber o que se passa. Para quem não está imerso no cotidiano do jornalismo, os discursos talvez sejam convincentes. Mas quem vive cotidianamente os fatos nas redações também sabe que os argumentos são usados menos como defesa do jornalismo e mais como garantia de aumento de lucros e da proteção dada pelo Estado, embora este seja tão combatido quando se envolve na fiscalização de empresas da mídia.

Os argumentos estão nos próprios códigos éticos empresariais e nas declarações sobre a importância social da informação, posteriormente privatizada tanto no Parlamento como em editoriais que sugerem a desestatização de instituições como a Petrobras, o Banco do Brasil e a Caixa Econômica Federal. O artigo 5º da Declaração de Chapultepec diz que "as restrições à circulação dos meios, [...] a criação de obstáculos ao livre fluxo informativo [...] se opõem diretamente à liberdade de imprensa", enquanto o artigo 7º lembra que "as políticas tarifárias e cambiais, as licenças de importação de papel ou equipamento jornalístico, a concessão de freqüências de rádio e televisão e a veiculação ou supressão da publicidade estatal não devem ser utilizadas para premiar ou castigar os meios de comunicação ou os jornalistas".

Aparentemente, são belas frases, subscritas no México por empresários da mídia – inclusive brasileiros – em março de 1994, precisamente quando tramitava no Congresso Nacional a proposta de Eduardo Jorge. Acentuaram-se argumentações como as do artigo 7º, de que o bem maior, o interesse público da circulação de informações, estava acima de qualquer tributação como a proposta pelo deputado.

Entretanto, sabe-se que, assim como os subsídios, a censura tem muitas faces. Sonegação de imposto de renda, de ICMS e de contribuição previdenciária, quando minimizada na mídia cotidianamente – ou nem sequer tratada – também são censura e impedimento da livre circulação de informações de interesse público. É dinheiro público utilizado em benefício privado, dinheiro que, embolsado por particulares, impede pessoas de serem atendidas em hospitais, de freqüentarem escolas, de morarem sob qualquer teto, de produzirem na terra, de comerem o mínimo indispensável à vida. É dinheiro que falta àqueles que posteriormente aderem à violência, ao narcotráfico, que aderem ao outro lado do Estado, institucionalizado pela legitimidade de movimentos que produzem, na marginalidade cotidiana, outras relações sociais. E produzem fatos de especial significação. A mídia poderia e deveria ser pauta sistemática de si mesma, porque o que diz e faz também repercute na vida social da humanidade.

As novas elites, acusa Lasch, desconhecem a cidadania e, em vez de apoiarem os serviços públicos, aplicam o seu dinheiro "na melhoria de seus próprios enclaves fechados em si mesmos. Pagam com prazer as escolas particulares de subúrbios, a polícia particular, os sistemas particulares de coleta de lixo; mas conseguiram se livrar, impressionantemente, da obrigação de contribuir para o tesouro nacional. Seu reconhecimento das obrigações cívicas não vai além de seus vizinhos mais próximos"[169]. As observações de Lasch, embora se refiram à tendência da sociedade americana, ajustam-se perfeitamente à análise de parte das elites brasileiras.

Três anos depois da apresentação da proposta de Eduardo Jorge, na sessão de 26 de outubro de 1996, o Supremo Tribunal Federal ampliou os benefícios aos empresários da mídia.

Concedeu, por seis votos a cinco, a isenção de impostos "sobre insumos importados, como filmes, papel fotográfico e papel fotográfico para fotocomposição por *laser*". O resultado atendeu o recurso extraordinário da *Folha de S.Paulo* contra a Fazenda paulista, cujos fiscais exigiam o pagamento de ICMS quando tais produtos entravam no país.

Na justificativa para a decisão que desempatou a contagem, o então presidente do Tribunal, ministro Sepúlveda Pertence, lembrou que não poderia ficar indiferente às considerações, "no sentido de que imunidade como esta, que é um instrumento de valores eminentes, que são, além da liberdade, os do estímulo à circulação de informações e de cultura". Conforme o jornal, a decisão, embora beneficiasse imediatamente a Empresa Folha da Manhã (proprietária da *Folha de S.Paulo*), deveria ser estendida espontaneamente ou por recursos ao STF às demais empresas jornalísticas[170].

Sepúlveda Pertence também lembrou que a origem da imunidade estava na Constituição de 1946 (pouco alterada nesse aspecto em 1988), a qual, cinqüenta anos antes, havia sido uma resposta dos constituintes "à manipulação pelo governo autoritário do Estado Novo, que vinha de ser derrubado, do chamado papel de imprensa importado, como forma de controle político da imprensa"[171]. O cenário mudou, mas os benefícios permanecem.

Mais adiante, em 8 de junho de 1998, o Grupo de Trabalho Papel de Imprensa, criado pela Associação Nacional de Jornais, reuniu-se em Brasília com representantes do BNDES, da Pisa e da Klabin a fim de "buscar meios para desenvolver e implantar mecanismos que permitam o aumento da produção brasileira de papel de imprensa"[172]. A presença do BNDES na reunião significava a facilitação de recursos públicos para "defender a liberdade de imprensa" ou a "circulação de idéias"? A insinuação tem razão de ser. O então presidente da ANJ, Paulo Cabral, já admitia haver "uma série de gargalos a dificultar o aumento da produção, dentre eles a instabilidade de mercado, pontos de vista divergentes, deficiências de investimento, *falta de finan-*

ciamentos adequados, problemas tributários e custo Brasil"[173]. Ora, o que significa "falta de financiamentos adequados" e "problemas tributários"? Juros subsidiados nos empréstimos e isenção tributária? E, a partir disso, pressão sobre o governo e o Congresso pela aprovação de medidas que caminhassem em tal direção? Parece-me que a redução da margem de lucro e a distribuição de dividendos sociais passam bastante ao largo da lógica do empresariado da mídia, mesmo sabendo-se que impostos e contribuições são essenciais para o Estado democrático.

O mesmo artigo 150 da Constituição que Eduardo Jorge pretendia emendar estipula, no inciso IV, que também é vedado à União, aos Estados, ao Distrito federal e aos municípios "utilizar tributo com efeito de confisco".

Mas parece que o cinismo não tem limites. Em dezembro de 1998, o *Jornal da Tarde*, afiliado à ANJ, estampou como chamada central de primeira página: "Você pode pagar pelo perdão aos inativos"[174], referindo-se à rejeição no Congresso Nacional de medida provisória do governo para aumentar as alíquotas de contribuição previdenciária dos servidores públicos federais da ativa e criar alíquota para os servidores inativos, que contribuíram a vida inteira. E o JT explicava, logo abaixo, do título: "O governo não abre mão dos R$ 2,6 bilhões que arrecadaria se a MP que estabelece a contribuição dos servidores públicos inativos fosse aprovada. Agora, ameaça com duas opções para arrecadar essa quantia em 99: mais cortes no orçamento e aumento de alíquotas de impostos ou até mesmo criação de novos tributos, como o imposto sobre combustíveis".

Em janeiro, a medida foi ampliada e reapresentada. Correram soltos o oferecimento de cargos, as ameaças a parlamentares aliados e regalias que, na prática, transformaram-se em fácil vitória governista pouco mais de um mês depois da derrota inicial. O presidente do Congresso à época, Antônio Carlos Magalhães (PFL-BA), lembrava que "os que não forem leais devem até mesmo sair dos partidos", enquanto o então líder do governo no Congresso, José Roberto Arruda (PSDB-DF), advertia que "este é o momento de o governo fazer uma divisão entre os parlamentares, dando um tratamento diferenciado àqueles que, mesmo nos momentos mais difíceis, não deixaram de apoiar o governo"[175].

Logo após a aprovação da MP na Câmara dos Deputados, em janeiro de 1999, novo editorial de *Zero Hora*, agora com o título de "O desafio previdenciário"[176], criticou a oposição por tentar barrar medidas desse porte, ressaltando que "um sistema confiável e justo de Previdência é um fator básico de equilíbrio social, mas a defesa dos direitos dos aposentados não deve ser confundida com a *garantia de privilégios*" (grifo meu). E os privilégios empresariais? Mudaram de nome e se transformaram em isenção de tributos, em "defesa" da "liberdade de expressão" e da "democracia"?

A MP aprovada acabou tendo efetivamente o "efeito de confisco". A Associação Nacional dos Docentes de Ensino Superior (Andes) apresentou recurso ao Supremo Tribunal Federal contra a MP, assim como outras entidades[177].

A proposta de contribuição previdenciária foi derrotada posteriormente. No início de 2003, porém, reacendeu-se o debate com as propostas de reforma da Previdência apresentadas pelo governo de Luiz Inácio Lula da Silva, que, ao contrário dos discursos anteriores à eleição de 2002, fustigava ainda mais os servidores públicos e poupava empresas privadas, inclusive as da mídia. O editorial "O papel da mídia", publicado pelo *Diário Catarinense* logo depois de reunião entre o novo presidente da República e as principais empresas do setor, enfatizava que "o maior dos compromissos dos meios de comunicação social em uma nação democrática é o da difusão da verdade, com isenção, precisão e objetividade". E mais: destacava que o presidente Lula apelara aos empresários para que a mídia ajudasse "a população a compreender os propósitos daquelas alterações legais e constitucionais, já por ele submetidas ao Congresso. Eis aí solicitação inteiramente legítima". E ainda: "seguramente os jornais, revistas, emissoras de rádio e de televisão e meios *on line* não se recusarão a prestar ao presidente da República a colaboração que ele requer. A forma mais eficaz de fazê-lo há de ser suscitando amplo debate na sociedade em torno das reformas". E ressalvava que a imprensa cooperaria, sem, contudo, haver "alinhamento automático", pois ela manteria sua "independência"[178].

Não se viu amplo debate social tampouco investigação profunda sobre a dívida das empresas privadas, incluindo as da mídia, com o INSS. Viu-se, majoritariamente, alinhamento praticamente automático com as teses do governo. E não se entende a ausência de pautas *sistemáticas*, buscando a compreensão e o esclarecimento das dívidas das empresas privadas com o INSS. Ou se entende? A compreensão pedida pelo presidente era, na verdade, um pedido implícito de apoio às teses governamentais, que deveriam ser estampadas nas páginas diárias. Apesar da mudança eleitoral, o cinismo continuava na mídia e no novo governo.

Há idéias que efetivamente não circulam como pauta sistemática, como a contextualização de problemas sociais, como a controvérsia social em dimensão pública. Somem as pautas sobre a sonegação empresarial, superior ao próprio orçamento da União; escondem-se informações de vital interesse público; privatiza-se o espaço público essencial à democracia; esquece-se o jornalismo dos códigos e dos manuais.

Por outro lado, o que disseram alguns editoriais de jornais brasileiros comprometidos com os princípios da *pluralidade* e do *interesse público* quando daquela primeira derrota do governo no Congresso em 1998? Editorial do *Zero Hora*, com o título "O ajuste ameaçado"[179], observou que aquela foi a pior derrota do governo desde o início do ajuste fiscal e que, "além de comprometer as metas oficiais de acerto gradual das finanças públicas, a decisão do Congresso altera o peso dos sacrifícios que estão sendo exigidos de todos os brasileiros". Sugerindo, no início da nova legislatura, a reapresentação do projeto, o editorial afirmou que "é fundamental que o Planalto se rearticule politicamente, com rapidez e firmeza". Seguiu a mesma direção o editorial "A sangria dos inativos"[180], do *Diário Catarinense*, acusando os inativos federais e estaduais de arrancarem dinheiro público a ponto de inviabilizar os governos federal, estadual e municipal. E asseverou: "Explicam-se assim o caos nos hospitais públicos e as alarmantes deficiências dos serviços de saúde em geral; a queda da qualidade do ensino nos estabelecimentos estaduais e a negação de outras obrigações devidas pelo Estado aos contribuintes". Ora, e a sonegação empresarial, também a da mídia, das contribuições à Previdência Social e do ICMS? E a isenção de tributos, como o do papel-jornal? E onde estão as pautas que tratem disso, em nome da "verdade", da "isenção" e do "interesse público"?

Para Perelman e Olbrechts-Tyteca, a escolha das qualificações, pelo uso do *epíteto*, é uma estratégia utilizada amplamente nos discursos. Assim, o ponto de vista poderá tanto ser "hospitais públicos salvam sete mil pessoas por dia" ou "sonegação de impostos de empresas privadas mata pacientes de hospitais públicos" como "ineficiência de hospitais públicos mata pacientes" ou "população morre nos corredores de hospitais públicos sem atendimento". Tal angulação necessita, conforme os autores belgas, uma "multiplicação progressiva de aspectos para os quais se chama a atenção". Nesse caso, repito, o epíteto é utilizado "sem justificação", presumindo que "enuncia fatos incontestáveis; apenas a escolha desses fatos parecerá tendenciosa"[181].

A seleção factual jornalística já se encarrega de dimensionar a relevância social de determinado acontecimento de acordo com a proposição ideológica, política e moral que carrega. A tendenciosidade insere-se na estratégia retórica. O cinismo é a versão que não foi divulgada, a ausência de informações, o acanhamento de pautas que esclareceriam ao público todas as dimensões das privatizações e dos problemas da saúde, do desemprego à queda na qualidade dos serviços, e os subsídios ao setor privado, incluindo jornais.

A informação embalada pela interpretação particular dos editoriais ou pelas coberturas noticiosas não torna o jornalismo uma forma de conhecimento, embora ela exista como possibilidade. Apenas adéqua o jornalismo à lógica da estrutura mercadológica da sociedade, fazendo-o misturar-se ontológica e epistemologicamente aos demais campos de coação social.

Ainda em dezembro de 1998, o governo conseguiu aprovar, no Congresso, a Medida Provisória nº 1.729, que reduziu a isenção de tributos previdenciários de entidades filantrópicas que não atendiam integralmente aos requisitos "entidade sem fins lucrativos", isto é, aquelas que "não distribuem seus ganhos, não remuneram os diretores e aplicam os resultados integralmente no país"[182]. A medida atingiu escolas, igrejas e outras entidades, em muitos casos com razão. No entanto, mantiveram-se os privilégios da mídia, como a isenção de tributos sobre o papel-jornal importado, mesmo se tratando de entidades lucrativas. Os jornais, que nem sequer têm finalidade filantrópica, obtêm isenções incompatíveis com a dramática situação do país. Estão *fora do ajuste fiscal*, tão reclamado por eles mesmos.

A retórica empregada, com argumentos consistentes e dados verossímeis, estrutura-se sistematicamente na mídia de grande alcance. Contudo, conforme Lasch, "as avançadas técnicas de comunicação, que parecem simplesmente facilitar a disseminação de informações em uma escala mais ampla que a anteriormente disponível, demonstram, em exame mais detido, impedir a circulação de idéias e concentrar a informação num punhado de organizações gigantescas". Por isso, afirma Lasch, "a tecnologia mais avançada compreende deliberadamente um sistema unilateral de gestão e comunicação. Concentra o controle político e econômico – e, cada vez mais, o controle cultural – nas mãos de uma elite de planificadores das corporações, analistas de mercado e engenheiros sociais"[183].

Diariamente a mídia traz fatos relevantes, de grande interesse público. No entanto, observa Nilson Lage, na linha desenvolvida por Van Dijk, "salvo situações excepcionais, o controle da opinião exerce-se sobre versões, não sobre fatos. Essas versões permitem construir cenários convenientes do presente e do futuro". Assim, por exemplo, explica, "os êxitos econômicos de um inimigo (digamos, um país sob bloqueio de comércio) não devem ser suprimidos, porém atribuídos a alguma circunstância odiosa: ao trabalho escravo, aos baixos salários, ou ainda a práticas que resultam em danos ao meio ambiente – sempre, é claro, com alguma verossimilhança"[184].

O tratamento majoritário da mídia, exemplarmente expresso nos editoriais, ao Banco do Brasil, à privatização do sistema Telebrás e ao subsídio ao papel-jornal atesta, a meu ver, tal tendência, disfarçada numa estratégia retórica ancorada no cinismo ético.

Notas bibliográficas

1. Bice Mortara Garavelli, *op. cit.*, p. 356.
2. Gilles Lipovetsky, *op. cit.*, p. 265.
3. Peter Sloterdijk, *Crítica de la razón cínica*, v. I, p. 31.
4. *Zero Hora*, 8 jul. 1995, p. 16 (grifo meu).
5. Iuri M. Lotman, *La semiosfera I*, p. 85.
6. Para Ivan Bystrina (*op. cit.*, p. 1), o signo é um objeto material, produzido por um ser vivo, recebido por um receptor e interpretado por ele.
7. Christopher Lasch, *A cultura do narcisismo: a vida americana numa era de esperanças em declínio*, p. 105 e 106.
8. *Folha de S.Paulo*, 23 fev. 1997, p. 2.
9. Bice Mortara Garavelli, *op. cit.*, p. 110.
10. *Diário Catarinense*, 13 ago. 1998, p. 28.
11. Declaração de Princípios de Chapultepec, 11 mar. 1994.
12. Código de Ética formulado pela Associação Nacional de Jornais, 1991.
13. *Ibidem*, p. 123.
14. Ivan Bystrina, *op. cit.*, p. 3 e p. 5.

15. Teun A. Van Dijk, Opiniones e ideologías en la prensa. In: *Voces y Culturas*, n. 10, p. 17, 1996.
16. *Ibidem*, p. 21 e 28.
17. Harry Pross, *La violencia de los símbolos sociales*, p. 74, 94 e 99.
18. Tereza Lúcia Halliday, *op. cit.*, p. 92-93.
19. Emy Armañanzas e Javier Días Noci, *Periodismo y argumentación*, p. 43.
20. Armañanzas e Días Noci, *op. cit.*, p. 94; Luisa Santamaría Suárez, *Géneros para la persuasión en periodismo*, p. 65.
21. Luisa Santamaría Suárez, *op. cit.*, p. 64-65.
22. Capa, s/d.
23. *Repensando o Banco do Brasil*, Fórum Repensando o BB, jun. 1995, p. 35.
24. *Ibidem*, p. 35.
25. *Ibidem*.
26. *Zero Hora*, 22 fev. 1997, p. 14.
27. *Diário Catarinense*, 27 mar. 1997, p. 22.
28. *O Estado de S. Paulo*, 5 dez. 1996, p. B6.
29. *Diário Catarinense*, 13 dez. 1994, p. 25.
30. *Diário Catarinense*, 12 fev. 1997, p. 16.
31. Confederação Nacional dos Bancários da CUT/Comissão de Empresa dos Funcionários do Banco do Brasil, "Banco do Brasil. Desenvolvimento econômico e cidadania: discutindo um projeto de banco público", p. 39.
32. Conforme cobertura da mídia brasileira naquele mês, o governo perdoou parcela da dívida do setor rural ou a subsidiou ainda mais, fosse de grandes latifundiários, fosse de pequenos produtores, devedores do Banco do Brasil.
33. *Veja*, 11 nov. 1998, p. 50.
34. *Ibidem*, p. 52.
35. *Ibidem*, p. 52-53.
36. Ivan Bystrina, *op. cit.*, p. 7.
37. Confederação Nacional dos Bancários da CUT/Comissão de Empresa dos Funcionários do Banco do Brasil, *op. cit.*, p. 38.
38. *Ibidem*, p. 39.
39. RBS, *Normas editoriais*, p. 1-2.
40. *Ibidem*, p. 5 (grifo meu).
41. *Jornal do Cliente*, nov. 1996, p. 2.

42. *Ação*, n. 116, dez. 1998, p. 10-11.
43. O INSS (Instituto Nacional do Seguro Social) dividiu-se, a partir da Constituição de 1988, em três setores: Saúde, Previdência Social e Assistência Social.
44. Peter Sloterdijk, *Crítica de la razón cínica*, v. I, p. 239.
45. Perelman e Olbrechts-Tyteca, *op. cit.*, p. 88 e 143.
46. *Ibidem*, p. 143.
47. Hugo Aznar, El debate en torno a la utilidad de los códigos deontológicos del periodismo, *Anàlisi*, n. 20, 1997, p. 138.
48. Serge Halimi, *Os novos cães de guarda*, p. 17.
49. *Ibidem*.
50. Brochura da Associação Nacional de Jornais, s/d, p. 3.
51. Jesús Conill, Ética económica y empresa informativa. In: Enrique Bonete Perales (coord.), *op. cit.*, p. 194 e 195.
52. Carlos Franco, Varig recebe US$ 250 milhões do BB, *O Estado de S. Paulo*, 4 nov. 1994, p. B10.
53. *Diário Catarinense*, 14 nov. 1996, p. 25.
54. Conforme a ampla matéria "Varig amo y señor", assinada por Enrique Roldós e publicada pelo jornal uruguaio *Brecha* (26 abr. 1996, primeira página e p. 3 e 4).
55. *Folha de S.Paulo*, 15 maio 2003, p. A8.
56. Banco do Brasil: desempenho em 1996, maio 1997, p. 9.
57. *Zero Hora*, 9 fev. 1999, p. 24 (a informação não tomou mais que quinze linhas de uma coluna).
58. Entre os vários documentos semestrais e anuais a respeito do BB, estão, por exemplo, os levantamentos e análises feitos pelo Departamento Intersindical de Estatísticas e Estudos Sócio-Econômicos (Dieese), por vezes em colaboração com as subseções da Associação Nacional dos Funcionários do Banco do Brasil (Anabb) e a Comissão Nacional de Bancários da CUT.
59. Viviane Forrester, *El horror económico*, p. 35.
60. Adela Cortina, Que es la ética?. In: Adela Cortina (Org.), *op. cit.*, p. 25.
61. Adela Cortina, La ética empresarial en el contexto de una ética cívica. *Op. cit.*, p. 38.
62. Adela Cortina, Ética de la empresa. *Op. cit.*, p. 89-90.
63. *Folha de S.Paulo*, 24 jan. 1999, primeira página.

64. Desigualdade e concentração de renda no Brasil, 1995, p. 7. O documento do Dieese faz análise minuciosa das raízes da concentração de renda e é ilustrado com experiências internacionais de distribuição de renda (França, Inglaterra, Itália), enfatizando o imprescindível papel do Estado no processo distributivo.
65. Conforme Entrelinhas, coluna semanal elaborada pelo Sindicato dos Trabalhadores em Saúde e Previdência no Serviço Público Federal de Santa Catarina, publicada como "A pedido" no *Diário Catarinense*, 21 set. 1995, p. 51.
66. *Ibidem*, 27 jul. 1995, p. 20.
67. *Ibidem*, 20 jul. 1995, p.3.
68. *Jornal do Brasil*, 24 jan. 1999, p. 15.
69. Notícia da aprovação no Congresso Nacional do orçamento da União para 1999, publicada em diversos jornais brasileiros, entre eles *Folha de S.Paulo* (28 jan. 1999, p. 1-6) e *Estado de S. Paulo* (28 jan. 1999, p. A4).
70. *Folha de S.Paulo*, 9 mar. 1999, Dinheiro 2, p. 5.
71. *Zero Hora*, 14 abr. 1999, p. 31.
72. *Diário Catarinense*, 29 out. 1998, p. 14.
73. *Diário Catarinense*, 31 mar. 1991, p. 4.
74. *O Estado de S. Paulo*, 29 out. 1998, p. A3.
75. Ribamar Oliveira e Liliana Enriqueta Lavoratti, Ajuste fiscal prevê corte de R$ 28 bilhões, *O Estado de S. Paulo*, 29 out. 1999, p. B1.
76. Respectivamente, 29 out. 1999, p. 20; 30 out. 1999, p. 26; 16 dez. 1999, p. 22.
77. *Zero Hora*, 8 dez. 1998, p. 29.
78. As aposentadorias e pensões dos servidores e a reforma da Previdência – A estabilidade no serviço público, pp. 8-9.
79. Serge Halimi, *op. cit.*, p. 130.
80. Peter Sloterdijk, *op. cit.*, p. 149.
81. Jurandir Freire Costa, Narcisismo em tempos sombrios. In: *Percursos na história da psicanálise*, p. 167 e 168.
82. Maria Christina Carvalho, O lucrativo negócio de comprar bancos estatais, *Gazeta Mercantil*,17 nov. 1998, p. B-1. A matéria é também destaque na primeira página.
83. Só como ilustração: o ex-diretor-presidente do Unibanco Roberto Konder Bornhausen é irmão do ex-ministro e atual senador Jorge Konder Bornhausen (PFL-SC), um dos principais defenso-

res da privatização do Banco do Brasil, da Caixa Econômica Federal e da Petrobras. Já o Banco Matrix foi fundado pelo ex-ministro das Comunicações Luiz Carlos Mendonça de Barros, envolvido na denúncia de irregularidades na privatização do sistema Telebrás. As relações entre governo, empresários e sistema financeiro privado estão na edição de março–abril de 1999 do jornal da União Nacional dos Acionistas Minoritários do Banco do Brasil (Unamibb), entre outros.

84. *Veja*, 14 abr. 1999, p. 38 a 43.
85. Pode-se citar a edição de 21 de maio de 1999 do próprio *Jornal do Brasil*, da *Folha de S.Paulo*, do *Globo*, do *Estado de S. Paulo* e do *Correio Braziliense*.
86. *Carta Capital*, 12 maio 1999, p. 56-58.
87. *O Estado de S. Paulo*, 5 dez. 1996, p. B6.
88. *Jornal do Brasil*, 5 dez. 1996, p. 10.
89. *O Estado de S. Paulo*, 14 dez. 1998, p. B3.
90. Boletim eletrônico do Epcom, 20 dez. 1998. O Epcom faz um apanhado diário de dezenas de veículos de comunicação no país para divulgar aos seus assinantes, no final do dia, fartas informações e análises sobre o mundo da comunicação e suas ligações com outros setores. Esses mesmos dados haviam sido revelados em setembro de 1998 na página 3 do jornal *Versão dos Jornalistas*, editado pelo Sindicato dos Jornalistas no Rio Grande do Sul.
91. *Boletim Unitário* dos Trabalhadores em Comunicação do Estado do Rio Grande do Sul, 23 set. 1998, p. 1.
92. *Diário Catarinense*, 21 set. 1998, p. 2.
93. Perelman e Olbrechts-Tyteca, *op. cit.*, p. 303.
94. *Jornal do Brasil*, 5 dez. 1996, p. 4.
95. Conforme matéria de Cristina Borges, O JB prepara abertura do capital, suplemento especial A era da informação, *Gazeta Mercantil*, 3 abr. 1995, p. 8.
96. Tereza Lúcia Halliday, *O que é retórica*, p. 43.
97. Claude-Jean Bertrand, *La déontologie des médias*, p. 72.
98. Noam Chomsky, Democracia y mercados en el nuevo ordem mundial. In: Noam Chomsky e Heinz Dieterich, *La aldea global*, p. 37.
99. Viviane Forrester, *op. cit.*, p. 35.

100. Peter Sloterdijk, *op. cit.*, p. 31.
101. *Zero Hora*, 6 nov. 1998, p. 27. A nota do *Zero Hora* foi tímida, mas outros jornais, como *Diário Catarinense* (27 nov. 1998, p. 20) e *Folha de S.Paulo* (28 jan. 1999, p. 2-14), divulgaram dados significativos sobre o desemprego no Brasil, cujas origens e conseqüências poderiam ser mais sistematicamente abordados por comentaristas e editoriais.
102. *Diário Catarinense*, 3 mar. 1999, primeira página e p. 13.
103. Viviane Forrester, *op. cit.*, p. 156.
104. Bernardo Kucinski, *A síndrome da antena parabólica – Ética no jornalismo brasileiro*, p. 17-18.
105. Irene Vasilachis de Gialdino, *La construcción de representaciones sociales – Discurso político y prensa escrita*, p. 193 e 194.
106. Teun A. Van Dijk, *La notícia como discurso: comprensión, estructura y producción de la información*, p. 87 e 127.
107. Bice Mortara Garavelli, *op. cit.*, p. 271.
108. Iuri M. Lotman, *La semiosfera I*, p. 248.
109. *Jornal do Brasil*, 30 jul. 1998, p. 8.
110. *Diário Catarinense*, 29 jul. 1998, p. 2.
111. *Diário Catarinense*, 26 nov. 1998, p. 41.
112. *Zero Hora – Manual de ética, redação e estilo*, p. 15.
113. *Falando Sério*, n. 1, out. 1998, p. 2.
114. *Diário Catarinense*, 29 jul. 1998, p. 10.
115. *Zero Hora*, 29 jul. 1998, p. 26.
116. *O Globo*, 30 jul. 1998, Economia, p. 24 (grifo meu).
117. *Ibidem*, p. 25.
118. *Jornal* ANJ, mar. 1994, p. 19.
119. *Jornal* ANJ, maio 1996, p.16.
120. Teun A. Van Dijk, Opiniones e ideologías en la prensa, *Voces y Culturas*, n. 10, p. 18, 1996.
121. Editorial, Compromissos com o Rio Grande, *Zero Hora*, 2 ago. 1998, p. 12.
122. *Jornal* ANJ, set. 1994, p. 14.
123. *Diário Catarinense*, 30 jul. 1998, p. 2.
124. *Ibidem*, p. 4.
125. Teun A. Van Dijk, *op. cit.*, p. 28.
126. Christopher Lasch, *A rebelião das elites e a traição da democracia*, p. 202.

127. O supreendente lance oferecido pela Telesp fixa pela Telefónica de España criou mal-estar no grupo RBS, sócio na empreitada, com o outro consórcio, que incluía a Globopar, das Organizações Globo, associada à RBS em outros empreendimentos. O problema, no entanto, não é tema preferencial do presente trabalho e mereceria um estudo à parte.
128. *Folha de S.Paulo*, 30 jul. 1998, caderno Especial, p. 4.
129. *Ibidem*, p. 5.
130. Boletim eletrônico do Epcom, 15 dez. 1998, 18 dez. 1998 e 8 fev. 1999.
131. *Zero Hora*, 5 ago. 1998, p. 12.
132. *Zero Hora*, 31 jul. 1998, p. 26.
133. Veja, por exemplo, *IstoÉ Dinheiro* de 10 mar. 1999 e seguidas matérias na mídia, sem a mesma repercussão sistemática e duradoura que obteve o processo de formação da adesão social ao projeto de privatização do sistema Telebrás.
134. Elvira Lobato, Teles privatizadas vivem crise interna, *Folha de S.Paulo*, 13 dez. 1998, primeira página e p. A1-12.
135. *Diário Catarinense*, 1 dez. 1998, p. 15.
136. *Zero Hora*, 16 dez. 1998, p. 32.
137. Boletim eletrônico do Epcom, 9 fev. 1999.
138. Tereza Lúcia Halliday, *A retórica das multinacionais*, p. 93.
139. José Luis Sánchez Noriega, *op. cit.*, p. 85.
140. Marcos Dantas, *A lógica do capital-informação*, p. 123.
141. *IstoÉ*, 29 jul. 1998, p. 22.
142. *Zero Hora*, 10 fev. 1997, p. 12.
143. *Exame*, jul. 1998, p. 54.
144. *Ibidem*, p. 56.
145. *Época*, 27 jul. 1998, p. 108.
146. Luiz Garcia (org.), *O Globo*: Manual de Redação e Estilo, p. 84.
147. *Ibidem*, p. 83.
148. Bice Mortara Garavelli, *op. cit.*, p. 65.
149. *Diário Catarinense*, 17 ago. 1995, p. 17.
150. Ronaldo Brasiliense, "A conta do Proer", *IstoÉ*, 29 jul. 1998, p. 108-114.
151. *Zero Hora*, 29 jul. 1998, p. 10.
152. *Folha de S.Paulo*, 29 jul. 1998, Brasil, p. 12 (grifo meu).
153. *Diário Catarinense*, 31 mar. 1991, p. 4.

154. Baitello Junior, *op. cit.*, p. 78 e 100.
155. *Zero Hora*, 2 out. 1998, p. 16.
156. As denúncias foram amplamente divulgadas pela revista *Veja*, o que gerou uma série de outras repercussões na mídia e culminou na queda de Mendonça de Barros. O jornalista Elio Gaspari, em sua coluna divulgada em vários jornais brasileiros, também insistiu corretamente no tema e em sua elucidação, em nome do interesse público.
157. As edições da *Tribuna da Imprensa* de novembro a dezembro de 1998 apresentaram farto material e análises sobre o escândalo do envolvimento de Mendonça de Barros com empresas privadas, entre elas bancos, no processo de privatização do sistema Telebrás.
158. Jurandir Freire Costa, *Psicanálise e moral*, p. 30-31.
159. *Istoé*, 29 jul. 1998, p. 108-114.
160. *Reage Brasil*, set. 1996, p. 2.
161. Irene Vasilachis de Gialdino, *op. cit.*, p. 215.
162. *Veja*, 7 abr. 1999.
163. *Jornal ANJ*, nov. 1993, p. 18 (grifo meu).
164. *Diário Catarinense*, 23 abr. 1995, p. 17.
165. *Jornal ANJ*, mar. 1995, p. 12.
166. *Jornal ANJ*, abr. 1997, p. 12.
167. Várias matérias do *Jornal ANJ* trataram do problema do mercado e dos preços com a crise da celulose, como nas edições mensais de 1995, mas também criticaram o projeto de suspensão do subsídio à importação de papel-jornal que tramitava na Câmara dos Deputados. É estranho que os empresários de jornal defendam em editoriais a necessidade de reformulação do Estado, enxugamento, não-ingerência e, ao mesmo tempo, queiram continuar privatizando o Estado em seu favor.
168. Proposta de emenda à Constituição apresentada no plenário da Câmara em 10 de outubro de 1993.
169. Christopher Lasch, *op. cit.*, p. 61.
170. *Jornal ANJ*, out. 1996, p. 8.
171. *Ibidem*.
172. *Jornal ANJ*, jun. 1998, p. 11.
173. *Ibidem* (grifo meu).
174. *Jornal da Tarde*, 4 dez. 1998, primeira página.

175. *Diário Catarinense*, 4 dez 1998, p. 12.
176. *Zero Hora*, 25 jan. 1999, p. 18.
177. *Boletim* nº 269 da Associação dos Professores da Universidade Federal de Santa Catarina, 1-4 fev. 1999, p. 4.
178. *Diário Catarinense*, 7 maio 2003, p. 13.
179. *Zero Hora*, 4 dez. 1998, p. 24.
180. *Diário Catarinense*, 8 dez. 1998, p. 10.
181. Perelman e Olbrechts-Tyteca, *op. cit.*, p. 143.
182. *Diário Catarinense*, 9 dez. 1998, p. 15.
183. Christopher Lasch, *O mínimo eu: sobrevivência psíquica em tempos difíceis*, p. 17 e 18.
184. Nilson Lage, *Controle da opinião pública: um ensaio sobre a verdade conveniente*, p. 312.

6

Jornalismo e futuro: ética e profissão

Na edição de março de 1994 da revista *Imprensa*[1], o presidente do Conselho de Administração da RBS, Jayme Sirotsky, afirmou que a revolução tecnológica e as alternativas de distribuição de informação "apenas aceleram um movimento internacional, mundial, em que pela informação, pela comunicação, os homens, todos os países passam a ter condições melhores de discernir e tomar suas decisões". Para ele, que em maio de 1996 tomou posse como presidente da Federação Internacional de Editores de Jornais (depois Associação Mundial de Jornais), "a informação está a serviço da sociedade", e não deveria haver uma Lei de Imprensa, porque, entre outras coisas, os cidadãos brasileiros ficariam "mais livres ainda para exercitar seu direito de informação e de ser informados".

Há inegáveis exemplos que fazem resplandecer o jornalismo possível: denúncias de assassinatos de menores, de violência contra os sem-terra, de tortura, de prostituição infantil; descobertas científicas, políticas econômicas e seus resultados; produções agropecuária e artística. Tais exemplos representam princípios contidos em praticamente todos os códigos nacionais e internacionais que estabelecem a conduta profissional. Encontram-se na declaração da Unesco sobre os meios de comunicação, nos códigos adotados pela Organização Internacional dos Jornalistas ou nos subscritos pelos profissionais americanos, franceses, finlandeses, dinamarqueses etc.

No entanto, a instituição de códigos deontológicos e a práxis profissional, que implica pensar e praticar a atividade em um processo conjunto, tem ainda maiores dificuldades neste início do século XXI.

Megafusões empresariais, espaço público e interesse privado

Conforme Perelman e Olbrechts-Tyteca, "a existência de uma argumentação, que não seja nem coerciva nem arbitrária, confere um sentido à liberdade humana" e, "se a liberdade fosse apenas adesão necessária a uma ordem natural previamente dada, excluiria qualquer possibilidade de escolha" e se reduziria a "uma decisão arbitrária atuando num vazio intelectual"[2].

Liberdade de escolha é uma expressão reiterada em códigos éticos e deontológicos, em documentos subscritos por empresários, em discursos proclamados em solenidades da mídia. Mas o encontro do afirmado ou escrito com a práxis cotidiana tem um longo caminho por percorrer. Neste início de século, novas tendências internacionais tornam mais dificultosos os ideais jornalísticos.

Ao se referir à crescente concentração dos meios de comunicação americanos em cada vez menos mãos, Ben Bagdikian disse, no início da década de 1990, que as poucas dezenas de homens e mulheres que controlam milhares de jornais, revistas, rádios, TVs e afins cabiam todos em uma sala e formavam um novo "Ministério Privado da Informação e Cultura"[3].

Bagdikian fez um balanço do que seriam a integração, a fusão e a sociedade da mídia entre si e com ramos externos à produção de informação jornalística. Mostrou que, desde o final da década de 1960, acelerou-se o processo, que nos Estados

Unidos implica a tendência à internacionalização, a chamada globalização econômica. Quais as razões? O autor cita o caso de Christopher Shaw, especialista em compras de Wall Street, que em 1986, ao falar a empresários, disse que havia boas razões para adquirirem empresas de comunicação – jornais, revistas, emissoras de televisão e de rádio e editoras. A primeira razão eram os *lucros* que poderiam obter; a segunda, a *influência* que poderiam ter[4].

Desde aquela época, verifica-se acentuada concentração da mídia, que se funde com seus vários subsetores, criando associações entre revistas e emissoras de TV, rádios, jornais, não apenas nos Estados Unidos, mas em todo o mundo. Tal estrutura combinada de comunicação ou mídia cruzada ganhou complexidade num emaranhado de interesses que se vinculam à lógica do mercado e da globalização. Assim, as empresas antes consideradas estritamente jornalísticas adquirem ou se associam a outros ramos da comunicação, como o da telefonia fixa ou celular, o das redes e sub-redes de computadores, o da transmissão de dados ou correio, o do entretenimento. Mais ainda: compram ou associam-se a empresas de fora do setor de comunicação, como o armamentista, o banqueiro e o agropecuário, entre muitos outros[5].

Em julho de 1995, por exemplo, as Organizações Globo, de Roberto Marinho, associaram-se ao conglomerado News Corporation, de Rupert Murdoch, maior rede do setor de comunicação do mundo, presente em mais de quarenta países. O acordo previa que a Globo controlaria os negócios da Direct Home TV no Brasil (transmissão direta de TV por satélite para assinantes), enquanto a News Corporation seria responsável por uma empresa controladora das operações nos demais países latino-americanos[6]. Três anos depois, em outubro de 1998, Murdoch ironizou qualquer controle público ou social sobre a mídia e quaisquer regulamentos sobre seu funcionamento, dizendo que no futuro se tornariam "irrelevantes"[7]. A crescente expansão das empresas de Murdoch, incluindo os negócios de

TV por assinatura (como na América Latina), reforçam, neste início do século XXI, aquela tendência.

No plano das grandes sociedades internacionais, alguns dados saltam à vista para questionar a possibilidade de uma confluência ética do interesse público e da liberdade de escolha proporcionados pelo jornalismo com os interesses particulares que o movem cada vez mais.

O megaempresário italiano Silvio Berlusconi, por exemplo, proprietário de jornais, revistas e emissoras de televisão e da editora Mondadori, entre outros meios (e também primeiro-ministro da Itália), tem negócios jornalísticos afins e não tão afins em diversos países. Sua *holding* empresarial, a Fininvest, também atesta também aquela tendência. O megaempresário da mídia mexicano, Emilio Azcárraga Milmo, falecido há poucos anos, dono da Televisa e controlador de várias cadeias de rádio e televisão, segundo a revista *Fortune*, era, em 1995, o homem mais rico da América Latina. Azcárraga possuía, ainda, o Museu de Arte Contemporânea do México, grande participação na companhia Transportes Aeromar, controlava a Federação Mexicana de Futebol e explorava a Plaza Monumental do México, com capacidade para cem mil pessoas.

O megaempresário francês Jean-Luc Lagardère tornou-se proprietário de empresas de armamentos (em 1995, era líder mundial na fabricação de mísseis). Em 1992, a empresa Matra (armamentos, entre outros produtos) fundiu-se com a Hachette (livros e revistas, entre outros produtos). Com a fusão, organizaram-se dez empresas de propriedade ou com participação significativa do grupo Lagardère, em diferentes setores, como defesa, transporte, telecomunicações, automóveis, imprensa, multimídia e serviços[8].

Os megaempresários da mídia internacional ampliam cada vez mais seus negócios principais e secundários em diferentes continentes e multiplicam suas sociedades com setores externos à informação jornalística e à comunicação em geral.

No Brasil, cresceu nos últimos anos a inserção da mídia em outros ramos da produção. Ao mesmo tempo, empresários de outros setores, como o agropecuário, também adquiriram empresas de comunicação.

Os exemplos brasileiros igualmente mostram a relação clara entre poder político e informação jornalística, o que reiteradamente coloca sob suspeita expressões como *isenção, direito do público à informação, interesse público, liberdade de escolha*. Em março de 1995, por exemplo, noventa e seis parlamentares brasileiros com mandato (oitenta e três deputados federais e treze senadores) tinham concessões de rádio ou televisão[9]. No início dos anos 2000, o quadro era similar, atestado por estudos acadêmicos, pelo Instituto de Pesquisas em Comunicação (Epcom) e pelo Fórum Nacional pela Democratização da Comunicação (FNDC). Muitos deles eram sócios das Organizações Globo, como Antônio Carlos Magalhães, que, conforme *Carta Capital*, também controlava, na Bahia, uma rede de mais de cento e vinte emissoras de rádio próprias, doadas a amigos ou aliados políticos. Também são donos de emissoras de rádio ou retransmissoras de TV ou têm nelas participação acionária significativa Roseana Sarney e seu pai, o ex-presidente José Sarney, Orestes Quércia, Albano Franco, Jáder Barbalho, além de grande quantidade de conhecidos deputados e senadores, governadores ou ex-parlamentares por todo o país.

Mais do que esmiuçar as propriedades ou sociedades de cada um dos donos dos meios de comunicação, interessa aqui discorrer brevemente sobre a promiscuidade existente entre o poder político e mídia – sociedades e propriedades que dificilmente poderiam ter a isenção jornalística proclamada em manuais, códigos e solenidades.

Para fazer justiça à proximidade da informação jornalística, da política parlamentar e do setor financeiro privado, deve-se dizer que antes das generosas concessões de rádios e TV dadas durante o regime militar já havia intimidade entre tais setores, em boa parte relatada por Samuel Wainer[10]. A recuperação das revelações, esquecida pela maioria da mídia brasileira, teve minucioso tratamento na revista *Senhor*, com o título de "Wainer abre a caixa-preta". De acordo com a revista, "pela primeira vez, na história editorial do país, o leitor é convidado a entender o que há por trás do que dizem jornais, revistas, emissoras de rádio, telejornais"[11]. As revelações da revista e do livro, porém, ficaram como poeira que baixa no horizonte, bastante longe dos ideais jornalísticos de tornar relevantes e repercutir, socialmente, assuntos que interessam às pessoas porque as atingem. Mais de quinze anos após o livro de Wainer e da edição da *Senhor*, pouca coisa saiu na mídia que mostre sua lógica escondida nos gabinetes oficiais, privados ou públicos.

Protegida pelo acervo econômico-financeiro vinculado ao poder político, poderia a informação jornalística cumprir, no início do novo milênio, as finalidades para as quais apontaram os códigos ético-deontológicos profissionais durante o século XX?

Muitas vezes, é difícil perceber até que ponto o jornalismo de interesse público confunde-se com publicidade chamada de jornalismo. Acontecimentos que efetivamente são fatos de interesse jornalístico podem ser aproveitados em muitas direções, durante *mais* ou *menos*, orientando-se por proposições mais úteis socialmente ou mais particularizadas no usufruto final[12].

A relevância da mídia e dos conglomerados empresariais ultrapassa o sentido econômico e exige uma reflexão ética e ações que se baseiem em políticas globais de comunicação capazes de garantir o espaço do movimento social em que a humanidade se produz a si mesma. A importância disso é tal que Ortiz diz que essas corporações (sobretudo as multinacionais) "configuram-se instâncias de socialização de determinada cultura, desempenhando as mesmas funções pedagógicas que a escola possuía no processo de construção nacional"[13]. Se isso pode ser um mérito, a tentativa de assegurar que de fato haja utilidade social e usufruto público nessa possibilidade precisa, a meu ver, ter bases sólidas, inclusive jurídicas. Do contrário, sob o pretexto de cultura de todos e para todos e acesso de todos a tudo, poderíamos assistir, apenas, a um arremedo empobrecido de visões e comportamentos particularistas travestidos de interesse geral e de espaço público privatizado. O próprio Ortiz chama a atenção para tal tendência, considerando que os conglomerados adquiriram um peso desproporcional e tornam-se privilegiados no contexto de uma "sociedade civil mundial". Superam os partidos políticos, os sindicatos, os movimentos sociais e as administrações públicas, restringindo a liberdade do debate democrático e gerando um oligopólio, que, "longe de favorecer o pluralismo, reforça um sistema de crenças, integrando todos em uma ordem coercitiva"[14].

Os conglomerados da mídia que atuam em diferentes ramos da economia colocam em jogo bilhões de dólares. Por isso, dentro de sua lógica particular, torna-se muito difícil atender ao interesse público se este lhe causar problemas financeiros ou ideológicos que comprometam seu futuro. De qualquer forma, os princípios morais profissionais continuam povoando as páginas dos manuais e dos códigos, recheando discursos em solenidades e congressos e fazendo parte de acordos.

Os novos conglomerados empresariais, segundo Octavio Ianni, atuam por cima dos Estados e vinculam suas atividades a um cenário mundial, atendendo à nova demanda do capitalismo e ignorando as fronteiras formais de cada país. Para ele, a sociedade global em formação tem como característica essencial a *desterritorialização*: "Formam-se estruturas de poder econômico, político, social e cultural internacionais, mundiais ou globais descentradas, sem qualquer localização nítida, neste ou naquele lugar, região ou nação"[15].

Tal perspectiva, no contexto de que todo o mundo terá acesso a tudo – das artes à ciência e ao bem-estar, com a globalização e a adequação mundial de diferentes nações, povos, culturas, identidades, comportamentos à nova lógica do capital –, faz que irrompa, no horizonte, aquilo que se vem chamando de "pensamento único".

Já existem vários autores que se referem ao "pensamento único". De acordo com Joaquín Estefanía, os dois grandes princípios do pensamento único são os de que o econômico sempre predomina sobre o político e, em conseqüência, o mercado apara as arestas e redefine o capitalismo, bastando-se a si mesmo[16]. Para o pensamento único, prevalece uma perigosa ilusão, a que acha não existir mais do que somente uma realidade. Por isso Estefanía considera que tal tendência se aproxima do fascismo e de uma espécie de 1968 de direita. Para ele, o poder desertou da área política e foi para a econômica, comprometendo as decisões e o futuro da democracia. A fusão das duas áreas acentua ainda a gravidade social embutida na impossibilidade de discussão pública de assuntos de interesse social e de sua circulação internacional, dificultando a liberdade de escolha ou mantendo a escolha em plena liberdade... vigiada.

No discurso e no pensamento únicos estão presentes a redução dos gastos públicos, a necessidade de acabar com o déficit público e a inflação, bem como o aumento de taxas, independentemente das circunstâncias e dos âmbitos geográficos. Assim, nenhum outro argumento diferente para os rumos da economia e do capitalismo terá precedência e será ouvido. Ignacio Ramonet e Noam Chomsky também tratam desse aspecto em *Como nos venden la moto*[17], lembrando, entre outras coisas, que os mercados financeiros, o desenvolvimento sem limites do comércio, as privatizações e a internacionalização dos fluxos financeiros são fatores que fazem parte do *pensamento único*.

Em tal cenário, a mídia integra-se perfeitamente, sem muito peso na consciência, considerando que seu negócio da comunicação é mais um entre outros no processo de produção do capital. No entanto, as conseqüências da informação ou desinformação jornalística são relevantes do ponto de vista da formação da cidadania e do acesso democrático e imediato a diferentes setores sociais onde se produzem ações e declarações – enfim, eventos de qualquer ordem que beneficiam ou prejudicam as pessoas, isto é, a *vida individual* e a sociabilidade.

A pequena repercussão e a momentaneidade conferidas pela mídia aos alertas de lúcidos analistas político-econômicos internacionais têm um descompromisso com a ética jornalística e com a informação de interesse social. Por exemplo: no início dos anos 90, antes dos novos quadros recessivos e crises econômicas mundiais que ocorreriam ao longo da década, diversos analistas e veículos mais críticos da ordem vigente ou eventualmente partidários da pluralidade apresentaram análises precisas e proféticas (não astrológicas, mas apenas com os olhos abertos para ver) do desenho do capital internacional no final do século. Em meados de 1997, o Fundo Monetário Internacional (FMI) assegurou em Hong Kong que o fluxo de economia e poupança para locais em que existisse maior produtividade provocaria maior investimento de capitais e garantiria crescimento e prosperidade[18]. De acordo com Michel Chossudovsky, isso "confirma a cegueira de quem pensa que os mercados devem governar o mundo".

O mercado, epicentro moral e financeiro dos Estados "supranacionais" privados, dispõe de uma rede composta de uma "constelação" de entidades formadas pelo FMI, pelo Banco Mundial, pela Organização de Cooperação e Desenvolvimento Econômico (OCDE) e pela Organização Mundial do Comércio (OMC). Essa constelação é amplificada na mídia, que dela se beneficia e nela se integra por meio de megafusões e associações midiáticas e por um circuito que conta com empresários da mídia, parlamentares, governantes, empresas de *marketing* e jornalistas, crentes de cumprir (cinicamente ou não) as premissas do "interesse público".

É nesse contexto que se negociou e se negocia – felizmente com alguma resistência –, no âmbito da OCDE, o Acordo Multilateral de Inversões (AMI), que dá plenos poderes aos investidores diante dos governos[19] e também quer punir governos e Estados nacionais por eventuais prejuízos decorrentes de greves de trabalhadores ou outras ocorrências econômicas, numa espécie de indenização. Referindo-se ao acordo, o diretor-geral da OMC, Renato Ruggiero, chegou a dizer: "Escrevemos a Constituição de uma economia mundial unificada"[20]. No capítulo dedicado ao "Direito dos investidores", lembra Wallach, está: "a perda da oportunidade de benefício com investimentos seria prejuízo suficiente para dar ao investidor direito a indenização"[21]. Com isso, qualquer empresa ou investidor estrangeiro podem denunciar políticas que os prejudiquem, seja aumento salarial, seja greve, seja uma medida fiscal. O acordo também responsabiliza os governos federais pelas "desordens civis", de modo que qualquer problema social não atingiria a empresa, que teria no AMI um salvo-conduto para tudo. Seria quase impossível haver maior privatização da vida pública, que atinge em cheio os direitos civis conquistados ao longo dos dois últimos séculos.

A especulação internacional dos investidores é uma das causas do déficit público dos países. Por isso Ramonet diz que o "desarmamento do poder financeiro deve ser um objetivo de interesse cívico de primeira magnitude, se se quer evitar que o mundo do próximo século [XXI] se transforme em uma selva onde os predadores impõem sua lei". Primeiramente, observa, devem-se atirar alguns "grãos de areia" nesse caminho de três formas: "supressão dos 'paraísos fiscais'; aumento da fiscalização dos rendimentos de capital; aplicação de taxas sobre as transações financeiras"[22]. No entanto, as medidas internacionais e brasileiras são tímidas. A sonegação de grandes conglomerados, empresas da mídia inclusive, prevalece sobre o poder público capaz de jogar na outra direção. O grau de concentração de riqueza e de incremento do déficit público, das desigualdades, das injustiças, da criminalidade e da violência acelera também a "solução" individual e a deterioração de valores morais, que vão de falsificação de remédios a seqüestro. O cinismo também é uma moeda social. Todos podem levar vantagem; todos podem ser vítimas.

Os princípios éticos e deontológicos do jornalismo sobrevivem?

Pouco antes de morrer, Castoriadis alertou que surgia, no final do milênio passado, um tipo de indivíduo que nada tinha que ver com o ideal de uma sociedade democrática ou de uma sociedade em que se luta por mais liberdade, mas "um tipo de indivíduo que está privatizado, que se encerrou em seu pequeno âmbito pessoal e se converteu em um cínico em relação à política"[23]. O jornalismo tem farta munição no cotidiano para orientar suas pautas de acordo com a universalidade humana, em seus aspectos mais singulares ou particulares. Fatos e interpretações não faltam. No entanto, as tendências internacionais não são promissoras.

Serge Halimi ironiza o que ele chama de jornalismo de "reverência" ou de "submissão", referindo-se ao caso francês, especialmente à televisão, e questiona onde foi parar o ideal de "um contrapoder: vigoroso, irreverente, atento, porta-voz dos desalentados e dos sem-voz, fórum da democracia viva". Para ele, o jornalismo atual está cheio de conivências e cumplicidades, de subserviências e de cortesias[24]. E pergunta, ironizando, "como anunciar com delicadeza a um jornalista" que seu poder sobre a informação, atualmente, equivale "ao de um caixa de supermercado sobre a estratégia comercial de seu empregador?"[25]

Há aí aquilo de que Chomsky e Herman advertiram: a intimidade entre as fontes de informação que serão utilizadas, os esquemas de referência aos valores propostos e o viés conservador das pautas jornalísticas[26]. Deixa-se de investigar, bastando fontes oficiais ou "viciadas". Perguntas deixam de ser feitas, mas parcialmente, por intermédio das fontes, revela-se "toda a complexidade" do fenômeno ou fato. Há a privatização do espaço público, que compromete a democracia. Chomsky admite a existência de espaços e instrumentos formais democráticos, mas considera que eles estão vigiados. Desse modo, o consenso passa a ser produzido pela elite que domina os grandes conglomerados, articulada com as instituições públicas ou privadas vinculadas ao poder econômico e político[27].

No início do século XXI, o crescimento das corporações do jornalismo ligadas a uma estrutura combinada de comunicação ou mídia cruzada (rádio, TV, jornais, revistas, telefonia celular, mídias digitais e similares), aliadas a outros setores produtivos, compromete ainda mais o ideal sempre perseguido de um jornalismo como forma de conhecimento ou como grande mediador imediato das discussões no espaço público.

Há vários jornalistas e pesquisadores de renome, de diferentes concepções ideológicas, que são céticos em relação ao jornalismo. Há ainda os que vêem nele uma modificação de mediadores. Há, enfim, diferentes autores, motivos, tendências e concepções que associam o jornalismo a um futuro não muito próspero, comparativamente com os anseios profissionais do século XX. E há contradição nas análises, como as que acham o jornalismo tomado pela *esquerda* ou as que identificam nele o controle de corporações de pensamento único ou da *direita*.

Para o jornalista e professor José Luis Martínez Albertos, os jornais impressos desaparecerão até o ano 2020. Mas isso não é nada, perto de outra previsão: com os jornais impressos em papel, desaparecerá o próprio jornalismo. Portanto, essa profissão, como a conhecemos hoje, não teria mais do que as próximas duas décadas de vida[28]. O professor argumenta que o discurso jornalístico pertence à modernidade e não à pós-modernidade, o mundo de hoje. Prevê que as novas tecnologias tornarão o jornalismo desnecessário e as pessoas simplesmente não precisarão ou simplesmente se desinteressarão dele. Com isso, o pesquisador considera que as próprias concepções atuais de liberdade de imprensa correm o risco de sumir, ao mesmo tempo que desaparecerá o direito social à informação tecnicamente correta, um *valor* da modernidade.

De acordo com Martínez, o jornalismo, como instituição básica do mundo moderno, surgido da "mentalidade hierárquica, seqüencial e cronológica típica da etapa alfabética ou livresca, fundamental na evolução histórica da humanidade" não terá como evitar a substituição da tecnologia do alfabeto e da imprensa pela tecnologia eletrônica. Assim, prossegue, "a etapa eletrônica pressuporá o predomínio completo e excludente de determinada sensibilidade em que não terão lugar os restos arqueológicos da etapa alfabética"[29]. Se parasse aqui e concordasse, talvez fosse o caso de fechar o livro, sair da profissão e ir embora para Bagé, pescar em alguma sanga, enquanto ela existir. Mas há mais, e é isto que sempre traz esperança, propulsora da ação.

Martínez lembra que o principal valor do jornalismo está na mentalidade liberal e, especificamente, no princípio que se chama *processo auto-regulador da verdade*, pelo qual a sociedade debate livremente as idéias com igualdade de possibilidades, num regime livre e competitivo. Sem tal princípio, explica, o jornalismo deixa de ter sentido histórico. Esse ideal de universalidade proposto pelo jornalismo numa sociedade livre teria sido sufocado pela pós-modernidade. Martínez considera que os novos provedores de informação não serão propriamente jornalistas, no sentido clássico e histórico, com princípios deontológicos estabelecidos por reconhecimento e valoração do profissionalismo.

O desinteresse pela informação jornalística, expresso hoje no crescente descaso de jovens e adolescentes, acrescenta, não poderá fugir à obsolescência tecnológica. Assim, o lugar dele poderá ser ocupado por outra coisa, "talvez a provisão *on line* de material de consulta para navegar pelo ciberespaço, que substituirá vantajosamente o trabalho social que até agora as sociedades modernas encomendavam aos jornalistas"[30].

Se nem tudo são sombras e o sol se avizinha por uma pequena janela, por onde o pesquisador diz que o atual modelo de jornalismo pode ser substituído por outro, por outras instituições, com outras técnicas e finalidades, não há nenhum grande alento para o futuro potencial da profissão. E só. A partir daí, Martínez pede socorro: a cinco minutos da "desaparição definitiva do jornalismo, algo novo está prestes a nascer. Ocaso e aurora quase ao mesmo tempo. Que alguém me diga hoje qual será a nova palavra libertadora para os homens do ano 2020"[31].

Sem bola de cristal à mão, sobra a expectativa ou a luta. E a abstração do mundo concreto que permite indagar, reindagar, analisar, criticar, autocriticar, especular. Não são verbos que exprimem diretamente a ação, mas palavras que induzem ao movimento, como é também a finalidade da teoria. Sobre o jornalismo, há mesmo aqueles que nem isso ousam, porque dele descrêem na base ou nele nada ou pouco vêem de importância ou finalidade social relevante.

A preocupação com o fim da "etapa alfabética" atinge outros pesquisadores. A de Giovanni Sartori, muito procedente, caminha na mesma direção. Para ele, a civilização atual é da imagem e é ela, especialmente pela televisão, que forma as pessoas. Nesse caso, a apreensão imediata da imagem e do saber por ela proporcionado, em escala mundial, minimiza a capacidade do ser humano de pensar abstratamente e compreender conceitos. Por isso, contrapõe ao *Homo sapiens* uma nova espécie de ser que estaria surgindo, o *Homo videns*[32].

Segundo Sartori, palavras como *Estado, soberania, democracia, felicidade* são abstratas e refletem a interiorização de complexos conceitos e significados, que se inscrevem nas relações sociais contemporâneas e se constituíram em patrimônio do SABER. Há hoje, explica, uma redução, um empobrecimento no entendimento daquelas palavras, que, também baseadas na lógica, permitiram o conhecimento analítico-científico. A essa perda corresponde uma linguagem perceptiva, mais próxima dos povos antigos, mas menos complexa e, portanto, menos rica em sua capacidade conotativa. A internet, diz ele, pode ir para qualquer lado e dependerá da possibilidade de acesso e da produção global de diferentes setores, e não somente do discurso sobre ela.

Sartori considera que a televisão dá menos informação do que qualquer outro veículo informativo; que informação é fundamental mesmo nas noções que oferece; que contribui para o saber, mesmo que nocional. Assim, avalia que a ditadura da imagem, a obrigação de mostrar, produz o que chama de "pseudo-acontecimento, o fato que acontece só porque há uma câmara que o está filmando e que, de outra maneira, não teria lugar". Por isso, a obrigação de mostrar "transforma em imperativo o fato de ter sempre imagens de tudo que se fala, o qual se traduz em uma inflação de imagens vulgares, ou seja, de acontecimentos tão insignificantes quanto ridiculamente exagerados"[33].

O predomínio da imagem da televisão, que, em busca de audiência, privilegia furacões e terremotos, amplia, na opinião de Sartori, o universo contemporâneo da desinformação, que o jornal impresso corrigia, ao alimentar interesse sobre aspectos sociais relevantes da sociedade e propiciar mais informação qualitativa e, portanto, mais discussão sobre as causas e as conseqüências dos fenômenos e fatos sociais[34].

Ele lamenta que a televisão pública BBC, da Grã-Bretanha, de boa qualidade, esteja perdendo terreno para a "concorrência privada puramente comercial e de nível mais baixo". E, antes de dizer que a privatização pode melhorar as coisas, Sartori lembra que "é sempre bom ter presente que, para os grandes magnatas europeus de hoje – os Murdoch e os Berlusconi –, dinheiro é tudo, e o interesse cívico ou cultural é nulo"[35].

Para Ignacio Ramonet, diretor do *Le Monde diplomatique* espanhol, "se nos perguntamos sobre os jornalistas e seu papel na atual concepção dominante do trabalho informativo, podemos concluir que está em vias de extinção. O sistema informacional já não os quer. Hoje pode funcionar sem jornalistas ou, digamos, reduzido ao estágio de um operário em cadeia [...]"[36] Segundo ele, a qualidade da informação jornalística está em baixa e regride, assim como seu *status* social. No cerne disso, argumenta Ramonet, está a louvação do mercado do campo da informação e da comunicação no marco da globalização da economia. Por isso, acha que, se o jornalismo responder a uma pergunta, poderá não se extinguir: em que ele pode ajudar a resolver os problemas contemporâneos? A essa pergunta certamente responde o modelo de jornalismo analítico desenvolvido pelo *Le Monde diplomatique*[37]. O escritor espanhol considera que as novas tecnologias contribuem para o desaparecimento da especificidade do jornalismo e que grande parte dos profissionais está se transformando em relações-públicas.

Essa tendência, difícil de reverter, encontra-se, segundo Ramonet, em aspectos visíveis do fim de século: "A globalização dos mercados, dos circuitos financeiros e dos conjuntos de redes imateriais conduziu a uma desregulamentação radical, com tudo que isso significa de deterioração do papel do Estado e dos serviços públicos. É o triunfo da empresa, de seus valores, do interesse privado e das forças do mercado"[38].

Os exemplos do tratamento dispensado ao Banco do Brasil, à privatização do sistema Telebrás e ao fim do subsídio do papel-jornal são exemplos de tal tendência. O jornalismo sobrevive em meio a isso?

Outro pesquisador, Sánchez Noriega, adverte que um dos principais problemas do jornalismo contemporâneo, colocando em risco a própria essência profissional, é a homogeneização das mensagens e a crise do pluralismo. O jornalismo, dessa forma, torna-se vítima da crescente concentração dos meios de comunicação cada vez mais em menos mãos e da crescente associação da mídia com empresas de outros ramos ou abertas em outros setores[39]. E lembra ele que nas grandes empresas americanas, como a CBS-Westinghouse e a NBC-General Electric, por exemplo, a informação cada vez mais representava, no final do século XX, uma pequeníssima parcela diante das outras atividades industriais. Continuará havendo notícias, prossegue ele, mas de diversos preços, de acordo com o gradativo incremento da privatização da informação por meio da criação de grandes grupos multimídia e redes de comunicação (com transporte de dados), com a finalidade primeira de obter benefícios particularizados[40].

Já Ignacio Ramonet volta a apelar para a ética profissional e pergunta: o que resta de especificidade aos jornalistas? Por isso, acha que "os meios de comunicação devem desenvolver, cada vez mais, análises sobre seu funcionamento, ainda que só para que saibamos como funciona e para recordar que não estão a salvo da inspeção, da introspecção e da crítica. Mas a esse caminho se recorre de uma forma relativamente lenta, porque é muito cômodo julgar os outros sem ser julgado"[41].

Nesse aspecto, as indagações de Ramonet aproximam-se das de Sánchez Noriega, quando este lembra a origem da esmagadora maioria das informações veiculadas na mídia diariamente:

> Se a informação que os meios de comunicação oferecem é, principalmente, a oferecida por outros, a descrição da realidade dependerá, em última instância, das *fontes que têm poder* para conseguir lugar nos meios, isto é, fundamentalmente organismos do Estado e grupos econômicos. Isso quer dizer que as fontes estabelecem as prioridades, as perspectivas e os enfoques da informação, condicionando o sentido das notícias a alguns mediadores jornalísticos que ficam subordinados a elas[42].

Para ele, existe uma dose diária de "conhecimento do mundo" oferecida pela mídia. Mas há informação demasiada, não necessariamente a mais importante. Lamenta, ainda, que a rebeldia dos profissionais contra a censura do poder político não seja a mesma quando se trata de censura imposta à mídia direta ou indiretamente pelo poder econômico, atropelando a ética jornalística e o dever profissional. E lamenta que, com exceção de fatos escandalosos e de informações concretas, os meios de comunicação pouco falem das relações entre grupos industriais e empresariais, apesar da grande importância que tenham assuntos ou fatos resultantes de estratégias industriais, políticas de trabalho, riscos dos processos produtivos ao meio ambiente e conseqüências na saúde do consumo de determinados produtos[43]. Esses fatos, que estão acima do interesse da empresa ou da privatização do espaço público e devem ser revelados de acordo com todos os códigos éticos subscritos por empresários, são minimizados no próprio exercício cotidiano da atividade jornalística.

Pesquisa divulgada em 1994 na Espanha revela a opinião de jornalistas em postos de direção (diretores, editores e responsáveis por programas de televisão) a esse respeito. A independência na informação, de acordo com o levantamento, é limitada pelos poderes econômicos, segundo 51,7% dos jornalistas, contra 50% que consideram que a limitação é imposta pela própria empresa, 40%, pela publicidade e 40%, pelo governo[44].

A criação da atualidade torna-se, então, um processo essencialmente ideológico, não pelo conteúdo da informação veiculada, mas mais pela tendência propositiva, da pauta à cobertura, da fonte à circulação, do relato à explicação do evento social.

De acordo com Juan Luis Cebrián, vive-se um processo de homogeneização cultural, em que "a eficiência é hoje considerada o valor mais significativo do desenvolvimento, em detrimento de conceitos de solidariedade ou justiça, que parecem envelhecidos"[45]. Por isso, a internet pode servir a qualquer uma das causas, pode prestar um grande serviço à cultura e à política, transformando a eficiência instrumental em verdadeira eficiência humana[46], e, portanto, a favor do planeta e da humanidade, ou pode se tornar apenas porta-voz do *pensamento único*, que chegará homogeneizado à rede. A *democracia*, em último caso, muda de sentido e mantém o nome, e o pensamento único torna-se a referência patrimonial moral da humanidade, numa aposta contra o que ela construiu ao longo da história.

O ceticismo de Sloterdijk, de sua parte, parece não ter remédio:

> Como indivíduo superinformado, registro que vivo em um mundo de notícias hipertrofiado e que, ante a maioria das coisas, só

posso encolher meus ombros, já que minha capacidade de participação, de consternação ou de reflexão é relativamente minúscula em comparação com aquilo que a mim é oferecido e a mim apela[47].

Assim, ingressa-se na era da suspeita, em que o trabalho essencialmente jornalístico tende a ser desvalorizado para, em seu lugar, crescer o de mediador de interesses privados no espaço público.

O futuro como discurso, ou o futuro só como futuro

Os discursos sobre o Banco do Brasil, a Telebrás, o papel-jornal, o déficit público, a Previdência Social utilizam, como observei, argumentos convincentes, que carregam eloqüência e lógica, baseando-se em fatos reais. Para convencer, usam-se estatísticas, revelam-se acontecimentos, empenham-se palavras. O futuro melhor, no projeto de parte da mídia, é, em geral, o domínio do Estado pela lógica do mercado, o fundamento da produtividade, as privatizações generalizadas. Posteriormente, haveria um momento de benefício ao país, à população. Seria o *futuro*, enfim. Nesse aspecto, a adesão social a tal projeto teria importância. Mas o futuro é, também, aquele lugar incerto e não sabido, ao qual quem chegar com técnicas de persuasão, com *marketing* comunicacional, com gestos magnânimos, poderá usufruí-lo. E é esse futuro que se vende no presente.

Por isso, estratégias retóricas que beiram o cinismo apontam para a antiética profissional, embora a subscrição crescente de manuais, códigos e princípios defendam procedimentos morais específicos para o exercício do jornalismo. São também estratégias as que incluem em uma informação verdadeira a desinformação, revelando – até com destaque editorial – dados secundários em relação ao conjunto de fatos disponíveis. Há, além da realidade, também *supressão* de dados ou declarações. Há, ainda, em alguns casos propositadamente, a *adição* de fatos ou declarações (as fontes também utilizam, muitas vezes, tais expedientes) ao conjunto da matéria jornalística e de conteúdos verazes, precisos, exatos. Mas são, muitas vezes, superdimensionados, supervalorizados. Isso tem que ver com a propaganda, que posteriormente se desenvolveu, em uma de suas vertentes, como *marketing da comunicação*. Os casos de cobertura jornalística na guerra são paradigmáticos para tais análises, embora não sejam objeto específico do presente trabalho[48].

Os riscos são claros. Sánchez Noriega explica que a insensibilização "é um dos efeitos produzidos pela saturação de informações quando não há possibilidade de resposta ou, simplesmente, quando os cidadãos expostos a mensagens irrelevantes ou com excesso de responsabilidade geram um sentimento de impotência e/ou de ceticismo, muito parecido com o cinismo político"[49].

Os novos oradores ocupam a cena pública do presente e a privatizam, tornando pessoal o valor universal do usufruto do futuro. A conseqüência social é também o cinismo, mas é, igualmente, o caminho da barbárie, o da justiça pelas próprias mãos, o massacre dos sem-terra, a descrença na representação jurídica, a desconsideração pelo conhecimento. Esse é o *ponto de não-retorno*, que contribui, como afirma Freire Costa, para a dissolução social, para a eliminação do artefato cultural que protege a sociedade humana e para a eliminação da mediação da convivência por símbolos, por normas jurídicas ou morais.

O vir-a-ser humano é indefinido, inclusive nos valores extraídos de seu comportamento moral refletido em atos políticos. O vir-a-ser humano é, como foi em todas as épocas, uma construção humana. Nesse sentido, o humano, como mediação representativa do concreto, pode contribuir tanto para a elucidação do mundo como para a sua construção e a afirmação efetiva de valores universais. O jornalismo, como forma de mediação da realidade e do conhecimento em movimento, e com o estatuto que me propus situar ao longo deste trabalho, também reflete e projeta o mundo. Sua realização implica igualmente desmitificar os discursos contraditórios e, muitas vezes, cínicos presentes no negócio mundial da produção informativa, que une informação isenta e lucratividade exacerbada, envolve interesse público e preservação de interesses de anunciantes, implica imparcialidade, mas também inclui a sociedade de empresas da mídia com empresas de outros setores da produção, como se viu.

A possibilidade de constituir a *ciberdemocracia*, segundo Cebrián, é um pêndulo que pode tomar várias direções. O jornalista alerta que o próprio espaço da rede de informações exigiria, para se formar com autonomia de pensamento e participação pública dos indivíduos, contar com espaços tanto para a reflexão como para a dúvida. Cebrián considera que isso vale para a mídia em geral e adverte que *mais* informação não significa *melhor* informação. Portanto, explica, a mudança qualitativa propiciada pela internet, a possibilidade de acesso e usufruto do conhecimento global proposto e existente na rede não significam grande coisa se não houver capacidade de discernimento social acerca do que está lá[50].

Isso impõe a necessidade de intensificar políticas públicas e democráticas para a implantação de novas mídias e para o acesso a elas, além da fiscalização das existentes. Vicente Romano lembra que a democratização da comunicação é essencial para que a informação se realize, isto é, cumpra o papel de orientar as pessoas no labirinto dos processos e fenômenos sociais[51].

Do meu ponto de vista, é imprescindível que as palavras e os discursos digam respeito à universalidade e ao compromisso recíproco, com noção de responsabilidade e com o cumprimento de preceitos deontológicos estabelecidos em diferentes profissões, incluindo a jornalística.

Para Vázquez-Montalbán, uma idéia de finalidade e uma proposta ética são indispensáveis diante da situação contemporânea do mundo[52]. "Se olharmos a dinâmica do mundo, o que falta fazer, transformar, a quantidade de desordem que existe sob a aparência de ordem, poderemos chegar à conclusão de que a história é um cadáver que goza de uma sinistra boa saúde." Por isso, ele enfatiza a necessidade de uma nova tensão dialética, para que a história não seja somente providencialista, em seu caráter religioso, como o do triunfalismo capitalista, mas resultado da democracia participativa em que a maioria deixe de ser silenciosa ou silenciada[53].

No campo da mídia, é indispensável – e tais são o interesse e a necessidade atuais –, a meu ver, que ela própria, o jornalismo e o "negócio da comunicação" estejam no centro da discussão, propiciando pautas e debates.

Nesse aspecto, parece-me ainda extremamente relevante a defesa de uma "ética do discurso" habermasiana como base moral mínima para que a sociedade perceba a complexidade em que atua e, nela, a mídia e o jornalismo exercido. Assim, haveria a tendência para a formação de uma totalidade ou sistema em que os indivíduos estariam representados tanto em sua *individualidade* como coletivamente, gerando possibilidades de juízos mais imparciais e autônomos, geradores de um espaço em que uma vontade racional comum pudesse expressar-se de forma mais democrática.

Nessa perspectiva, haveria lugar para uma racionalidade não mais instrumental, mas "procedimental de tipo ético"[54]. Nela, a *argumentação moral* geraria uma *ética da responsabilidade convicta*[55], que apontaria a fundamentação para que qualquer argumento e convencimento sociais fossem minimamente honestos e operativos, em que os códigos deontológicos teriam papel relevante, desde que se aplicassem seus princípios. O espaço público em que atua a mídia não dispensaria, assim, a participação de todos, e seus argumentos e interesses poderiam expressar-se livre e eqüitativamente por meio dele.

Transportada para a opinião pública, essa ação comunicativa aproxima-se, assim, das possibilidades críticas habermasianas, segundo as quais "os cidadãos estabelecem um diálogo público emancipado de coerções que conduz à justificação discursiva das normas de ação das instituições políticas"[56]. No entanto, são enormes as dificuldades para a implementação de tal projeto, embora, em meu entender, não se deva por isso abrir mão dele. A coerção estrutural do campo jornalístico – ele mesmo coagido por diferentes instâncias do poder político e econômico, acentuado pelas megafusões – distancia ainda mais o ideal habermasiano, não pelo fato de ele ser utópico (essa utopia deve ser perseguida), mas porque o que está implícito no próprio discurso já vem carregado de um componente cínico. O fato de se tratar de uma utopia, entretanto, não nos faz deixá-la de lado, tal como a utopia da plenitude democrática em todas as instâncias ou a da felicidade individual plena.

Parece-me que as disposições habermasianas, a despeito de todas as dificuldades operativas, estão no centro das discussões contemporâneas e ainda vigentes em códigos éticos da profissão jornalística. É por isso que, a cada encontro ou a cada polêmica sobre a informação jornalística, reaparecem as finalidades da própria profissão, a razão de ser de expressões como *direito de saber, liberdade de escolha, possibilidade de emissão de juízos de valor autônomos,* enfim, *liberdade* e *democracia, isenção* e *imparcialidade, interesse público* e *relevância social.* A permanência de tais expressões é um indício de que, em muitos âmbitos da informação, elas efetivamente se realizam. Ao mesmo tempo, atestam ao menos a possibilidade de uma busca. Esta, se inserida num contexto estrutural sociocultural, econômico e político, torna-se aliada da própria busca de ideais manifestos na totalidade social ou de um sistema complexo de idéias e ações, seja na realização da democracia parlamentar representativa, seja na efetivação do Estado nacional como mediador do interesse de todos, aspirando à consecução de uma universalidade em constituição.

As dificuldades para chegar a isso, claro, são gigantescas. John Keane lembra que a antiga mediação da mídia e a vida pública estruturada pelo Estado têm sido rapidamente superadas por múltiplos espaços de redes de comunicação que não estão ligados a nenhum território. Dessa forma, a vida pública e uma esfera pública unificadas estariam hoje superadas conceitualmente e, para Keane, ultrapassariam os limites do Estado-nação. Keane considera que existem micro, médias e macroesferas públicas. "Macroesferas públicas", diz ele, de "centenas de milhões de cidadãos, são a conseqüência (não buscada) da concentração internacional das empresas de comunicação de massa anteriormente pertencentes e operadas no nível de Estado-nação"[57]. Parece surgir, conforme Keane, uma multiplicidade, um mosaico de diferentes esferas públicas, micro e médias, que também formam a opinião pública e geram contradições de idéias e participação social nas instituições públicas e privadas.

Pode-se dizer que a força da realidade imediata vivida pelos indivíduos, em que as proposições de Bystrina (oposições binárias, polaridades, assimetrias e inversões) encontram respaldo, contribui para que, no andar do mundo globalizado, o localismo, a diversidade de mundos imediatos, o confronto entre os macrovalores e os vivenciados no cotidiano acendam a esperança de um mundo universal, mas plural e contraditório. Nele, a esperança reside na possibilidade de o *pensamento único* ter fôlego inicial, mas duração questionável, que pode ser pequena. Nesse caso, a negatividade, que gera uma práxis social comprometida com o movimento constante, sempre carrega esperança e ação, para que as utopias de liberdade, solidariedade e justiça social permaneçam no horizonte humano. Até mesmo o mercado, a globalização, o totalitarismo e o pensamento único, expressões desse mundo, têm na vida cotidiana limites operativos, como a rebeldia, a indignação, a paixão, elementos que permanecem humanos.

A ética do discurso continua tendo papel importante. Em quaisquer âmbitos e instituições, a mediação da linguagem, a argumentação e o convencimento são relevantes. Se a realidade desmente, muitas vezes, os processos comunicativos, a ética discursiva pode, pelo menos, ser fundamental para o acesso ao processo de participação em diferentes esferas públicas. No entanto, o desmentido pelo uso estratégico e eficaz de diferentes retóricas e o comportamento cínico reforçam outros aspectos da participação social, o da legitimidade dos movimentos sociais emancipadores e coercitivos, inclusive pela força, que chamam a atenção para valores "esquecidos" socialmente, como o direito à vida, à alimentação, à moradia, à felicidade.

O Movimento dos Trabalhadores Rurais Sem-Terra, o Movimento Zapatista, os lutadores legítimos contra a ordem legal, em qualquer continente, parecem estar imbuídos da descrença na representação pública e na participação social sonegada, particularizadas pela privatização do Estado. Por isso, nessa tensão permanente, encontram-se a voz que não foi ouvida, o fato não entendido, o acontecimento não tratado jornalisticamente, o princípio subscrito e não cumprido, o desmentido factual e cotidiano da ordenação do tempo e da violência simbólica da mídia. Não se trata de uma condenação; trata-se de uma esperança.

A falta de repercussão na mídia de revelações, em setembro de 1996, a respeito do Atlas Fundiário Brasileiro, com pautas duradouras, sistemáticas, tais como as da privatização das telecomunicações ou da reforma da Previdência e do déficit público brasileiro, é um sintoma da tendência jornalística "marquetizada", amparada por eficaz retórica e cinismo incorporado. Quando o Atlas revelou que a estrutura das terras brasileiras permanecia a mesma havia sessenta anos, que mais de 60% delas eram improdutivas e usadas como reserva de valor[58], eram fatos jornalísticos comparáveis ou até mais importantes que a queda das bolsas no mundo ou a ineficácia do Estado. O esquecimento ou a minimização da publicação do Atlas, juntamente com sua repercussão nacional viável, razoável, competente e ética, mostra, além de mau jornalismo, que parte da mídia de grande circulação de fato rasga os tratados acordados, os princípios subscritos em favor do interesse público, obscurecidos pela lógica privada em que operam.

Quem sabe por isso Norbert Bilbeny tenha dito que "o mais difícil obstáculo para a ética na sociedade de informação talvez seja a forma de impedir a disseminação de indivíduos informados mas indiferentes, inteligentes mas cruéis. O ético é evitar a apatia e o adormecimento dos sentidos"[59].

Os discursos sobre futuro, modernidade e novas tecnologias não deixam de despejar ideologias, esperanças, profecias. E, com elas, a necessidade de aceitar que tal rumo é o mais correto. Os discursos de mudança em direção à modernidade, com base na exacerbação tecnológica, criam apenas a ilusão de participação, porque tal tecnologia, conforme Carey e Quirk, "traz dentro dela as mesmas sementes dos fracassos que historicamente têm acompanhado as inovações nas comunicações. Em lugar de criar um 'novo futuro', a tecnologia moderna convida o público a participar de um ritual de controle no qual a fascinação pela tecnologia esconde os fatores subjacentes de política e poder"[60].

As estratégias retóricas e o comportamento cínico menosprezam a referência da resistência política, da luta conseqüente e, também, do debate público de temas relevantes. Eles tendem a desaparecer das tensões do presente, essenciais para o próprio projeto de futuro. Há, na prática imediata, a perda efetiva de participação pública, e os discursos esvaziam-se moralmente em grande parte da realidade imediata. As estratégias retóricas e o comportamento cínico não apenas transformam os interlocutores em defensores da própria retórica subjacente, mas transferem para parte significativa da sociedade a perda de referência ética no comportamento mais pessoal ou íntimo. E esvaziam o sentido humano mais digno e precioso da efetiva participação, da democracia e da construção de um mundo válido para um gênero que não pode ser entendido senão como universal, o humano.

Qual a relação do jornalismo com isso? Cabe a ele lutar para ser jornalismo e não qualquer outra coisa. A ele cabe trabalhar com a síntese humana configurada em fatos, declarações, interpretações, eventos na imediatidade em que se produzem e na relevância e nas conseqüências sociais que têm. O jornalismo não deve, portanto, abandonar o passado como referência para a construção do futuro, realizando-se pelo presente na irrupção de eventos humanos trazidos à luz dos debates públicos.

Na dimensão pública, planetária, imediata em que atua, cabe ao jornalismo também pôr à mesa discursos, fatos, eventos, intepretações e versões do mundo. Se radica aí uma de suas premissas técnicas e morais, é indispensável que o jornalismo e a mídia, em geral, estejam presentes à mesa e não fujam ao embate, sob o pretexto de que olham o mundo, mas nele não podem intervir, uma vez que precisam preservar a independência, a imparcialidade, a isenção. Na verdade, eles só poderão existir na medida mesmo em que forem à esfera pública e se despirem, discutindo seus bastidores, hoje subjacentes em discursos editoriais, nas práticas de cobertura jornalística, na escolha de pautas que muitas vezes se apropriam do mundo em movimento para levá-lo a um futuro particularizado.

Por isso, a utopia jornalística é uma das que fazem da resistência também um projeto. Lutar para tanto é lutar em favor da profissão. Ao defendê-la, faz-se a defesa de que ela, como quaisquer outras, deve ser favorável à humanidade, e não contrária a ela.

Ao contar, lembrar, recontar, registrar, debater, polemizar, o jornalismo ajuda a memória coletiva e individual a tornar-se social e histórica, além de contribuir consigo mesmo para que seja, como outras áreas, memória da humanidade. E contribuir para que tal memória constitua referência para a ação, para a opinião, para a democracia e para a constituição da cidadania.

Carandiru, Corumbiara, Eldorado dos Carajás, Plaza Shopping de Osasco, trabalho escravo, desemprego, crueldade ou benevolência, conformismo ou rebeldia, em distintas regiões e diferentes momentos, também estão na memória e no espelho em que nos olhamos porque também fazemos parte da humanidade. No registro e na memória do presente imediato é que se constrói a memória coletiva ou histórica e, com ela, a memória humana, que vive no cotidiano e no presente o ápice da experiência e do testemunho. Com isso, o jornalismo afirma-se com maior referência real e torna-se, no presente, *memorável*.

Notas bibliográficas

1. Sirotsky assume a Federação Mundial, *Imprensa*, n. 102, mar. 1994, p. 68-69.
2. Perelman e Olbrechts-Tyteca, *op. cit.*, p. 581.
3. Ben H. Bagdikian, *O monopólio da mídia*, p. 16.
4. *Ibidem*, p. 32.
5. Há outros trabalhos interessantes sobre o tema, como, em português, o excelente e meticuloso livro de Dênis de Moraes, *O planeta Mídia*: tendências da comunicação na era global, que mostra a relação atual do setor da mídia com o mercado global; e, em espanhol, *Tiburones de la comunicación*: grandes líderes de los grupos multimedia, de Eric Frattini e Yolanda Colías, e *Desarrollo de los medios de difusión*: tecnologías y concentración, de Egon Busch e Viktor Kejha.
6. Lucas Mendes. O n. 1, *Imprensa*, n. 96, set. 1995, p. 54.
7. *O Estado de S. Paulo*, 14 out. 1998, p. A13.
8. Dados citados por Eric Frattini e Yolanda Colías, *op. cit*. No livro, os autores revelam a história de doze megaempresários do setor de comunicação: Rupert Murdoch, Emilio Azcárraga, Silvio Berlusconi, Robert Hersant, Jean-Luc Lagardère, Jesús de Polanco, Ted Turner, Tony O'Reilly, Conrad Black, Katharine Graham, Reinhard Mohn e Arthur Ochs Sulzberger.
9. Bob Fernandes. O poder é o canal. *Carta Capital*, 30 set. 1998, p. 28-29. Hoje existem inúmeros trabalhos sobre tal promiscuidade, de livros e artigos a trabalhos de pós-graduação e de conclusão de curso de graduação. Foi um marco de grande relevância o trabalho desenvolvido em todo o país pelo Fórum Nacional de Luta por Políticas Democráticas de Comunicações na década de 1980 e sobretudo na de 1990, integrado por centenas de entidades representantes da sociedade civil e outras instituições.

10. Samuel Wainer, *Minha razão de viver*: memórias de um repórter.
11. *Senhor*, 22 fev. 1988, p. 32.
12. Diferentes autores já trataram da venda de produtos transformados em interesse público, utilizando-se estratégias de marketing, propaganda e publicidade. Lembro-me aqui de *Vendedores de imagen*, de Tomás Álvarez e Mercedes Caballero, que mostraram como são contratadas empresas de comunicação e publicidade e assessorias de imprensa para transformar uma empresa, um governo e uma guerra em atrações sociais de interesse público e, portanto, motivo de cobertura jornalística. É especialmente interessante a abordagem que fazem da guerra do Golfo Pérsico, quando o Iraque invadiu o Kuwait e, logo depois, criou-se o clima para a intervenção dos Estados Unidos. Para isso, Álvarez e Caballero lembram a eficaz participação de agências de relações públicas para tornar o Kuwait, primeiramente, conhecido dos americanos; depois, mostrar as atrocidades dos iraquianos, que teriam provocado a morte de crianças nos hospitais. Para tanto, conseguiram-se testemunhas e imagens produzidas em estúdio. Como ilustração, uma kuwaitina chorando, que seria pobre e refugiada, era, na verdade, filha do embaixador do Kuwait nos Estados Unidos. Para preparar no país um clima social favorável à intervenção, foi contratada a agência Hill and Knowlton, por 10,8 milhões dólares. Montaram-se cenas, falsas testemunhas foram recrutadas e assim por diante. A mídia se encarregou do resto, e o acontecimento real, invasão, teve durabilidade suficiente para gerar outro acontecimento, o ataque americano. Igualmente, em *Los guardianes de la libertad*, Noam Chomsky e Edward S. Herman analisam como a mídia fabricou o consenso em guerras na Indochina (Laos e Camboja), em algumas eleições dos últimos anos em El Salvador, Guatemala e Nicarágua e na tentativa de assassinato do papa João Paulo II, atribuída a um complô formado pela polícia secreta soviética, KGB e as forças secretas da Bulgária comunista. Em todas essas coberturas da mídia norte-americana existiu uma propaganda eficaz e persistente de temas que foram transformados em factualidade jornalística.
13. Renato Ortiz, *Mundialização e cultura*, p. 144.
14. *Ibidem*, p. 166.

15. Octavio Ianni, *A sociedade global*, p. 93. Nos últimos anos, muitas publicações têm tratado da globalização econômica e situam a mídia nesse processo. Dentre as diversas existentes, destaco duas publicações que examinam as tendências contemporâneas: *A revolução informacional*, de Jean Lojkine, e *Comunicação-Mundo*: história das idéias e das estratégias, de Armand Mattelart.
16. Joaquín Estefanía, *Contra el pensamiento único*, p. 182.
17. Noam Chomsky e Ignacio Ramonet, *Como nos venden la moto*.
18. Michel Chossudovsky, Un frenesí especulativo que sacude las economías reales, *Le Monde diplomatique*, n. 26, dez. 1997, p. 12-13 (edición española).
19. Ignacio Ramonet, Desarmar a los mercados, *Le Monde diplomatique*, n. 26, dez. 1997, primeira página, (edición española).
20. Citado por Lori M. Wallach, El nuevo manifiesto, *Le Monde diplomatique*, n. 28, fev. 1998, p. 3, (edición española).
21. Lori M. Wallach, *op. cit*. No Brasil, têm sido feitos vários artigos, debates e estudos sobre o tema, embora a mídia não dê a relevância adequada ao assunto e às suas conseqüências sociais. O documento "Alerta à nação diante da ameaça do AMI", publicado pela Vozes e elaborado pela Comissão Brasileira de Justiça e Paz, pelo Instituto de Estudos Sócio-Econômicos (Inesc) e pela Ágora (Associação para Projetos de Combate à Fome), é boa fonte para compreender a extensão do projeto.
22. Ignacio Ramonet, *op. cit*.
23. Cornelius Castoriadis, El individuo privatizado, *Le Monde diplomatique*, (edición española), n. 28, fev. 1998, p. 27 (artigo resultante de palestra proferida em Toulouse, em março de 1997, sintetizado por Robert Redecker).
24. Serge Halimi, Un journalisme de révérence, *Le Monde diplomatique*, n. 491, fev. 1995, primeira página, 14 e 15.
25. Serge Halimi, *Os novos cães de guarda*, p. 18.
26. Noam Chomsky e Edward S. Herman, *Los guardianes de la libertad*, p. 263.
27. Veja a esse respeito a entrevista de Noam Chomsky à *Folha de S.Paulo*, "A privatização da democracia: Noam Chomsky examina os usos políticos da informação", caderno Mais!, 9 mar. 1997, p. 10-11.
28. José L. Martínez Albertos, *El ocaso del periodismo*, p. 31.

29. *Ibidem*, p. 37.
30. *Ibidem*, p. 38.
31. *Ibidem*, p. 57.
32. Giovanni Sartori, *Homo videns*: la sociedad teledirigida.
33. *Ibidem*, p. 83 e 82.
34. *Ibidem*, p. 85-87.
35. *Ibidem*, p. 140.
36. Ignacio Ramonet, *La tiranía de la comunicación*, p. 47.
37. A cada edição, o *Le Monde diplomatique* traz o ideário de seu jornalismo: "Quando todos os meios parecem deixar-se levar pela velocidade, pela aceleração, pela fascinação, pela instantaneidade do 'tempo real', no *Le Monde diplomatique* dizemos que o importante é, pelo contrário, frear um pouco, dar-se o tempo necessário para analisar, duvidar, refletir... Não aceitar que a 'atualidade' nos seja definida pela televisão e os grandes meios, em função de interesses puramente dramáticos... Quando triunfam por todas as partes os peritos, os especialistas, os que 'sabem cada vez mais sobre cada vez menos', tratamos de propor uma leitura pluridisciplinar, para ver cada problema através do prisma de suas cinco dimensões essenciais: política, econômica, social, cultural e ecológica..." (*Le Monde diplomatique*, (edición española), n. 24, out. 1997, p. 13). Certamente, há enormes méritos no jornalismo desenvolvido pelo *Le Monde diplomatique*. É certo, contudo, que o mundo da informação não se pode limitar a publicações mensais, como é o caso do jornal, ou semanais... Deve haver tanto o jornalismo mensal, essencialmente analítico, como o informativo diário ou a cada trinta minutos ou imediato, como em rádios, TVs ou na internet. Trata-se de qualificar o último.
38. Ignacio Ramonet, *op. cit.*, p. 160.
39. José Luis Sánchez Noriega, *op. cit.*, p. 179.
40. *Ibidem*, p. 189.
41. Ignacio Ramonet, *op. cit.*, p. 68.
42. José Luis Sánchez Noriega, *op. cit.*, p. 53.
43. *Ibidem*, p. 113.
44. Maria Pilar Diezhandino, Ofa Bezunartea e César Coca, *La elite de los periodistas* apud José Luis Sánchez Noriega, *op. cit.*, p. 113.
45. Juan Luis Cebrián, *La red*: como cambiarán nuestras vidas los nuevos medios de comunicación, p. 163.

46. *Ibidem*, p. 164.
47. Peter Sloterdijk, *Crítica de la razón cínica*, v. II, p. 126.
48. Existem vários livros clássicos sobre o assunto, mas posso citar pelo menos dois: *A primeira vítima*, de Phillip Knightley, e a atualíssima obra de Alejandro Pizarroso Quintero *La guerra de las mentiras*. Neste último, o autor espanhol lembra, por exemplo, um episódio ocorrido durante a guerra do Golfo. Alguns pilotos iraquianos desertaram do país (verdade) e, na fuga, bombardearam a sede do governo, onde estava Saddam Hussein (mentira). A idéia de veracidade passou ao público, uma vez que havia indícios reais de que o bombardeio pudesse ter ocorrido, já que foi constatada a fuga de pilotos iraquianos. Em uma guerra com altos índices de censura militar norte-americana às informações e com pouco acesso dos jornalistas às fontes primárias, a emergência informativa não pôde esperar, como é da natureza da atividade profissional na área. A propaganda e os discursos, como estratégia de marketing ou de convencimento, utilizam alguns dados falsos misturados a um conjunto de assertivas verdadeiras, no sentido de convencer sobre a totalidade das proposições.
49. José Luis Sánchez Noriega, *op. cit.*, p. 238.
50. Juan Luis Cebrián, *op. cit.*, p. 150-151.
51. Vicente Romano, *Desarrollo y progreso*: por una ecología de la comunicación, p. 161 e 162. Nos outros livros citados ao longo deste livro, Romano situa bastante bem a importância da democracia na mídia para a defesa do espaço público e do caráter público midiático, essencial à realização do jornalismo.
52. Manuel Vázquez-Montalbán, *Panfleto desde el Planeta de los Simios*, p. 92.
53. *Ibidem*, p. 52 e 53.
54. Jürgen Habermas, *Escritos sobre moralidad y eticidad*, p. 162 e 172. Além desse livro, pelo menos dois outros, mencionados na bibliografia, abordam sistematicamente a questão do espaço público e da importância da ética discursiva (que também é uma ética cognoscitiva e universalista), bastante adequada ao exame ético do jornalismo – os próprios manuais, códigos e princípios subscritos trazem isso implícito. Habermas tem, no entanto, muitos críticos qualificados, que, claro, não desmerecem toda a obra do teórico social alemão, mas questionam alguns de seus princípios.

Entre eles, há até amigos seus (como compete a um ambiente acadêmico complexo), como Karl-Otto Apel. Para uma análise mais detalhada do assunto, é relevante e interessante o livro *Comunicación, ética y política*: Habermas y sus críticos, da professora espanhola Margarita Boladeras.
55. *Ibidem*, p. 162-163.
56. Lluís Badia, La opinión pública como problema, *Voces y Culturas*, n. 10, p. 71, 1996.
57. John Keane, Transformações estruturais da esfera pública, *Comunicação & Política*, v. III, n. 3, p. 18, 1996.
58. Clóvis Rossi, Com terra e sem vergonha, *Folha de S.Paulo*, 13 set. 1996, Opinião, p. 2. Alguns veículos de comunicação também divulgam, periodicamente, debates sobre a mídia e excelentes trabalhos jornalísticos a respeito dela. Entre eles, pode-se citar o caderno Mais! (*Folha de S.Paulo*) de 9 de março de 1997, com dezesseis páginas dedicadas ao assunto, sob o título "Mídia: verdades e mentiras". A revista *Imprensa*, o Observatório de Imprensa e o Instituto Gutenberg também se somam às crescentes preocupações para tornar público o mundo da mídia, suas relações, seus erros, seus problemas e as conseqüências sociais do que faz.
59. Norbert Bilbeny, *La revolución en la ética*: hábitos y creencias en la sociedad digital, p. 30.
60. James W. Carey e John. J. Quirk, A história do futuro, *Comunicação & Política*, v. III, n. 1, p. 119, 1996.

Conclusão

O jornalismo, como código terciário de segunda natureza, carrega valores. Um deles é o da constituição moral interna, que embute uma ética, expressa, em variados casos, em deontologia profissional, específica de cada atividade.

Parece-me que o jornalismo tem uma ligação incontornável com os demais campos sociais. Ao mesmo tempo, essa sua inserção na totalidade não implica submissão aos demais campos, mas uma relação de não-subordinação e de equivalência, íntegra e moral, pela qual se relaciona com o todo. Nesse aspecto, a ética específica da atividade jornalística tem princípios insuperáveis, mesmo diante da avalanche global proposta pelo fundamentalismo de mercado e pelos adeptos do *pensamento único*.

Os princípios éticos que subsistem como indicadores da ação continuam referências reconhecidas por empresários e pela categoria profissional dos jornalistas. As dificuldades para implementá-los exigem um esforço redobrado: de um lado, a luta pela realização ética da profissão; de outro, o combate às estratégias retóricas de vertente cínica. É aí que a resistência profissional e os discursos contra o cinismo encontram respaldo moral.

Uma área de saber e uma profissão estão inseridas na globalidade da vida, e a não-resistência talvez seja apenas uma renúncia antecipada a valores que o século xx tentou afirmar no campo das profissões, especialmente com a acentuação da divisão social do trabalho e a conseqüente formulação e subscrição de códigos deontológicos profissionais, fundados em uma reflexão ético-moral *de* e *sobre* cada atividade. A não-resistência ou a submissão manifesta um conformismo e um mal-estar, expressos na dilaceração dos projetos coletivos e nas alternativas essencialmente particularizadas, pelas quais o indivíduo pode tornar-se tanto propagador do cinismo como vítima dele, ao objetivar valores sem o reconhecimento de que são sujeitos que os operam.

Diante disso, o saber não é emancipador, mas um fator de repetição da anterioridade, devorado pelo conformismo, pela rendição, pelo ornamento acadêmico, pela rotina profissional, pela monotonia da vida.

Diante da complexidade social, amplia-se contemporaneamente a necessidade da afirmação de projetos profissionais específicos, ancorados em uma ética/deontologia profissional com fundamentação teórica crítica. Junto com outras atividades, o jornalismo tem potencialidades emancipadoras, como a de qualificar o sentido comum de entendimento social sobre o entorno imediato, sobre o passado que se acumula no presente.

O exercício ético jornalístico, com a luta política decorrente – abrangente e vinculada a outros campos sociais –, ajuda a combater o *pensamento único*, as estratégias retóricas e o cinismo. Colaborando para construir uma sólida estrada em tal direção, o jornalismo e os jornalistas contribuem para a formação de uma esfera pública mais qualificada e visível. Com isso, a afirmação ética do gênero humano e o indispensável debate público e plural concorrem também para que a ética seja essencial a uma nova estética, integrante das próprias relações humanas. A teoria serve, também, para que o jornalismo não aceite ser um conformado refém de seu presente – e serve para mostrar que a negatividade social talvez seja suficientemente forte a ponto de levar o jornalismo a superar seus limites econômicos, políticos e ideológicos.

Na imediatidade em que se move o mundo, o jornalismo ajuda a sustentar o espelho para que não se quebre e, com ele, não se fragmente o próprio mundo de significados com os quais negamos ou afirmamos a existência.

Bibliografia

Livros

ALSIUS, Salvador. *Ètica i periodisme*. Barcelona: Pòrtic, 1998.
ÁLVAREZ, Tomás; CABALLERO, Mercedes. *Vendedores de imagen: los retos de los nuevos gabinetes de comunicación*. Barcelona: Paidós, 1997.
APEL, Karl-Otto. *Teoría de la verdad y ética del discurso*. Tradução Norberto Smilg, 2. ed. Barcelona: I.C.E./Paidós, 1995.
ARISTÓTELES. *Arte retórica e arte poética*. Tradução Antonio Pinto de Carvalho. Rio de Janeiro: Ediouro, [s/d].
ARMAZAÑAS, Emy; DIAS NOCI, Javier. *Periodismo y argumentación: géneros de opinión*. Bilbao: Universidad del País Vasco, 1996.
BAGDIKIAN, Ben H. *O monopólio da mídia*. Tradução Maristela M. de Faria Ribeiro. São Paulo: Scritta, 1993.
BAKHTIN, Mikhail (Volochinov). *Marxismo e filosofia da linguagem*. Tradução Michel Lahud e Yara Frateschi Vieira. São Paulo: Hucitec, 1988.
BAITELLO JUNIOR, Norval. *O animal que parou os relógios*. São Paulo: Annablume, 1997.
BARILLI, Renato. *Retórica*. Tradução Graça Marinho Dias. Lisboa: Presença, 1985.

Barros Filho, Clóvis de (colaborador: Pedro Lozano Bartolozzi). *Ética na comunicação: da informação ao receptor.* São Paulo: Moderna, 1995.

Barroso Asenjo, Porfirio. *Fundamentos deontológicos de las ciencias de la información.* Barcelona: Mitre, 1985.

Bertrand, Claude-Jean. *La déontologie des mèdias.* Paris: Presses Universitaires de France, 1997.

Beth, Hanno; Pross, Harry. *Introducción a la ciéncia de la comunicación.* Tradução Vicente Romano, 2. ed. Barcelona: Anthropos, 1990.

Bilbeny, Norbert. *La revolución en la ética: hábitos y creencias en la sociedad digital.* Barcelona: Anagrama, 1997.

Birman, Joel (org.). *Percursos na história da psicanálise.* Rio de Janeiro: Taurus, 1988.

Boladeras, Margarita. *Comunicación, ética y política: Habermas y sus críticos.* Madri: Tecnos, 1996.

Bonete Perales, Enrique (coord.). *Éticas de la información y deontologias del periodismo.* Madri: Tecnos, 1995.

Bruun, Lars (ed.). *New international information and comunication order.* Praga: International Organization of Journalists, 1986.

_____. *Professional codes in journalism.* Praga: International Organization of Journalists, 1979.

Bucci, Eugênio. *Sobre ética e imprensa.* São Paulo: Companhia das Letras, 2000.

Busch, Egon; Kejha, Viktor. *Desarrollo de los medios de difusión: tecnologías y concentración.* Praga: IIP, 1989.

Bystrina, Ivan. *Semiotik der Kultur.* Tübingen: Stauffenburg, 1989.

_____. *Tópicos de semiótica da cultura.* Tradução Norval Baitello Junior e Sônia B. Castino. São Paulo: puc/Cisc, 1995.

Carvalho, Edgard de Assis et al. (orgs.). *Ética, solidariedade e complexidade.* São Paulo: Palas Athena, 1998.

Cassin, Bárbara. *Ensaios sofísticos.* Tradução Ana Lúcia de Oliveira e Lúcia Cláudia Leão. São Paulo: Siciliano, 1990.

CAVALCANTI FILHO, José Paulo (org.). *Informação e poder*. Rio de Janeiro: Record; Recife: Fundação de Cultura Cidade do Recife, 1994.

CEBRIÁN, Juan Luis. *La red: como cambiarán nuestras vidas los nuevos medios de comunicación*. Madri: Taurus, 1998.

CHALITA, Gabriel. *A sedução no discurso: o poder da linguagem nos tribunais de júri*. São Paulo: Max Limonad, 1998.

CHOMSKY, Noam; DIETERICH, Heinz. *La aldea global*. Tafalla: Txalaparta, 1997.

_____; HERMAN, Edward S. *Los guardianes de la libertad: propaganda, desinformación y consenso en los medios de comunicación de masas*. Tradução Carme Castells. Barcelona: Crítica / Grijalbo Mondadori, 1995.

_____; RAMONET, Ignacio. *Como nos venden la moto*. Barcelona: Icaria, 1995.

COLÍAS, Yolanda; FRATTINI, Eric. *Tiburones de la comunicación: grandes líderes de los grupos multimedia*. Madri: Pirámide, 1996.

CONSTITUIÇÃO *da República Federativa do Brasil* (5 de outubro de 1988). São Paulo: Atlas, 1989.

CORNU, Daniel. *Jornalismo e verdade: para uma ética da informação*. Tradução Armando Pereira da Silva. Lisboa: Instituto Piaget, 1999.

CORTINA, Adela (org.). *Ética de la empresa: claves para una nueva cultura empresarial*. 2. ed. Madri: Trotta, 1996.

COSTA, Jurandir Freire. *A ética e o espelho da cultura*. Rio de Janeiro: Rocco, 1994.

_____. *Psicanálise e Moral*. São Paulo: Educ, 1989.

_____. *Violência e Psicanálise*. 2. ed. Rio de Janeiro: Graal, 1986.

DANTAS, Marcos. *A lógica do capital-informação*. Rio de Janeiro: Contraponto, 1996.

ELIAS, Norbert. *Sobre el tiempo*. Madri: Fondo de Cultura Económica, 1989.

ESTEFANÍA, Joaquín. *Contra el pensamiento único*. 2. ed. Madri: Taurus, 1998.

FONTCUBERTA, Mar de. *La noticia: pistas para percibir el mundo*. 2. ed. Barcelona: Paidós, 1996.

FORRESTER, Viviane. *El horror económico*. Tradução Daniel Zadunaisky. Buenos Aires: Fondo de Cultura Económica, 1997.

GARAVELLI, Bice Mortara. *Manual de retórica*. Tradução Maria José Vega. Madri: Cátedra, 1991.

GARCIA, Luiz (org.). *O Globo – Manual de redação e estilo*. São Paulo: Globo, 1992.

GENRO FILHO, Adelmo. *O segredo da pirâmide: para uma teoria marxista do jornalismo*. Porto Alegre: Tchê!, 1987.

GENRO, Tarso. *Política & modernidade*. Porto Alegre: Tchê!, 1990.

GOMIS, Llorenç. *La notícia, dret humà*. Barcelona: Barcanova, 1993.

_____. *Teoria dels gèneres periodístics*. Barcelona: Generalitat de Catalunya/Centre d'Investigació de la Comunicació, 1989.

GOMIS, Lorenzo. *El medio media: la función política de la prensa*. Barcelona: Mitre, 1987.

_____. *Teoria del periodismo: como se forma el presente*. Barcelona: Paidós, 1991.

HABERMAS, Jürgen. *Consciência moral e agir comunicativo*. Tradução Guido A. de Almeida. Rio de Janeiro: Tempo Brasileiro, 1989.

_____. *Escritos sobre moralidad y eticidad*. Tradução Manuel Jiménez Redondo. Barcelona: ICE/Paidós, 1991.

_____. *Mudança estrutural da esfera pública*. Tradução Flávio R. Kothe. Rio de Janeiro: Tempo Brasileiro, 1984.

HALBWACHS, Maurice. *A memória coletiva*. Tradução Laurent Léon Schaffter. São Paulo: Vértice, 1990.

HALIMI, Serge. *Os novos cães de guarda*. Tradução Guilherme João de Freitas Teixeira. Petrópolis: Vozes, 1998.

HALLIDAY, Tereza Lúcia. *A retórica das multinacionais: a legitimação das organizações pela palavra*. São Paulo: Summus, 1987.

_____. *O que é retórica*. São Paulo: Brasiliense, 1990.

_____ (org.). *Atos retóricos: mensagens estratégicas de políticos e igrejas*. São Paulo: Summus, 1988.

IANNI, Octavio. *A sociedade global*. 4. ed. Rio de Janeiro: Civilização Brasileira, 1996.

JAPIASSU, Hilton; MARCONDES, Danilo. *Dicionário básico de filosofia*. 2. ed. Rio de Janeiro: Zahar, 1991.

JORNALISTAS PRA QUÊ? (Os profissionais diante da ética). Rio de Janeiro: Sindicato dos Jornalistas Profissionais do Município do Rio de Janeiro, 1989.

KARAM, Francisco José. *Jornalismo, ética e liberdade*. São Paulo: Summus, 1997.

KNIGHTLEY, Phillip. *A primeira vítima*. Tradução Sônia Coutinho. Rio de Janeiro: Nova Fronteira, 1978.

KOSIK, Karel. *Dialética do concreto*. Tradução Célia Neves e Alderico Toríbio. 3. ed. Rio de Janeiro: Paz e Terra, 1985.

KUCINSKI, Bernardo. *A síndrome da antena parabólica: ética no jornalismo brasileiro*. São Paulo: Fundação Perseu Abramo, 1998.

LAGE, Nilson. *Controle da opinião pública: um ensaio sobre a verdade conveniente*. Petrópolis: Vozes, 1998.

_____. *Ideologia e técnica da notícia*. Petrópolis: Vozes, 1979.

LASCH, Christopher. *A cultura do narcisismo*. Tradução: Ernani Pavanelli Moura. Rio de Janeiro: Imago, 1983.

_____. *A rebelião das elites e a traição da democracia*. Tradução Talita M. Rodrigues. Rio de Janeiro: Ediouro, 1995.

_____. *O mínimo eu: sobrevivência psíquica em tempos difíceis*. Tradução João Roberto Martins Filho. São Paulo: Brasiliense, 1986.

LIPOVETSKY, Gilles. *El crepúsculo del deber: la ética indolora de los nuevos tiempos democráticos*. Tradução Juana Bignozzi. 2. ed. Barcelona: Anagrama, 1996.

LOJKINE, Jean. *A revolução informacional*. Tradução José Paulo Netto. São Paulo: Cortez, 1995.

LOTMAN, Yuri M. *La semiosfera I: semiótica de la cultura y del texto*. Tradução Desiderio Navarro. Madri: Cátedra, 1996.

_____. *La semiosfera II: semiótica de la cultura, del texto, de la conducta y del espacio*. Tradução Desiderio Navarro. Madri: Cátedra, 1998.

MACAGGI, José Luis. *Manual del periodista*. Buenos Aires: Centro Técnico de la Sociedad Interamericana de Prensa/Comisión Mundial de Libertad de Prensa, 1991.

MALCOLM, Janet. *O jornalista e o assassino: uma questão de ética*. Tradução Tomás Rosa Bueno. São Paulo: Companhia das Letras, 1990.

MARTÍNEZ ALBERTOS, José L. *El ocaso del periodismo*. Barcelona: Cims, 1997.

MATTELART, Armand. *Comunicação-mundo: história das idéias e estratégias*. Tradução Guilherme João de Freitas Teixeira. Petrópolis: Vozes, 1994.

MATOS, Heloiza (org.). *Mídia, eleições e democracia*. São Paulo: Scritta, 1994.

MEDINA, Cremilda. *Notícia, um produto à venda: jornalismo na sociedade urbana e industrial*. 2. ed. São Paulo: Summus, 1988.

MEDITSCH, Eduardo. *O conhecimento do jornalismo*. Florianópolis: Editora da UFSC, 1992.

MORAES, Dênis de. *O planeta Mídia: tendências da comunicação na era global*. Campo Grande: Letra Livre, 1998.

NEW INTERNATIONAL INFORMATION and Comunication Order (sourcebook). Praga: International Organization of Journalists, 1986.

NIETZSCHE, F. *Da retórica*. Tradução Tito Cardoso e Cunha. Lisboa: veja, 1995.

NOELLE-NEUMANN, Elisabeth. *La espiral del silencio. Opinión pública: nuestra piel social*. Tradução Javier Ruiz Calderón. Barcelona: Paidós, 1995.

NORDENSTRENG, Kaarle; TOPUS, Hifzi (eds.). *Journalist: status, rights and responsibilities*. Praga: International Organization of Journalists, 1989.

NÖTH, Winfried. *A semiótica no século xx*. São Paulo: Annablume, 1996.

_____. *Panorama da semiótica: de Platão a Peirce*. São Paulo, Annablume, 1995.

Novaes, Adauto (org.), *Ética*. São Paulo: Companhia das Letras/Secretaria Municipal de Cultura, 1992.
Ortiz, Renato. *Mundialização e cultura*. 2. ed. São Paulo: Brasiliense, 1996.
Perelman, Chaïm; Olbrechts-Tyteca, Lucie. *Tratado da argumentação: a nova retórica*. Tradução Maria Ermantina Galvão G. Pereira. São Paulo: Martins Fontes, 1996.
Pizarroso Quintero, Alejandro. *La guerra de las mentiras: información, propaganda y guerra psicológica en el conflicto del Golfo*. Madri: Eudema, 1991.
Platão. *Górgias*. Tradução Jaime Bruna. Rio de Janeiro: Bertrand Brasil, 1989.
Prevignano, Carlo (ed.). *La semiotica nei paesi slavi*. Tradução Eddo Rigotti. Milão: Feltrinelli, 1979.
Professional Codes of Ethics in Journalism. Praga: International Organization of Journalists, 1990.
Pross, Harry. *Estructura simbolica del poder*. Tradução Pedro Madrigal Devesa e Homero Alsina Thevenet. Barcelona: Gustavo Gili, 1980.
_____. *La violencia de los simbolos sociales*. Tradução Vicente Romano García. Barcelona: Anthropos, 1989.
Ramonet, Ignacio. *La tiranía de la comunicación*. Madri: Debate, 1998.
Rodrigo Alsina, Miquel. *La construcción de la noticia*. Barcelona: Paidós, 1989.
Romano, Vicente. *Desarrollo y progreso: por una ecología de la comunicación*. Barcelona: Teide, 1993.
_____. *El tiempo y el espacio en la comunicación: la razón pervertida*. Hondarribia (Guipúzcoa): Hiru, 1998.
_____. *Introducción al periodismo: información y conciencia*. Barcelona: Teide, 1984.
_____. *La formación de la mentalidad sumisa*. Madri: Endymion, 1998.
Sánchez Noriega, José Luiz. *Crítica de la seducción mediática*. Madri: Tecnos, 1997.

SANTAMARÍA SUÁREZ, Luisa. *Géneros para la persuasión en el periodismo*. Madri: Fragua, 1997.
SARTORI, Giovanni. *Homo videns: la sociedad teledirigida*. Tradução Ana Díaz Soler. Madri: Taurus, 1998.
SCHNAIDERMAN, Boris (org.). *Semiótica russa*. São Paulo: Perspectiva, 1979.
SLOTERDIJK, Peter. *Crítica de la razón cínica*. Tradução Miguel Ángel Vega. Madri: Taurus, 1989, 2 v.
VAN DIJK, Teun A. *La noticia como discurso: comprensión, estructura y producción de la información*. Tradução Guillermo Gal. Barcelona: Paidós, 1990.
VASILACHIS DE GIALDINO, Irene. *La construcción de representaciones sociales: discurso político y prensa escrita*. Barcelona: Gedisa, 1997.
VÁZQUEZ-MONTALBÁN, Manuel. *Panfleto desde el planeta de los Simios*. Barcelona: Crítica/Grijalbo Mondadori, 1995.
VILLANUEVA, Ernesto. *Códigos europeos de ética periodística: un análisis comparativo*. Cidade do México: Fundación Manuel Buendía/Generalitat de Catalunya, 1996.
WAINER, Samuel. *Minha razão de viver: memórias de um repórter*. 5. ed. Rio de Janeiro: Record, 1988.
ZERO HORA. *Manual de ética, redação e estilo*. Porto Alegre: Zero Hora/L&PM, 1994.

Periódicos

AÇÃO (jornal da Associação Nacional dos Funcionários do Banco do Brasil). Brasília, ano XII, n. 116, dez. 1998.
AMANHÃ. Porto Alegre, jul. 1998.
ANÀLISI. Barcelona, n. 20. Universitat Autònoma de Barcelona, 1997.
BOLETIM ELETRÔNICO DO EPCOM (Instituto de Estudos e Pesquisas em Comunicação). Porto Alegre, 20 out. 1998; 15 dez. 1998; 18 dez. 1998; 8 fev. 1999; 9 fev. 1999.
BOLETIM UNITÁRIO DOS TRABALHADORES DA COMUNICAÇÃO DO ESTADO DO RIO GRANDE DO SUL. Porto Alegre, n. 3, 1998.

BOLETIM (informativo semanal da Associação dos Professores da Universidade Federal de Santa Catarina). Florianópolis, 1-4 fev. 1999.

BOLETIM. São Paulo, Sindicato dos Bancários e Financiários de São Paulo, Osasco e Região, [s/d].

BRECHA. Montevidéu, 26 abr. 1996.

CARTA CAPITAL. São Paulo, 30 set. 1998; 14 out. 1998; 12 maio 1999.

COMUNICAÇÃO & POLÍTICA (nova série). Rio de Janeiro, Cebela, v. III, n.1, jan./abr. 1996; n. 3, maio/ago. 1996.

CORREIO BRAZILIENSE. Brasília, 21 maio 1999.

DIÁRIO CATARINENSE. Florianópolis. 31 mar. 1991; 7 jun. 1992; 16 ago. 1992; 16 abr. 1994; 13 dez. 1994; 23 abr. 1995; 20 jul. 1995; 27 jul. 1995; 17 ago. 1995; 21 set. 1995; 8 ago. 1996; 14 nov. 1996; 18 nov. 1996; 26 nov. 1996; 12 fev. 1997; 27 mar. 1997; 29 jul. 1998; 30 jul. 1998; 13 ago. 1998; 21 set. 1998; 29 out. 1998; 26 nov. 1998; 27 nov. 1998; 1 dez. 1998; 4 dez. 1998; 8 dez. 1998; 9 dez. 1998; 3 mar. 1999; 7 maio 2003.

DIÁRIO DO SUL. Porto Alegre, 20 ago. 1987.

EXAME. São Paulo, jul. 1998

ÉPOCA. São Paulo, 27 jul. 1998

EL PERIÓDICO. Barcclona, 26 fev. 1998.

FALANDO SÉRIO (jornal do Movimento pela Unidade dos Trabalhadores em Comunicação do Rio Grande do Sul). Porto Alegre, n. 1, out. 1998.

FOLHA DE S.PAULO. São Paulo, 19 abr. 1996; 9 ago. 1996; 13 set. 1996; 19 jan. 1997; 23 fev. 1997; 9 mar. 1997; 29 jul. 1998; 30 jul. 1998; 13 dez. 1998; 24 jan. 1999; 28 jan. 1999; 9 mar. 1999; 21 maio 1999; 15 maio 2003.

GAZETA MERCANTIL. São Paulo, 3 abr. 1995; 17 nov. 1998.

IMPRENSA. São Paulo, ano IX, n. 96, set. 1995; n. 102, mar. 1996.

ISTOÉ. São Paulo, 2 out. 1996; 29 jul. 1998.

ISTOÉ DINHEIRO. São Paulo, 10 mar. 1999.

JORNAL ANJ. Brasília, nov. 1993; mar. 1994; set. 1994; mar. 1995; out. 1995; maio 1996; ago. 1996; out. 1996; abr. 1997; jun. 1998.

JORNAL DA UNAMIBB (Banco do Brasil confidencial/exemplar reservado/exclusivo para sócio da Unamibb). Belo Horizonte, n. 30, mar./abr. 1999.

JORNAL DA TARDE. São Paulo, 21 out. 1993; 4 dez. 1998.

JORNAL DO BRASIL. Rio de Janeiro, 5 dez. 1996; 30 jul. 1998; 24 jan. 1999; 21 maio 1999.

JORNAL DO CLIENTE (informativo para os clientes e usuários do Banco do Brasil). Florianópolis, nov. 1996, Comissão de Empresa do BB-CNB-CUT-Sindicato dos Bancários de Florianópolis e Região.

LE MONDE DIPLOMATIQUE. Paris, n. 491, fev. 1995.

LE MONDE DIPLOMATIQUE. (edición española). Madri, ano III, n. 26, dez. 1997; n. 28, fev. 1998.

O ESTADO DE S. PAULO. São Paulo, 4 nov. 1994; 10 mar. 1996; 12 ago. 1996; 5 dez. 1996; 12 dez. 1996; 14 out. 1998; 29 out. 1998; 28 jan. 1999; 21 maio 1999.

O GLOBO. Rio de Janeiro, 17 ago. 1994; 30 jul. 1998; 21 maio 1999.

O JORNAL (encarte especial no Zero Hora). Porto Alegre, 5 maio 1997.

REAGE BRASIL (jornal da Federação dos Bancários/RS e do Sindicato dos Bancários de Porto Alegre e Interior). Porto Alegre, set. 1996.

REVISTA BRASILEIRA DE CIÊNCIAS DA COMUNICAÇÃO. São Paulo, v. XXI, n. 1, jan./jun. 1998.

SENHOR. São Paulo, n. 361, 22 fev. 1988.

TRIBUNA DA IMPRENSA. Rio de Janeiro, 17 nov. 1998.

VEJA. São Paulo, 17 set. 1997; 11 nov. 1998; 18 nov. 1998; 25 nov. 1998; 7 abr. 1999; 14 abr. 1999.

VERSÃO DOS JORNALISTAS. Porto Alegre, ano VII, n. 48, set. 1998.

VOCES Y CULTURAS, Barcelona, n° 10. II semestre 1996.

ZERO HORA. Porto Alegre, 19 nov. 1993; 8 jul. 1995; 3 maio 1996; 7 fev. 1997; 10 fev. 1997; 29 jul. 1998; 31 jul. 1998; 2 ago.

1998; 5 ago. 1998; 2 out. 1998; 28 out. 1998; 30 out. 1998; 6 nov. 1998; 4 dez. 1998; 8 dez. 1998; 16 dez. 1998; 25 jan. 1999; 9 fev. 1999; 4 mar. 1999; 14 abr. 1999.

Documentos

ALERTA à nação diante da ameaça do AMI (Acordo Multilateral de Investimentos). Petrópolis: CBJP-Inesc-Ágora/Vozes, 1998.

AS APOSENTADORIAS e pensões dos servidores e a reforma da previdência – A estabilidade no serviço público. Curitiba: Unafisco (regional do Paraná), 1995.

BANCO DO BRASIL. *Desenvolvimento econômico e cidadania*: discutindo um projeto de banco público. São Paulo: Confederação Nacional dos Bancários da CUT/Comissão de Empresa dos Funcionários do Banco do Brasil, 1995.

_____. *Desempenho em 1996*. Brasília: Dieese-linha bancários (Dieese/Subsecção Anabb), 1997.

_____. *Plano de reestruturação e posição no mercado* (contribuição para o debate). São Paulo: Dieese/Subseções Anabb e CNB-CUT.

BROCHURA da Associação Nacional de Jornais, [s/l], [s/d].

CÓDIGO de Ética da Associação Nacional de Jornais, aprovado no II Encontro Nacional de Jornais. Rio de Janeiro, 23 nov. 1991.

DECLARAÇÃO da Unesco sobre os Meios de Comunicação. Brasília: Fenaj, 1983 (série Documentos da Fenaj, v. III).

DECLARAÇÃO de Chapultepec. Castillo de Chapultepec, México: mar. 1994.

DECRETO n. 2.814, 22 out. 1998.

DESIGUALDADE e concentração de renda no Brasil. São Paulo: Dieese, 1995 (pesquisa Dieese n. 11).

LEI Eleitoral n. 9.504, 30 set. 1997.

PROPOSTA de emenda à Constituição, dep. Eduardo Jorge (PT-SP), 10 out. 1993.

RBS: Normas editoriais, [s/d].
REPENSANDO o Banco do Brasil. Brasília: Fórum Repensando o BB (entidades de bancários, educacionais e sindicais), 1995.

FRANCISCO JOSÉ CASTILHOS KARAM é professor do curso de Jornalismo da Universidade Federal de Santa Catarina. Mestre em Ciências da Comunicação pela Universidade de São Paulo e doutor em Comunicação e Semiótica pela Pontifícia Universidade Católica de São Paulo, é autor de *Jornalismo, ética e liberdade* (Summus, 1997). Trabalhou como jornalista no Rio Grande do Sul e em Santa Catarina. Participou de programas de jornalismo em Cuba, nos Estados Unidos e na Espanha e integrou a Comissão Nacional de Ética da Federação Nacional dos Jornalistas.

Leia também

A ARTE DE TECER O PRESENTE
Narrativa e cotidiano
Cremilda Medina
A consagrada jornalista, pesquisadora e professora presenteia-nos com uma obra que reúne experiências compartilhadas, tecendo conceitos e vivências de forma inseparável. Ensaística, didática e confessional, ultrapassa o debate acadêmico, demolindo idéias e convicções preconcebidas e fundindo teoria e prática, reflexão e experiência, razão e sensibilidade. REF. 10848.

ÉTICA NA COMUNICAÇÃO
Clóvis de Barros Filho
A objetividade informativa é possível? A quem interessa a objetividade aparente da informação? Como se desenvolvem os processos de produção e recepção das mensagens informativas? Que efeitos sociais elas produzem ao impor temas e leituras da realidade? Essas são as questões polêmicas que o autor se propõe a responder, abrindo uma perspectiva ética fundada no processo comunicacional, e não na simples regulamentação do trabalho informativo. REF. 10844.

JORNALISMO, ÉTICA E LIBERDADE
Francisco José Karam
O autor defende uma ética universal específica para o jornalista, que faça parte do processo interior do profissional e se reflita no trabalho cotidiano e na relação com a totalidade social. Analisa princípios como verdade, objetividade e exatidão, e temas como cláusula de consciência, interesse público e privacidade, métodos lícitos e ilícitos na obtenção de informação. REF. 10597.

TELEJORNALISMO NO BRASIL
Um perfil editorial
Guilherme J. de Rezende
Cuidadoso estudo dos critérios que norteiam os gêneros de telejornalismo, estudando como o tipo de apresentador (repórter, comentarista etc.) reflete o perfil editorial de cada telejornal. Analisa o importante papel da palavra em contraponto à apregoada soberania da imagem. Inclui reflexões de expoentes do jornalismo como Armando Nogueira e Boris Casoy. REF. 10743.

IMPRESSO NA
sumago gráfica editorial ltda
rua itauna, 789   vila maria
02111-031   são paulo   sp
telefax 11 **6955 5636**
sumago@terra.com.br

―――――――――― dobre aqui ――――――――――

ISR 40-2146/83
UP AC CENTRAL
DR/São Paulo

CARTA RESPOSTA
NÃO É NECESSÁRIO SELAR

O selo será pago por

summus editorial

05999-999 São Paulo-SP

―――――――――― dobre aqui ――――――――――

A ÉTICA JORNALÍSTICA E O INTERESSE PÚBLICO

recorte aqui

summus editorial
CADASTRO PARA MALA-DIRETA

Recorte ou reproduza esta ficha de cadastro, envie completamente preenchida por correio ou fax, e receba informações atualizadas sobre nossos livros.

Nome: _____ Empresa: _____
Endereço: ☐ Res. ☐ Coml. _____ Bairro: _____
CEP: _____ - _____ Cidade: _____ Estado: _____ Tel.: ( ) _____
Fax: ( ) _____ E-mail: _____ Data de nascimento: _____
Profissão: _____ Professor? ☐ Sim ☐ Não Disciplina: _____

1. Você compra livros:
☐ Livrarias ☐ Feiras
☐ Telefone ☐ Correios
☐ Internet ☐ Outros. Especificar: _____

2. Onde você comprou este livro?
_____

3. Você busca informações para adquirir livros:
☐ Jornais ☐ Amigos
☐ Revistas ☐ Internet
☐ Professores ☐ Outros. Especificar: _____

4. Áreas de interesse:
☐ Educação ☐ Administração, RH
☐ Psicologia ☐ Comunicação
☐ Corpo, Movimento, Saúde ☐ Literatura, Poesia, Ensaios
☐ Comportamento ☐ Viagens, *Hobby*, Lazer
☐ PNL (Programação Neurolinguística)

5. Nestas áreas, alguma sugestão para novos títulos?
_____

6. Gostaria de receber o catálogo da editora? ☐ Sim ☐ Não

7. Gostaria de receber o Informativo Summus? ☐ Sim ☐ Não

Indique um amigo que gostaria de receber a nossa mala-direta

Nome: _____ Empresa: _____
Endereço: ☐ Res. ☐ Coml. _____ Bairro: _____
CEP: _____ - _____ Cidade: _____ Estado: _____ Tel.: ( ) _____
Fax: ( ) _____ E-mail: _____ Data de nascimento: _____
Profissão: _____ Professor? ☐ Sim ☐ Não Disciplina: _____

summus editorial
Rua Itapicuru, 613 – 7º andar 05006-000 São Paulo - SP Brasil Tel.: (11) 3872 3322 Fax: (11) 3872 7476
Internet: http://www.summus.com.br   e-mail: summus@summus.com.br

cole aqui